KB068838

CEO를 위한
글로벌 마케팅

KOTRA맨의 34년 현장 이야기

강영수 저

박영사

머리말

1998년 6월 이스라엘은 20대 초반 젊은이들의 인터넷 채팅 시스템 개발로 온 나라가 떠들썩했다. 그들은 창업 20개월 만에 현금 2억 8,700만 달러를 받고, 구매처가 약정기간 동안 그들의 기술로 수익을 창출하면 그 일부를 추가로 지급받는다는 계약서에 서명했다. 그 후 추가수익은 1억 2천만 달러가 되었다. 텔아비브해변에서 브레인스토밍으로 신기술 개발을 위해 의기투합한 4명의 청년은 실리콘 밸리로 달려가서 순식간에 4억 7천만 달러를 번 것이다. 공동 창업자 한 명의 아버지는 초기 자금을 투자하면서도 "설마 성공할까?"라며 반신반의했으나, 개발된 기술에 대한 시장의 반응이 의외로 뜨거웠던 것에 놀랐다고 말했다. 저자는 현지에서 이 기술의 개발과 거래과정에 대한 정보를 수집하면서 문득 이런 생각이 들었다.

"만약 이 기술을 우리 한국 젊은이들이 개발했다면, 딜을 누가 어떻게 했을까?"

글로벌 마케팅은 제품의 경쟁력과 세일즈맨의 역량이 필요하다. 이 두 가지 요소를 갖추지 못하면 성공하기 어렵다. 실제로 우수한 제품을 개발해놓고도 마케팅을 제대로 하지 못해 판매에 어려움을 겪는 기업들이 적지 않다. 그 주된 원인이 기업의 마케팅 역량 부족이다. 새로운 시장을 개척하기 위해서는 체계적인 마케팅 준비가 있어야 하고, 새로운 바이어를 찾기 위해서는 인터넷을 최대한 활용해야 한다. 바이어를 접촉하여 설득하려면 커뮤니케이션 스킬이 필요하고, 성공적인 협상을 위해서는 요구와 양보를 잘 해야 한다. 그리고 계약서는 그 내용이 무엇인지 정확하게 알고 서명해야 한다.

그러나 이 모든 단계를 능수능란하게 처리할 수 있는 인력을 중소기업에서 확보하기가 어려운 것이 현실이다. 세일즈맨이 따로 있지 않고 CEO가 A부터 Z

까지 직접 챙겨야 하는 기업도 많다. 그러는 과정에서 판단을 잘못하여 기업 손실이 발생하고 때로는 치명적인 타격을 입는다. 더욱 아쉬운 점은 글로벌 마케팅에 익숙하지 않는 기업인들의 실수들이 여기저기서 반복된다는 것이다. 저자는 오래전부터 외국 파트너에게 억울하게 손해를 봤거나 자신이 잘못 판단하여 실수한 정보들이 다른 기업들과 공유하는 채널의 필요성을 절감했다. 하지만 누구나 자신의 실수가 드러나는 것을 원하지 않기 때문에 그 실행을 기대하기가 어려웠다. 그렇다고 해서 마냥 방관자적 입장에 서 있을 수 없어 원고집필의 용기를 내게 됐다.

　이 책은 중소기업인들이 글로벌 마케팅 현장의 다양한 상황에서 효과적으로 대응할 수 있도록 길을 안내해주는 실무 가이드북이다. 100가지 이상의 세부 토픽은 각 분야의 이론서와 논문에서 차용해왔으나 이론적인 설명은 최소화하고, 지난 34년 근무 중 다섯 번 해외 파견 근무와 50개국 방문에서 수집한 100개 이상의 크고 작은 사례들을 많이 활용했다. 사례는 타산지석의 교훈을 얻기 위해 소개하는 것이기 때문에 행동에 초점을 맞추고 행동 주체는 대부분 익명으로 처리했다. 시중에 판매되고 있는 마케팅 서적들과의 차이는 저자의 입장이 아닌 독자 입장에서 행동에 필요한 정보들을 한 권에 모았다는 것이다. 글로벌 마케팅, 글로벌 커뮤니케이션 그리고 글로벌 협상의 세 파트로 구성된 책의 내용은 다음과 같다.

　Part 1 글로벌 마케팅은 마케팅 전략, 마케팅 믹스 그리고 무역실무로 구성되어 있다. 실무적인 도구로 HS Code 찾는 법, 수출 대상국의 글로벌 수입통계 확인이 가능한 Trade map, 해외진출 환경과 경쟁분석 도구, 손익계산서, 기업 웹사이트 표준, 온라인 바이어 발굴방법, 대금결제 및 물품운송조건, 수입국 통관 이슈를 다룬다.

　Part 2 글로벌 커뮤니케이션은 이문화와 언어·비언어적 커뮤니케이션으로 나누어진다. 이문화는 유대교, 이슬람, 힌두교 그리고 미국 문화권의 가치관과 행동특징을 소개하고, 언어적 커뮤니케이션을 통해 글로벌 스탠더드와 문화권별 상이한 소통방식 그리고 이메일, 콜드콜 및 프리젠테이션 원칙을 설명한다.

비언어적 커뮤니케이션에서는 눈맞춤, 표정관리, 제스처와 같은 몸동작에 대한 의미해석과 문화권별 시·공개념 차이를 비교한다.

　Part 3 글로벌 협상은 협상준비, 가격협상 그리고 계약협상으로 구분된다. 협상 준비는 협상 기획서 양식을 통한 준비사항, 상대방 이해에 필요한 성격과 협상 스타일 구분, 협상전략을 다룬다. 가격협상은 제로섬게임에서 자신의 이익 극대화를 위한 요구와 양보, 유대인의 공격적 협상과 한국인의 절충적 협상 사례, 한국인의 협상행동 설문분석 결과를 포함한다. 계약협상은 영미계약법에 대한 기본 이해, 딜러계약에 필요한 계약조항 해설, 한국인의 협상행동 특성, 협상인의 인지적 오류와 행동 메커니즘을 소개한다.

　이 책이 나오기까지 도움을 주신 분들이 많다. 저자에게 유대인 세계에 대해 눈을 뜨게 해주신 故 앙드레 슈라키(André Chouraqui) 박사님과 협상의 세계로 저자를 이끌어 주신 진 브렛(Jeanne. M. Brett) 켈로그경영대학원 교수님을 만난 것은 큰 행운이 아닐 수 없다. 항상 감사한 마음을 간직하고 있다. 국내에서는 한양대학교 박사과정의 코스워크에서 저자에게 심리학의 문을 열어주신 김준용 교수님과 연구방법을 지도해주신 한창희 교수님께 감사드린다.

　KOTRA 동료와 업계로부터도 많은 도움을 받았다. 2019년 상반기 중견·중소기업 방문을 주선해준 김준기 팀장, 안재용 팀장, 김연건 차장, 중견기업팀의 전문위원님들, 저자의 방문을 허락해주신 기업과 인터뷰에 응해주신 임직원 여러분들 그리고 저자와 동행하면서 강의와 관련하여 수시로 조언해준 정은주 팀장에게 고마움을 전한다. 원고를 쓰면서도 출간이 될지 불안했는데, 흔쾌히 출간 결정을 해주신 박영사의 임재무 상무님과 원고 교정에 애써준 전채린 과장에게 감사드린다.

　마지막으로 집에서 책 아니면 노트북만 붙들고 살아온 남편을 인내하면서 내조해준 아내 노광희 씨에게 진심으로 고마움과 함께 이 글을 바친다.

2020년 8월

강영수

차례

PART 02 글로벌 커뮤니케이션

PART 03　글로벌 협상

CHAPTER 01 　마케팅 전략

　　글로벌 시장으로 처음 진출하고자 하는 기업은 어디로 어떻게 갈 것인지에 대해 생각한다. 이런 경우 그 접근 방식이 두 가지로 나뉜다. 하나는 기업인의 직관과 직·간접적인 경험에 의존하고, 다른 하나는 주변인들로부터 수집한 정보를 토대로 직접 관련 데이터와 정보를 분석한다. 실제로는 대부분의 중소기업이 글로벌 마케팅 전략을 수립하는 데 필요한 인력, 정보력, 예산이 부족하여 불완전한 정보에 근거하여 의사결정을 내리는 것이 현실이다. 이 장은 중소기업의 글로벌 시장진출 전략 수립 시 검토가 필요한 체크 포인트들을 다룬다.

01 시장조사

고객니즈 분석

　　미국에서 GE Health Care 본사를 방문했을 때, 회의실 벽면에 쓰여져 있는 GE 창시자 토마스 에디슨(Thomas Edison)의 어록들을 읽은 적이 있다. 그 중 하나가 눈에 들어왔다.

　　"나는 팔리지 않을 것을 발명하고 싶지 않다. 판매는 용도의 증명이고, 그 용도가 성공이다."

에디슨과 비슷한 생각을 가진 현대 마케팅 연구의 대가인 필립 코틀러 (Philip Kottler) 켈로그 경영대학원 교수는 "기업이 신제품을 개발할 때, 제품부터 먼저 만들지 말고, 고객의 니즈를 면밀하게 조사하라"고 강조했다.

미국의 발명왕과 마케팅 학자의 고객 중심 마케팅을 국내 외투기업에서 미국 경영인이 실행하고 있는 현장을 확인할 수 있었다.

> **사례 1** 대구텍 CEO의 마케팅 중심 경영
>
> 1999년 이스라엘 공구절삭기기 제조기업 이스카르(ISCAR)는 대한중석 초경합금사업부를 인수하여 대구텍(Taegutec)이라는 사명을 짓고 미국 유대인을 사장으로 임명했다. 그는 공장을 방문한 저자에게 내부를 안내해주면서 시종일관 마케팅 이야기만 했다. 그 요지는 "제조기업이 아무리 좋은 설비와 우수한 인력을 보유하고 있어도 생산제품이 시장에서 팔리지 않는다면, 아무 소용이 없다"는 것이었다.
>
> 그는 회사의 모든 활동을 고객과 현장에서 출발했다. 신제품을 개발할 때도 R&D부서보다 판매 현장팀의 목소리에 더 많이 귀를 기울였다. 현장에서 개발을 건의한 아이디어를 R&D부서에서 심사하는 것이 아니라 R&D부서에서 개발하고자 하는 제품 아이디어를 영업 현장에 보내서 그들의 의견이 긍정적이면 개발이 진행되는 시스템이었다. 그럴 정도로 마케팅을 중요하게 챙기는 그에게 관리, 생산 그리고 R&D부서는 마케팅팀이 성과를 낼 수 있도록 지원해주는 조직이었다. 마케팅 중심의 경영철학은 회사 본관 옥상에 『Marketing Center』이라는 간판을 설치해놓은 것에서 뚜렷하게 천명되고 있었다. _____

이에 비해 우리 중소기업인들은 제품 개발과 품질에 열정을 쏟는 성향이 강하다. 일부 기업인은 제품의 품질만 우수하면 바이어들이 스스로 찾아오게 되어 있다는 생각을 가지고 있다. 국내외 대기업에 납품하는 기업이야 시장이 정해져 있어서 품질과 가격만 유지하면 판매에는 문제가 없을 수도 있다. 그러나 글로벌 경쟁시대를 맞이하여 완제품 판매건 부품 공급이건 기술개발과 함께 자체적인 판로개척 노력이 필요해졌다. 아무리 우수한 제품을 생산한다고 해도 글로벌 시장에 판매할 수 있는 인력이 없으면 판로를 개척할 수 없다. 답답했던

세일즈 상담 하나를 소개한다.

사례 2 단추제조기업의 바이어 상담

　　국내 단추기업의 공장장이 이스라엘 방문을 앞두고 현지 바이어와의 상담을 요청해왔다. 텔아비브무역관은 단추만 전문으로 취급하는 바이어를 접촉하여 무역관에서의 미팅 약속을 주선했다. 중년 남성 바이어는 007가방을 들고 무역관을 찾아 왔다. 그는 회의실에 앉자마자 그 가방을 열어 젖혔다. 그 속에 수십 장의 미니 커튼 양면에 온갖 종류의 단추 샘플들이 부착되어 있었다. 대략 1천개는 되어 보였다. 그리고 자신은 17년간 단추 비즈니스만 해오면서 단추와 관련된 국제 전시회마다 참관하고, 대만산 단추를 취급한다는 내용으로 자기 소개를 끝마쳤다. 그리고 마주 앉은 세일즈맨의 눈을 바라보면서 두 가지 질문을 했다.

　　첫째, 대만산 단추와 비교해서 어떤 장점이 있는가?

　　둘째, 수출가격을 말해 줄 수 있는가?

　　우리 세일즈맨은 첫 번째 질문에 아무런 말을 하지 못하고 얼굴이 붉게 달아올랐다. 두 번째 질문에 대해서도 우물쭈물했다. 그의 반응을 살펴본 바이어는 말없이 007가방을 닫았다. 그리고는 "I am sorry"라고 말하고는 곧장 회의실을 빠져 나갔다. 상담 시작한지 5분이 채 걸리지 않았다. ─────────

　　공장장의 영어 커뮤니케이션을 돕기 위해 동석했던 저자도 세일즈맨의 상담을 보고 무척 충격을 받았다. 다소 오래전의 일이기는 하지만 문제는 현재도 이 같은 상담이 세계 도처에서 진행된다는 것이다. 예를 들면, FDA 승인을 받지 못한 화상품 구매를 위해 상담에 응하는 바이어가 없다고 해노 다짜고짜 세일즈 출장을 시행하는 기업인이 있는가 하면, 시제품도 없고 머릿속의 개발 아이디어를 가지고 수출상담하겠다고 미국 바이어들을 한 자리에 모아달라는 기업인도 있었다.

　　글로벌 시장으로 수출하고자 하는 기업인들의 마케팅 실무에 필요한 알뜰 정보와 노하우를 기초부터 하나씩 알아본다.

HS Code 확인

해외 시장으로 처음 수출하는 기업이 가장 먼저 확인해야 할 사항은 그 상품의 코드다. 이는 외국 여행을 떠나는 사람이 출발지와 도착지 출입국관리소를 통과할 때 필요한 여권번호와 같다. 상품도 수출국과 수입국의 세관 통과와 운송·보험 서류에 상품코드가 필요하기 때문이다.

세계관세기구(WCO)는 국제 무역에서 통일된 상품 코드를 사용할 수 있도록 1988년 국제 통일상품 분류체계(HS Code: Harmonized Commodity Description and Coding System)를 제정하여 물품의 종류, 가공이나 조립의 단계별로 코드를 부여했다. 140여 개국이 HS협약에 가입하여 품목 구분의 기준인 6단위 번호를 공통으로 사용하고, 국별로 추가 네 자리 수로 세분해서 사용한다.

이는 관세율, 수출·입 통계, 관세 환급, 운송·보험 서류 작성, 원산지 증명 등에 사용된다. 주의사항은 국제적으로 6단위까지만 공통코드로 적용되기 때문에 품목 분류에 따라 나머지 4단위 코드가 상이하여 관세율이 달라질 수 있어 반드시 쌍방의 코드를 확인하는 것이 안전하다.

녹즙기가 포함된 주서기류(Juicer)의 HS Code 6단위는 85.09.40이다. 그 구성을 살펴보면, 대분류 코드 85는 전기기기, 중분류 85.09는 전기기기 중에서도 가정용 전기기기, 세분류 85.09.40는 식품용 그라인더와 믹서, 과즙 또는 채소즙 추출기다. 국가마다 850940 뒤에 네 단위를 추가하여 더 세분할 수 있기 때문에 바이어에게 녹즙기의 현지 HS Code가 동일한지 확인해야 된다는 것이다.

Hs Code 확인 웹사이트: unipass.customs.go.kr/clip/index.do

수출입 통계 조사

① 우리나라의 수출입 통계

관세청 수출입무역통계(unipass.customs.go.kr/ets/) 또는 무역협회 무역통계 사이트(stat.kita.net)를 방문하면 해당 품목의 전세계 또는 국가별 수출·입 실적을 확인할 수 있다. 웹사이트에서 해당 제품의 HS Code를 원하는 조사 기간과 함께 입력하면 된다. 이는 국내의 다른 기업들이 해당 시장에 얼마나 수출하고 있는지를 알아보기 위함이다.

② 수출 대상국의 수입통계

수출 목표 시장의 수입 통계를 알아야 시장 규모, 경쟁국, 연도별 수입 추세를 파악할 수 있다. WTO와 UN산하기관인 국제무역센터(ITC: International Trade Center)가 회원국들의 관세청 협조로 웹사이트 Trademap(www.trademap.org)을 운영하고 있다. 이 사이트는 무료회원가입으로 이용이 가능하다. 제공 정보는 해당 HS Code의 전세계 수출·입 실적, 특정국의 연도별 국별 수입 실적과 수출실적을 확인할 수 있어 해당 품목의 글로벌 수출입 동향과 타깃시장에 대한 수출경쟁 정보를 데이터로 파악할 수 있다. 사이트 가입에 필요한 정보만 입력하면 누구나 접속할 수 있어 신규 수출전략 수립에 매우 유용한 정보를 제공해주는 사이트다.

수출 대상국 정보

수출 대상국의 일반사항, 정치·경제·무역, 상관행 등을 포함한 종합정보는 『KOTRA 국가정보』 웹사이트(news.kotra.or.kr)를 방문하면 열람과 함께 무료 다운로드를 받을 수 있다. 이 사이트는 우리 기업의 글로벌 진출을 지원하기 위해 130여 개 해외 무역관이 현지에서 관리하고 있다. 내용 중에는 숙소, 한식당, 통역, 출장 주의사항이 있어 현지 출장 참고자료로도 유용하다.

영문 자료는 미국 중앙정보국 CIA가 운영하는 국가정보 웹사이트(www.cia.gov/publication)가 있다. 이 사이트 메뉴에서 『Publications-CIA』를 선택한 후, 『The World Factbook』를 클릭하면 세계 각국의 현황과 최근 동향에 관한 기본정보를 구할 수 있다.

02 환경 분석

강약점 분석

글로벌 시장으로 진출하고자 하는 기업은 자사의 강약점부터 분석해야 한다. 자신의 강점과 약점을 모른다면 언제 어디를 공격하고 어떻게 방어해야 할지 알 수가 없다. 이는 마케팅의 기본원칙임에도 불구하고 이 부분을 간과한 채 곧장 외국의 비즈니스 파트너를 상대하는 기업인들도 적지 않다. 자신의 강약점에 대한 분석결과를 토대로 타깃시장에 진입할 때 어떤 기회와 위협이 있는지 알아본다.

SWOT분석은 기업이 어떤 새로운 전략을 기획할 때, 조직 내부의 강점(Strengths)과 약점(Weaknesses), 외부의 기회(Opportunities)와 위협(Threats) 요인을 평가하는 분석 도구다. 조직내 해당 업무와 관련된 당사자들이 모여서 브레인 스토밍으로 각 요소별로 각자의 의견을 모아서 <표 1>과 같은 양식에 정리하면, 신규 전략 수행에 대한 요소별 상황을 분석할 수 있다.

표 1 SWOT 분석

강점(S)	약점(W)
(전략 이행을 위한 기업의 장점) - - -	(전략 이행을 위한 기업의 약점) - - -
기회(O)	위협(T)
(전략 이행에서 기업이 얻을 수 있는 이익) - - -	(전략 이행에서 기업이 겪을 수 있는 위협) - - -

새로운 전략 분석의 도구로 활용되는 SWOT은 다음과 같은 두 단계로 접근하면 효과적이다.

1단계: 내부 직원들의 브레인 스토밍

해당 업무와 직·간접적으로 연관되어 있는 임직원들의 의견을 수렴한다.

진행 방식은 형식보다 실용성이 중요하다. 예를 들면, 참여자들이 벽이나 유리창 옆으로 모이게 해서 포스트잇(Posit-it) 한 묶음씩 나눠주고 각 장에 한 개의 의견을 요소별로 최대한 많이 자유롭게 적어 창문에 붙이도록 할 수도 있다. 더 덕덕덕 붙여진 포스트잇의 내용이 유사한 것들끼리 모아서 그룹핑하면 된다.

2단계: 외부 전문가 자문

새로운 사업에 대한 기회와 위협 평가에 있어서 내부 조직원들의 한계를 극복하기 위해 해당 분야의 외부 전문가에게 자문을 받는다. 조직 구성원들의 외부정보 접근 한계를 극복할 수 있는 방안이다.

이같이 조직 내부의 다양한 의견 도출과 해당 사안을 잘 알고 있는 외부 전문가 의견을 종합하면 훨씬 균형적인 분석 결과를 얻을 수 있다.

사례 3 플라스틱 파이프 제조사의 미국 진출 전략

국내 플라스틱 파이프 제조기업 PPI평화는 8년 동안 연구개발 끝에 세계 최고 품질의 iPVC수도관 개발에 성공했다. 건장한 장정이 대형 해머로 때려도 깨지지 않고, 심지어 포크레인이 위로 지나가도 부서지지 않고 납작해졌다가 원상복귀하는 탄력성을 가졌다. 이 기업은 미국 시장진출을 앞두고 자사 마케팅팀과 시카고 무역관 마케팅팀이 참여한 SWOT 분석으로 다음과 같은 결과를 도출했다.

① 강점: 보급형 주철 수도관과 달리 녹이 슬지 않는다.

　　　　주철관보다 매설 및 유지 비용이 적게 든다.

　　　　높은 탄력성은 지진지대에 유용하다.

　　　　미국 공인기관이 100년 수명을 검증했다.

② 약점: 글로벌 브랜드 인지도가 낮다.

　　　　해외수출 운송비 부담이 높다.

　　　　생산원가가 일반 플라스틱관보다 높다.

　　　　미국내 자체 판로가 없다.

③ 기회: 세계 최대시장인 미국의 노후 주철 수도관 교체가 시급하다.

　　　　오픈 마켓인 미국에서 파트너 발굴이 용이하다.

　　　　미국에서의 성공사례는 다른 시장 진입을 용이하게 해줄 것이다.

④ 위협: 글로벌 대기업들이 기술을 추격할 수 있다.

　　　　미국 현지기업들과 구매처 간의 밀착관계로 영업이 어려울 것이다.

　　　　현지 투자 리스크에 대한 부담이 있다.

경쟁환경 분석

자사의 강약점에 대한 분석이 끝나면 경쟁에 대한 현황과 미래를 고려해야 한다. 아무리 좋은 제품을 출시했다고 해도 경쟁사가 그것을 모방하여 더 싼 가격에 유사품을 내놓는다면 시장 유지하기가 어렵기 때문이다. 특히 상품 라이프 사이클이 짧아진 시장 특성을 감안할 때 경쟁분석은 결코 간과할 수 없다. 마케팅 경쟁전략의 대가 마이클 포터(Michael Porter) 하버드대 교수의 본원적 경쟁이론과 5가지 경쟁요인을 간략하게 소개한다.

① 본원적 경쟁전략

기업이 시장 경쟁에서 이기기 위해서는 원가 우위, 차별화 그리고 집중화 전략이 필요하다.

• 원가 우위전략

기업이 판매 단가를 낮추기 위해 원부자재나 부품 조달비용, 생산비용, 그리고 물류비용을 줄이는 방법을 모색할 수 있다. 원가를 줄일 수 있는 모든 방법을 동원하여 경쟁사보다 낮은 가격으로 시장에 공급해야 한다. 이를 위해 많은 기업들이 납품업체에게 가격인하 요구와 물류 비용을 전가하고, 생산비용 축소를 위해 끝없는 경영효율화를 추진한다. 그래도 부족하면 판매 가격을 인하하여 자신의 이익을 거래처에게 양보하면서 대응한다.

• 차별화 전략

이는 시장에서 가격이 아닌 브랜드, 디자인, 품질, 평판 등을 통한 경쟁 우위를 확보하는 전략을 의미한다. 글로벌 기업들은 자동차의 벤츠, 패션의 샤넬, 시계의 롤렉스와 같은 브랜드가 세계 고객들에게 알려져 있지만, 그렇지 못한

그림 1　5가지 경쟁요인

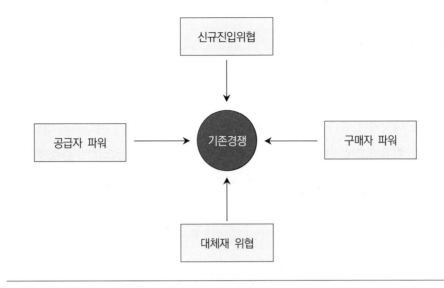

중소기업의 경우 품질과 평판으로 차별화 전략을 구사할 수 있다. 글로벌 브랜드와 개도국 저가품 사이에서 독창성이나 품질 우수성을 갖추지 못한 제품은 경쟁에서 뒤지지 않을 수 없다.

• 집중화 전략

이는 시장을 좁게 한정해놓고 그곳에서 원가우위 또는 차별화 전략으로 집중적인 마케팅을 행한다는 의미다. 인적·물적 자원이 제한적인 중소기업이 세계시장을 상대로 마케팅하는 경우 인력과 비용이 많이 소요된다. 그것보다는 틈새시장을 발굴하여 그곳에서 성공하면 그 비즈니스 모델을 다른 시장으로 확장해나가는 것이 효과적이다.

② 5가지 경쟁요인

해외시장으로 진출하고자 하는 기업인들 중에는 주변을 살피지 않고 오로지 앞만 보고 돌진하려는 사람이 있다. 새로운 시장에 진입하기 위해서는 그 시장에서 활동하고 있는 경쟁자들의 현황은 물론이고 미래에는 어떤 경쟁자가 나타날지까지도 고려해야 한다. 때로는 유사제품이 판매를 어렵게 하는 경우도 있다. 포터 교수는 이러한 시장경쟁을 5가지 경쟁요인(5 Forces)으로 정의하고 <그림 1>과 같은 구조를 제시했다. 그 5가지 요인에 대해 알아본다.

- 기존 기업들간의 경쟁

각 시장에는 먼저 진입해 있는 기업들이 있다. 그들은 서로 경쟁하면서도 신규 경쟁자의 진입을 막기 위해 다양한 장벽을 쌓는다. 신규 진입자는 그러한 상황을 예상해야 한다. 실제로 우리 기업들이 신선한 과일과 채소류의 영양소를 최대한 함유하도록 만들어진 원액기를 개발하여 세계 시장으로 수출을 확대해 나가자 기존 글로벌 경쟁사들이 초고속 블렌딩 기술로 반격했다. 그것으로 인하여 매년 급성장하던 우리나라 주서기류의 수출실적이 급속도로 줄어들었다.

- 신규 진입자 위협

이는 시장에서 이미 활동하고 있는 기업들이 신규 경쟁자들의 진입에 대한 위협을 의미한다. 신규 경쟁자는 초기 시장 진입을 위해 가격할인을 비롯한 대대적인 광고나 판촉 활동을 벌인다. 이에 기존 기업들은 다양한 장벽을 올리면서 진입을 방해한다. 신규진입의 위협이 클수록 영업 이익은 줄어든다. 틈새 시장을 안정적으로 관리하고 있는데 개도국 경쟁자가 저가품으로 진입하면 초기에는 제품의 품질과 거래처와의 관계로 어느 정도까지 버티지만, 경쟁력 차이를 극복하지 못하면 철수를 준비하게 된다.

- 대체재 위협

시장에서 판매 경쟁하는 기업에게 기존 경쟁자나 신규 진입자보다 더 위협적인 요소는 대체재다. 경쟁적인 대체효과가 명백한 제품인 경우 개별적인 경쟁자가 아닌 업종 자체를 몰락시키기 때문에 피할 길이 없다. USB 판매가 확대되자 CD가 사라지고, 휴대폰 판매와 함께 카메라, 필름, 사진 앨범이 시장 철수를 준비해야 했다.

- 구매자 파워

B2B거래에서 바이어의 협상 파워를 의미한다. 바이어 파워가 강할수록 판

매자 파워는 상대적으로 약해진다. 바이어의 가격인하, 대금결제조건 완화, 판촉비 지원 등과 같은 요구를 판매자가 수용할수록 수익이 줄어들고, 그것을 거부하면 거래가 중단될 수도 있다. 구매자보다 판매자가 많을수록 구매자 파워는 강해진다. 예를 들면, 휴대폰이나 자동차회사에 부품을 공급하려는 판매자와 구매자 관계에서 구매자 파워가 절대적인 우위에 있다.

• 판매자 파워

B2B거래에서 수출기업의 협상 파워를 의미한다. 수출기업 파워가 강할수록 구매자 파워는 상대적으로 약해진다. 힘의 우위에 있는 판매자는 구매자에게 가격인상, 최소주문량 확대, 엄격한 대금결제 조건 등을 요구하여 자사 이익증대를 도모한다. 판매자가 구매자보다 적을 수록 판매자 파워는 강해진다. 중국이 일본에 희토류 수출을 금지한 사건과 일본이 한국에 반도체 부품 수출을 금지한 사건에서 판매자의 파워는 우위에 있었다.

03 STP 전략

Segmentation(세분화), Targeting(표적화), Positioning(포지셔닝)의 약자인 STP는 궁극적으로 고객에 관한 분석과 대응 전략이다. 그 핵심은 기업이 타깃 시장에서 모든 고객의 욕구를 충족시킬 수 없기 때문에 고객 특성을 기준으로 세분화하여 표적 고객군에 대한 마케팅을 집중한다는 개념이다. 이는 어떤 기업이 신도시에 백화점을 열려고 할 때, 그 주변지역의 인구, 소득수준, 소비성향, 생활방식 등과 같은 정보를 수집하여 특성별로 고객군을 구분해놓고, 어떤 그룹을 집중 공략해서 뿌리를 내릴 것인지를 계획하는 것과 마찬가지다.

중소기업이 글로벌 시장으로 진출하려고 해도 처음부터 모든 나라를 공략할 수가 없다. 처음에는 전략 시장을 목표로 설정해놓고 그곳에서 성공한 경험을 다른 시장 진출에 활용하는 전략이 효과적이다. STP전략의 의미 설명과 함께 사례를 살펴본다.

시장 세분화

시장세분화는 기업제품의 판매 관점에서 세계시장을 작은 단위로 구분하는 과정이다. 그 구분기준은 보통 경제, 지리, 문화적 요인을 많이 고려한다.

① 경제적 요인

경제적 요인이란 시장규모, 산업화, 소비패턴과 같은 분석단위를 기준으로 국별·지역별 시장영역을 구분하는 것을 의미한다. 개인의 구매력은 소비재 시장세분화의 중요한 기준이 되고, 국가의 산업화는 자본재, 원부자재 및 부품 수출시장 세분화 기준으로 사용할 수 있다. 제품의 속성에 따라 자동차 부품은 자동차 조립공장, 원단은 봉제공장이 있는 곳이 중요한 기준이다. 구분 방법은 국별 연간 GDP와 주요 산업분야별 수입실적, 기업이 수출하고자 하는 세부품목의 수입실적을 비교·분석하면 된다.

② 지리적 요인

지리적 요인이란 국가 또는 지역별로 시장을 구분하는 것을 의미한다. 즉, 미국, 중국, 베트남과 같이 주요 시장만 국별로 구분할 수도 있고, 동남아나 중동과 같이 권역별로 구분할 수 있다. 제품의 특성에 따라 지리적 요인이 중요할 수가 있다. 부피가 크거나 무거운 제품은 원거리 운송비를 고려해야 하기 때문이다. 예를 들면, 해상운송 여건이 발달하지 않았던 1980년대에 우리나라에서 시멘트나 철강을 수출할 수 있는 한계선을 서남아시장까지였다. 그 이상의 거리는 운송과 보험비가 늘어나서 채산성이 없기 때문이었다.

③ 문화적 요인

문화적 요인이란 종교, 취미, 생활패턴과 같은 요소들을 기준으로 시장을 세분화한다는 의미다. 과거 우리나라가 미국으로 가발을 많이 수출했다. 뉴욕 가발시장은 크게 양분되어 있다. 흑인 여성과 초정통파 유대인 주부들이 핵심 고객이었다. 양측의 가발 구매 동기에 있어서 전자는 선천적인 모발형태 때문이지만, 후자는 종교 커뮤니티의 관습에 의한 가발 착용 때문이다. 초정통파 유대인 여성은 결혼을 하면 머리를 삭발하고 외출시 가발을 이용한다. 그 가발은 화섬재질, 천연재질, 천연재질에서도 동양인의 흑발과 서양인의 금발로 구분된다. 재질이 인조든 천연이든 금발이 더 인기가 있어 검정색을 금색으로 염색하기도 한다. 이 같은 소비자 구성과 소비 패턴 정보는 시장세분화의 고려요소가 된다.

각 요인을 기준으로 시장을 세분화해놓으면 그 중에서 자사의 글로벌 진출 전략에 가장 유리한 곳을 고를 타기팅을 할 수 있다.

사례 4 양말직기 글로벌 수출 전략

한 중소기업 세일즈맨이 사전에 아무런 연락 없이 갑자기 카사블랑카무역관을 찾아왔다. 그리고는 모로코 출장 배경과 용건을 이렇게 말했다.

"우리 회사는 원래 중장비제조사인데, 최근 회사에서 양말직기제조사를 인수했다. 우리는 글로벌 마케팅전략을 수립하고 내년 초부터 본격적인 판매를 위해 각자 맡은 지역에 나가서 영업을 하게 되었다. 나에게 떨어진 할당목표는 2,000대인데, 그 중에서 400대를 모로코에서 판매하고자 한다. 목표달성을 위해 연말 전에 카사블랑카로 직기를 가져와서 잠재고객들을 대상으로 시범가동을 할 계획이다. 우리 제품 판매를 도와줄 에이전트 좀 소개해 달라."

그의 요청에 따라 무역관의 현지인 마케팅 담당자는 양말직기 수입에 관심이 있을 만한 바이어 한 명과의 미팅을 주선했다. 우리 세일즈맨은 바이어를 만나자마자 에이전트를 제안했고 상대방도 수용했다. 다른 후보를 더 만나봐야 하지 않겠냐고 했더니, 다음 행선지로 곧장 날아가야 하기 때문에 그럴 시간이 없다고 말했다. 그는 두어 달 뒤 크리스마스 전에 양말직기를 가져와서 잠재 고객들을 대상으로 시범가동하는 계획을 가지고 있었다. 실제로 항공운송으로 양말직기가 12월에 도착하여 시범가동을 마쳤다. 단기간에 무척 빠르게 진행되었다.

그러나 그 시범가동은 그의 현지 마케팅 시작이자 끝이었다. 시범 가동한 직기를 구입한다고 했던 에이전트가 약속을 번복하여 기계 인수를 포기했다. 그 이유는 직기회사의 기술자들이 현지 기업 기술자들에게 2주 동안 작동법을 가르쳐주고 본사의 지침에 따라 일방적으로 철수해버렸기 때문이다. 에이전트가 세일즈맨에게 2개월 교육을 요청했는데, 기술자들은 본사로부터 2주 교육 후 귀국하라는 지시를 받았던 것이다. ━━━━━━━━

시장 표적화

시장 표적화는 세분화 기준으로 나뉘어진 각 시장들의 장단점을 비교하여 공략 대상을 선택하는 것이다. 기업은 미래 시장성과 현재 수익성 같은 경제적인 측면과 신규 시장진입 장벽과 예상 리스크 같은 기술적인 측면에서 시장을 평가한다. 시장 진입 장벽이 높아 초기 광고비와 같은 판촉비용이 많이 들어서 당장의 수익은 떨어져도 시장 성장성이 예상된다면 과감하게 마케팅할 수도 있고, 단기 수익성은 높아도 후발 경쟁자들의 진입 가능성이 높은 경우 그러한 시장을 피할 수도 있다.

사례 5 수바루 자동차의 이스라엘 틈새시장 진출

시장 타기팅전략은 정부정책의 영향을 받을 수도 있다. 일본 수바루 자동차의 이스라엘 시장 진출은 좋은 사례다. 이 사례의 배경부터 소개한다.

1951년 아랍국가들이 시리아 수도 다마스크스에 이스라엘보이콧사무소를 개설하고 전세계 기업들에게 다음과 같은 조치 하나를 발표했다.

"이스라엘과 거래하는 기업은 아랍시장 진출을 제한할 뿐만 아니라 블랙 리스트 대상 기업과의 합작이나 파트너십도 금지한다."

1968년 이스라엘보이콧사무소는 일본 자동차 메이커들에게 이스라엘 수출을 강력하게 경고했다. 토요타를 비롯한 대이스라엘 수출기업들은 더 이상 이스라엘로 수출하지 않았다. 이스라엘로 수출하려는 자동차 제조사가 없었다. 그러한 시장공백 상태를 지켜본 일본 수바루자동차는 텅 빈 이스라엘 자동차 시장 진입을 결정했다. 당시 그들은 일본 내수시장에만 자동차를 판매하고 있었기 때문에 아랍세계의 눈치를 살필 이유가 없었다. 수바루는 1969년부터 1983년 다이하쯔가 신규 진입할 때까지 이스라엘 자동차 시장을 독점할 수 있었다. ─────

포지셔닝

포지셔닝은 고객들에게 제품을 어떻게 팔 것인가를 정하는 과정이다. 소비자가 어떤 품목명을 들으면 곧장 특정 브랜드가 기억되도록 해야 포지셔닝에

성공했다고 볼 수 있다. 그렇게 하기 위해서는 소비자 니즈를 기준으로 하는 소비자 포지셔닝 전략과 경쟁사 전략을 기준으로 하는 경쟁적 포지셔닝 전략이 필요하다.

소비자 포지셔닝 전략은 차별화다. 가격, 품질, 디자인, 편의성, A/S 등의 구매 포인트에서 경쟁품보다 더 큰 가치를 고객에게 제공해주는 차별이 있어야 한다. 판매 우위를 차지하기 위해 기업들이 제품 차별화를 시도하지만, 모두가 성공하는 것은 아니다.

펜실베이니아대학교 와튼스쿨의 데이(Day) 교수는 기업들이 포지셔닝 일환으로 제품 차별화를 시도하다가 실패하는 이유를 다음과 같이 설명한다.

① 경쟁우위로 내세우는 것들이 고객들에게 중요하지 않는 무의미한 차별화다.
② 새로운 기능이 불필요한 비용을 유발시킴으로써 고객들이 외면하는 비경제적인 차별화다.
③ 고객들이 차이를 인지하지 못하거나 그러한 차이에 대한 가치를 두지 않아서 알아볼 수 없는 차별화다.

포지셔닝에 대한 그의 주장은 고객을 가까이 하면서 불필요한 비용이 추가되지 않도록 해야 한다는 것이다. 이는 품질이 좋고 가격은 싼 제품을 찾는 구매자의 비즈니스 모토와 같다. 이율배반적인 소리같지만, 기업들이 차별적인 제품을 개발하면서 가격을 올렸을 때 구매자들로부터 외면당하는 경우가 적지 않는 것이 현실이기도 하다.

사례 6 캄보디아 국민 음료가 된 박카스의 신화

조선일보(2017.3.13)는 다음 내용을 보도했다.

"캄보디아는 인구 1,600만명, 1인당 연간 국민소득 1,400달러 정도 되는 국가다. 박카스는 이 나라의 국민음료가 되어 1년에 2억 캔이 판매되었다. 현지에서

판매되는 박카스는 용기가 유리병이 아닌 알루미늄 캔이고, 용량은 경쟁품인 미국의 레드불과 같은 250ml다. 우리나라에서 판매되고 있는 유리용기 100ml보다 2.5배가 더 많다. 현지 현지 소매가격은 한화 기준으로 캔당 약 800원인데, 이는 코카콜라 400원, 미국의 경쟁품 레드불 500원과 비교할 때 훨씬 높다."

캄보디아인들이 하루 일당의 10%에 해당하는 가격을 지불하고 마실 정도로 국민음료가 된 박카스의 성공은 동아제약과 현지 딜러가 포지셔닝 전략에 따라 10여 년 동안 협력한 결실이다. 딜러는 고객들의 소비패턴을 분석하여 알루미늄 캔 용기와 용량 확대를 건의하고 본사는 그것을 수용했다. 음료에 인삼향을 첨가하여 경쟁사 제품들과의 차별화와 대대적인 현지 광고와 다양한 판촉행사로 끊임없이 고객들에게 다가가는 노력을 해왔다. 그 결과 캄보디아시장에서 박카스 단일 품목 판매 실적이 700억원에 달하게 되었다.

박재기, 김장훈, 신미숙(2015). 글로벌 마케팅. 청람.

박주홍(2010), 글로벌 마케팅. 박영사

조선일보(2017.3.13). 캄보디아 인구 1인당 연 20캔 소비하는 박카스.

한류스토리 2018년 1월호. 캄보디아 '국민음료'가 된 대한민국 피로회복제 '박카스'.

Day, G. S. (1999).Market Driven Strategy. The Free Press.

Freshtman, C., & Grand, N. (1998). The Effect of the Arab Boycott on Israel: The Automobile Market. The RAND Journal of Economics, Vol. 29, No. 1(Spring), 193－214.

Kotler, P. & Armstrong, G. (2006). Principles of Marketing 11th edition. New Jersey: Pearson Prentice Hall.

Kotler, P. (1999). Kotler on marketing. The Free Press.

Kotler, P. (2001). Marketing Management. Prentice Hall.

Kotler, P. (2003). Marketing Insights from A to Z. John W Sons.

Kotler, P., Jain, D. C., & Maesincee, S. Marketing Moves. (2002). Harvard Business School Press.

Lehmann, D. R., & Winer, R. S. (2002). Analysis for Marketing Planning(5th edition). McGraw－Hill.

Porter, M. E. (1998). Competitive Strategy. The Free Press.

Porter, M. E. (2008). The Five Competitive Forces that Shape Strategy, Harvard Business Review, January, Vol. 88, No. 1, pp. 78－93.

Ries, A., & Trout, J. (2001). Positioning: The battle for your mind. McGraw－Hill.

02   마케팅 믹스

STP전략이 어떤 시장의 누구에게 판매할지를 결정하는 것이라면, 마케팅 믹스는 제품을 얼마의 가격에 어떻게 홍보하여 어떤 경로로 판매할지에 관한 구체적인 실행 계획이다. 마케팅 믹스(Marketing Mix)의 4가지 요소인 제품 (Product), 가격(Price), 유통(Place) 및 판촉(Promotion)을 어떻게 하면 최적으로 활용할 수 있는지 방안을 모색하는 것이다. 이론적으로 4Ps 모두를 최적 활용하면 좋겠지만, 현실적으로 제약이 있을 경우 한 가지의 장점을 최대한 살려 그것으로 특화하기도 하고 다른 요소들과의 조합으로 최적의 효과를 노리기도 한다.

제롬 맥커시가 1960년에 이 개념을 처음 소개한 이후, 아직까지도 마케팅 이론의 뿌리 역할을 하고 있지만 문제에 대한 보완과 다른 각도에서의 접근 이론도 제기되어 있다. 첫 번째는 4Ps가 커버하지 못하는 포장(Packaging), 포지셔닝(Positioning), 사람(People)이 추가돼야 한다는 입장에서 7Ps개념이 생겨났다. 두 번째는 마케팅을 고객 중심으로 접근해야 한다는 관점에서 4Cs개념이 도입되었다. 따라서 제품을 고객가치(Customer value), 가격을 고객의 비용(Cost to customer), 유통을 편의성(Convenience), 판촉을 커뮤니케이션(Communication)으로 대체시켰다. 이 장에서는 전통적인 마케팅 믹스4Ps를 중심으로 기업의 마케팅 실행 계획 수립 시, 유의해야 할 사항들을 살펴본다.

01 제품

기업은 수출을 위해 제품전략을 수립할 때 신규로 개발하거나 내수시장에 판매되고 있는 제품을 해외로 시장을 넓혀나갈 수도 있다. 제품전략별로 기업이 유의해야 할 사항들을 사례 중심으로 알아본다.

신제품 개발

① 시장성

개발하고자 하는 기술이나 제품이 시장에서 얼마나 팔릴 것인지를 냉철하게 평가해야 한다. 이를 위해 시장 수요 예측과 함께 경쟁분석도 필요하다. 작은 시장을 위해 많은 투자를 한다는 것은 경제적인 결정이 아니다. 신제품 개발에는 성공했으나 시장성이 낮아 기대이익을 얻지 못하는 경우가 있다. 시장성이 있다고 해서 모든 신제품이 성공한다는 보장은 없다. 라이프 사이클이 짧은 패션이나 시장선점 효과가 크게 나타나는 IT 분야의 경우 경쟁사가 먼저 개발하여 시판해야 한다. 속도전에서 뒤져 경쟁사가 먼저 출시하면 후발주자는 설 자리가 없어지는 경우가 있기 때문이다.

② 시장 타기팅

신제품을 개발할 때 시장을 정확하게 타기팅해야 한다. 많은 기업이 제품 개발부터 해놓고 시장을 찾는다. 앞에서 시장의 고객이 원하는 제품을 개발한다는 이야기를 했다. 목표가 명확하기 때문에 기술이나 제품 개발이 효과적이다. 이스라엘 유대인들은 이 부분에 있어서 철저하다.

> **사례 1** 폭발물 탐지기술의 인천공항 타기팅
>
> 1999년 봄 텔아비브 인근 네타니아 기술인큐베이터를 방문했을 때, 플라스틱으로 둘러 싸인 폭발물을 탐지하는 기술을 개발하는 기업이 있었다. 연구실 문을 열자마자 공항검색대 모양의 시설이 세워져 있고 안에는 세 명이 일하고 있었다. 러시아에서 귀환한 여성은 그 분야의 세계 최고 전문가로 56개의 특허소지자였고, 남

자는 25개 특허를 가진 과학자였다. 나머지 한 사람은 두 사람의 기술을 상업화하는 이스라엘 비즈니스맨이었다. 그는 당시 건설 중인 인천공항에 자기들의 기술이 필요할 것이라면서 판매를 원한다고 말했다.

그 후 저자는 본사로 귀임하여 2년 반 서울에서 근무하고 2002년초 다시 텔아비브무역관으로 파견되었다. 현지에 도착하자마자 네타니아 기술인큐베이터를 접촉해보았다. 그해 가을 우리나라에서 개최되는 월드컵 대비 인천공항 보안검색대에 그들의 기술을 활용할 수 있을지 가능성을 알아보기 위함이었다. 그러나 기술인큐베이터 행정담당자는 그 기술팀의 연락처를 모른다고 했다. 그 이유는 미국 보안당국에서 그 기술개발에 참여했던 인원과 장비 일체를 미국으로 옮겨갔기 때문이었다. ━━━━━━━━━━━━━━━━

③ 상업화

신기술 개발자는 그 기술의 상업화를 고려해야 한다. 신기술개발이 실패하는 큰 이유 중의 하나가 기술만 개발하면 상업화는 자동적으로 되는 줄로 믿는 기술개발자의 마인드 때문이다. 이는 기술이나 공학적인 배경을 가진 일부 기업인들의 사고와 비슷하다. IT분야로 범위를 좁혀보면, 사업화에 필요한 요소들 중에서 기술은 대략 1/3 비중으로 평가한다. 나머지 2/3의 비중은 자금, 마케팅, 생산과 같은 분야가 차지한다. 제품개발과 상업화가 적절한 조화가 있어야 비즈니스가 성공한다는 생각을 잊지 말아야 한다.

내수 판매제품의 해외수출

① 소비자

중소기업이 신규시장으로 수출하고자 하는 제품은 대개 국내시장 또는 다른 외국시장에 판매되고 있는 것들이다. 어떤 타깃시장에 수출하기 위해서는 그 시장에 적합한지를 다각적인 측면에서 체크해봐야 한다.

그 중 하나가 생활방식이다. 자동차 타이어가 펑크났을 때 교체를 위해 차체를 들어 올리는 데 사용하는 잭(Jack)을 생산하는 기업이 미국 수출 가능성에 대한 시장조사를 의뢰했다. 결론은 부정적이었다. 미국에서는 도로 주행 중 타이어가 펑크 나면 운전자가 직접 타이어를 교체하지 않고 보험회사에 연락하여 서비스맨이 수리해주는 것을 더 선호하기 때문에 시장수요 전망이 밝지 않았다.

② 고객 라이프 스타일

주서기 외부를 빨강이나 노랑과 같은 원색으로 칠하여 국내와 일본시장에서 고객들로부터 호평을 받은 기업이 동일한 디자인으로 미국시장에 판매하려다가 실패했다. 그 원인은 원색의 주서기가 주방 색상의 조화를 깨트린다는 것이었다. 미국 주방의 색상은 흰색 벽면, 와인칼러의 가구, 스테인레스 무색의 가전제품으로 조화를 이루는 것이 일반적이다. 구매 결정권을 가지고 있는 주부들이 원색의 알록달록한 주서기가 주방 전체조화를 파괴한다고 생각하기 때문이었다.

02 가격

글로벌 시장으로 진출하고자 하는 중소기업이 직면하는 가장 현실적인 문제가 가격이다. 글로벌 브랜드와 중국산 사이에 끼어 있기 때문이다. 중국산이 진입하지 않은 시장에서는 글로벌 브랜드제품과 경쟁해야 한다. 이 경우 바이어는 중소기업 제품의 브랜드 인지도가 없어 가격을 낮추어야 한다고 주장한다. 바이어들의 이 같은 반응에 적응된 중소기업 세일즈맨들은 자사 제품을 소개할 때, 글로벌 브랜드와 비교해도 품질은 뒤지지 않지만 가격은 10~20% 정도 싸다는 표현을 잘 한다. 그러나 그 시장에 중국산이 진입하면 사정은 또 달라진다. 턱없이 낮은 가격을 도저히 따라 갈 수 없기 때문이다. 처음 얼마 동안은 메이드인 코리아의 품질 우수성으로 버티지만 일정 기간이 지나면 거래선이 이탈한다.

마케팅 교과서에 고차원적인 가격전략들이 소개되어 있지만, 글로벌 브랜드와 중국산 사이에서 샌드위치 신세가 되어 있는 중소기업들에게는 판매가격산정이 더 급하다. 제품의 가격은 일반적으로 생산원가에 적정 마진을 포함시켜 산정한다. 수출품의 경우 생산지에서 수입국까지의 물류비용과 세금을 추가하면 된다. 세일즈맨이 수출상담을 위해 바이어를 만나기로 약속이 잡혀 있으면 최소주문량에 대한 가격제시는 기본적인 준비 사항이다.

그런데 상담에서 바이어로부터 견적을 요청받으면 즉시 대응하지 못하는 세일즈맨이 있는가 하면, 바이어의 공격적인 가격인하 압박에 끝없이 낮추는 세일즈맨도 있다. 판매자가 가격을 통제하지 못하는 광경을 지켜볼 때마다 무척 안타까웠다. 그 이유가 처음에는 세일즈 출장 온 기업인의 준비 부족으로 생각했었는데, 뒤에 알고 보니 그 회사에 원가관리 시스템이 없었다. 중소기업 중 생산원가를 체계적으로 관리하고 있는 회사가 드물었다. 판매가격을 원가기준으로 산정할 때 반영되는 기본적인 요소와 과정을 자동차 머플러 사례로 설명해본다.

(1차 가정) 판매가격 산정

자동차 머플러 제조사가 연간 5천 개를 생산하는 데 생산설비 투자와 인건비 등과 같은 총고정비가 3만 달러였고, 머플러 한 개 생산할 때마다 원자재 비용과 시급 근로자 비용을 포함하는 변동비가 10달러가 들었다는 데이터(표 1)를 확보했다고 가정해보자.

표 1 자동차 머플러 생산단가

생산량	5,000 개
변동비	$10
고정비	$30,000

이 데이터를 근거로 생산단가는 다음과 같이 산출된다.

생산단가 = 변동비 + 고정비/생산량 = $10 + $30,000/5,000 = $10 + $6 = $16

이 같은 생산단가에서 기업이 20%의 판매이익을 원하는 경우, 다음 공식에 의해 판매 가격을 구할 수 있다.

$$판매가격 = \frac{생산단가}{1 - 기대수익률} = \frac{\$16}{1 - 0.2} = \$20$$

(2차 가정) 손익계산서 작성

위 같은 상황에서 이 기업의 연간 생산능력이 1만대라고 가정해보자. 그러면 <표 2>와 같은 손익계산서가 만들어진다.

표 2 손익계산서

(생산)		
연간생산 능력(개)	10,000	
연간생산 실적(개)	5,000	
판매단가	$20	
(비용)		
변동비 단가	$10	
고정비 단가	$6	
(손익계산서)		
매출액($20×5,000)		$100,000
총비용($16×5,000)	$80,000	
매출이익		$20,000

기업이 생산원가관리를 하려고 해도 실제로 한 공장에서 여러 가지 품목을 생산하고 변동비와 고정비의 구분도 애매모호하여 용이하지 않다. 변동비는 제품의 생산량 증감에 따라 원가가 증감하는 원부자재 비용과 일용직 임금이 핵심이다. 고정비는 생산량 증감과 관계없이 고정적으로 지출되는 비용으로서 정규직 급여와 설비 감가상각비가 핵심이다. 그러나 실제 구분은 복잡하고 어렵다. 그렇다고 해서 생산원가 관리를 포기하면 체계적인 경영을 포기하는 것과 마찬가지다. 회계사 도움이나 ERP(전사적 자원관리)시스템을 활용해서라도 글로벌 비즈니스를 위해 준비해야 할 사항 중의 하나가 원가관리 체계다.

(3차 가정) 가격협상에의 응용

두 번째 가정의 상황에서 보면, 이 기업은 최대 1만개까지 생산할 수 있는데, 현재 5천개밖에 생산하지 못하기 때문에 공장가동률은 50%에 불과하다. 그럼에도 불구하고 고정비용 3만 달러는 고스란히 지출해야 하는 상황이다. 이때 만약 외국 바이어가 5천 개 머플러를 개당 15달러에 사겠다고 한다면, 그 제안을 수용하는 것이 좋을까 아니면 거절하는 것이 좋을까?

<표 2>의 손익계산서에 의하면, 기존 제품의 시장판매가격은 개당 20달러다. 바이어가 제시한 15달러는 생산단가 16달러보다 1달러가 적은 금액이다. 이런 경우 대부분의 판매자는 역마진이라는 생각에만 사로잡힌다. 실제로 이와 비슷한 상황을 설정해주고 판매자와 구매자 간의 모의협상을 해보면, 판매자 절대 다수는 합의를 포기하더라도 생산단가 16달러 이하의 거래를 염두에 두지 않는다. 제조기업 세일즈맨이 판매가격을 산정할 때 공장가동률을 무시할 수 없다. 대규모 구조조정과 같은 위급한 상황에서는 고정비를 매몰비용으로 처리하고 변동비만 커버되면 구매 오퍼를 예외적으로 수용할 수도 있다. 그러한 가격산정의 실익은 <표 3>으로 설명된다.

표 3 손익계산서 비교

(기존) 손익계산서			(추가주문) 손익계산서		
(생산)			(생산)		
연간생산 능력(개)	10,000		연간생산 능력(개)	10,000	
연간생산 실적(개)	5,000		연간생산 실적(개)	5,000	
판매단가	$20		판매단가	$15	
(비용)			(비용)		
변동비 단가	$10		변동비 단가	$10	
고정비 단가	$6		고정비 단가	$3	
(손익계산서)			(손익계산서)		
매출액($20x5,000)		$100,000	매출액($15x5,000)		$75,000
총비용($16x5,000)	$80,000		총비용($13x5,000)	$65,000	
매출이익		$20,000	매출이익		$10,000

이 기업이 5천 개 머플러에 대한 추가 오더를 수용하여 개당 15달러의 가격에 판매할 때, 총생산량이 1만 개로 증가함으로써 총고정비 3만 달러를 총생산량(1만 개)으로 나누면 고정비 단가는 3달러다. 이 경우, 새로운 생산단가 13달러(변동비 단가 $10 + 고정비 단가 $3)를 계산하면, 추가로 5천개 생산하는 데 소요되는 총생산비는 65,000달러가 산출된다. 판매자가 바이어에게 개당 15달러의 가격에 5천 개를 판매하면, 총 75,000달러의 매출액을 얻기 때문에 총생산비 65,000달러를 제하고 나면 10,000달러의 이익이 발생한다.

주의해야 할 사항은 이런 원가계산법을 예외적인 상황에서 가격 산정의 한 기준으로 활용할 수 있지만, 상시적인 가격으로 거래되지 않도록 해야 한다. 여기서 소개하는 이유는 바이어와의 가격협상에서 양보할 수 있는 하한선 설정의 합리적인 근거를 제시하기 위함이다.

03 유통

제조기업이 해외시장으로 수출하는 경로를 단순화시키면 <표 4>와 같이 직수출과 간접수출로 구분할 수 있다. 중소기업 직수출은 외국 제조기업 납품, 거래처 공급 또는 B2C 전자상거래를 의미한다. 간접수출은 타깃시장을 효과적으로 접근하거나 판매 확대를 위해 에이전트 또는 딜러/디스트리뷰터를 활용하는 것이다. 중소기업들이 글로벌 시장으로 진출할 때 에이전트나 딜러를 많이 활용하고 있어 그 개념과 유의사항을 중심으로 알아본다.

표 4 수출 유통경로

채널 1	제조기업	⟶		⟶	기업고객/소비자
채널 2	제조기업	⟶	에이전트	⟶	기업고객/소비자
채널 3	제조기업	⟶	딜러/디스트리뷰터	⟶	기업고객/소비자

직수출

미국이나 유럽 제조기업의 구매담당들은 외국 납품기업들에게 현지 물류센터 운영을 요구한다. 부품을 공급하고 싶으면 공장 주변의 창고에 제품을 보관해놓고 주문하면 즉시 갖다달라는 것이다. 이런 요구를 받았다고 해서 직접 물류창고를 운영해야 한다고 생각할 필요는 없다. 현지에서 물품 보관, 배송 그리고 반품처리까지 해주는 물류창고를 이용하면 된다. 이는 아마존과 같은 포털을 통한 소매에도 활용할 수 있다.

납품 물량이 크게 늘어나서 직접 창고를 운영하는 것이 경제적이겠다는 판단이 서면 그때 진출하는 것도 지혜로운 선택이다. 현지 물류창고를 운영하면 관리자 파견이 필요하다. 부가적인 비용으로 생각할 수 있겠지만, 그가 물류창고를 활용하여 더욱 적극적인 영업활동을 할 수 있다.

간접수출

① 에이전트

직수출은 현지에서의 영업과 정보수집에 한계가 있다. 이러한 문제를 극복하기 위한 대안으로 에이전트를 활용한다. 에이전트의 주임무는 바이어를 발굴하여 주문을 받아내는 일이다. 거래성사가 될 때 본사와 약정한 커미션을 보상으로 지급받는다. 에이전트는 주문을 받을 만한 구매처가 많거나 발주처로부터 신규 주문을 받아낼 가능성이 있는 시장에서 유용하다. 그래서 대형 입찰 프로젝트 수주전에 뛰어들 때도 영향력을 발휘할 수 있는 에이전트를 활용한다.

이 대목에서 주의해야 할 사항이 있다. 에이전시 계약이다. 기업들이 에이전트를 찾는 목적이 신규 판매나 입찰 수주기 때문에 상대방에 대한 호의적인 감정으로 미래의 나쁜 상황에 대한 생각은 간과하기 쉽다. 계약에 대한 상대방의 의무조항, 위반에 대한 벌칙 그리고 해지조건만큼은 명확하게 적시해야 한다.

구분	에이전트	딜러
핵심 역할	단순 중개	직접 수입·판매
영업 방식	Offer sale	Stock sale
영업 보상	커미션	재판매 수익
판매점	없음	있음
위험 부담	본사	딜러

표 5 에이전트와 딜러 차이

② 딜러

딜러는 본사로부터 제품을 직접 수입하여 현지 시장에 판매하고 그 차익을 보상으로 챙긴다. 일반적으로 디스트리뷰터와 같은 개념으로 사용되는데, 자동차 회사와 같은 대기업은 디스트리뷰터가 딜러를 총괄하기도 한다. 타깃시장에 진입할 때 딜러의 역량에 따라 실적이 좌우되기 때문에 신중하게 선택해야 한다.

그러면 딜러를 어떤 기준으로 선정하는 것일까? 이는 기업인의 마케팅 원칙이나 기업의 사정에 따라 크게 두 가지 방향으로 구분된다. 하나는 딜러의 재력과 같은 시장 영향력을 우선하고, 다른 하나는 그의 전문성이나 열정과 같은 개인 역량을 더 중요하게 본다는 것이다.

글로벌 브랜드 인지도가 낮은 중소기업이 외국에서 딜러를 선정할 때 대기업보다 중소기업과의 파트너십이 많다. 본사와 딜러 모두 시장개척 초기의 어려운 시기를 보내면서 관계가 긴밀해지는 경우가 있으나, 일부는 그와 반대로 거래 과정에서 갈등을 맞이하기도 한다. 딜러와의 관계는 타깃시장 진출의 성패에 큰 영향을 미치기 때문에 지혜로운 대응이 필요하다. 국내 의료기기 제조사들의 해외 딜러 관리에 관한 이야기 몇 가지를 소개한다.

A사는 딜러 계약에서부터 영업실적까지 본사 위주로 엄격하게 통제한다. 예를 들면, 분쟁해결은 대한상사중재원의 판정에 따르고, 최소주문량을 지키지 못하면 할인해준 금액을 되돌려 받으며, 대금결제기한을 어기면 제품공급을 중단하고 경영진에서 재공급 여부를 심사한다.

B사는 취급 진단기 분야의 세계 최고품질을 토대로 100여 개국에 수출하

면서 유럽 판매법인 설립 후, 실적이 부진한 딜러들의 독점권을 비독점권으로 전환하자 판매실적이 호전되고 경쟁 브랜드를 취급하던 딜러들은 자사제품만 판매하는 변화를 경험했다.

C사는 유럽의 한 임플란트 딜러가 수출대금 지불을 상습적으로 지연시키면서 본사의 회계업무에 부담을 주고 있어 담당자가 작정하고 월별 정기결제를 요구하는 메일을 계속 발신했다. 딜러는 과거에 C사가 현지 판로개척을 위해 자기에게 부탁하는 입장이었는데, 현재의 그러한 독촉행위를 불쾌하게 여기고 화를 냈지만 결국은 밀린 잔액을 깔끔하게 처리했다. 따라서 본사는 회계처리가 깨끗해졌고, 딜러는 본사에 요구할 것을 당당하게 주장할 수 있었다.

D사는 X–Ray 판독기 중동 딜러에 대한 현지 업계 평판이 나쁘고 직원들이 대거 퇴사함에 따라 딜러십 계약을 해지했다. 본사의 일방적인 조치에 딜러는 즉각 중재신청을 했다. 본사가 정상적인 서비스를 제공하지 않아서 파산되었다고 퇴사직원으로 하여금 증언하게 했다. 별도의 보상 없이 종결되었으나, 미수금을 제대로 회수하지 못하고 시간과 비용이 들었다.

04 판촉

판매촉진활동의 전통적인 방법은 전시회와 TV·신문·잡지 광고였다. 요즘 같은 인터넷 시대에는 온라인 마케팅을 강화하는 것이 효율적이다. 이를 위해서는 글로벌 고객을 향한 영어/중국어 웹사이트를 갖추는 것이 중요하다. 그런데 영어 웹사이트가 없는 상태에서 수출하겠다고 글로벌 시장에 도전장을 던지는 수출초보기업들이 적지않다. 온·오프라인 판촉활동의 효율성을 높이기 위해 무엇을 어떻게 해야 하는지 알아본다.

전시회 활용

각 산업 분야별로 세계적인 전시회가 정기적으로 개최된다. 이러한 전시회에는 그 분야의 주요 제조기업, 바이어, 그리고 연관 서비스 공급자들이 참가하기 때문에 기업과 제품의 홍보, 글로벌 동향 정보 수집, 관심 바이어들을 만날 수 있다. 많은 비용과 시간이 투자되는 전시회 참가의 효과를 극대화하기 위해 보다 적극적인 마케팅 방안을 강구해야 한다.

① 사전에 관심 바이어 연락

이전 전시회에 참가했거나 참관한 비즈니스맨들에게 이메일로 전시부스 정보를 알리고 방문을 요청한다. 외국기업들은 이런 메일을 잘 보낸다.

② 별도 미팅 약속을 한다.

과거 만난 적이 있거나 이메일로 교신한 적이 있는 바이어에게는 별도 미팅 또는 오·만찬 약속을 정한다. 창의적인 마케팅 기업은 전시장과 연결된 호텔에 스위트룸을 숙소로 사용하면서 낮 시간에는 응접실을 식사와 미팅 장소로 활용한다.

③ 세미나 참가로 홍보한다.

유명한 전시회는 별도의 세미나 또는 기업 소개 프로그램이 진행된다. 새로운 기술이나 제품을 개발한 기업은 이런 기회를 적극적으로 활용할 수 있다.

④ 연속적으로 참가한다.

전문 전시회에 연속적으로 참가하는 중소기업은 많지 않다. 한 번 참가한 후 성과가 없다는 이유로 다음 번 참가를 포기한다. 매번 참관하는 바이어들은 그러한 변화를 감지한다. 세 번 정도 참가하면 어느 정도 신뢰할 만한 기업으로 평가하고 다가온다.

해외 전시회 참가는 많은 비용이 든다. 단독 참가가 부담이 되는 기업은 글로벌 전시포털(www.gep.or.kr)을 방문하여 참가비와 항공임 일부를 지원받을 수 있는지 알아보면 된다.

웹사이트 글로벌화

현대와 같은 인터넷 시대의 기업 웹사이트는 사이버 사옥으로서 글로벌 마케팅의 홍보관이다. 외국 잠재 바이어가 공급업체를 찾을 때나 세일즈맨과의 미팅 후 그 회사를 확인할 때 가장 먼저 웹사이트를 방문하기 때문이다. 그런데 웹사이트가 없거나 있다고 해도 검색엔진사이트에 나타나지 않는다면 바이어는 더 이상의 접촉 시도를 포기한다. 웹사이트를 방문했는데, 정보가 부실하면 실망하여 곧장 나간다. 대신 글로벌 고객들이 쉽게 찾아 들어와서 원하는 정보를 효과적으로 얻을 수 있는 웹사이트는 제품과 기업에 대한 신뢰성을 높여 주고 거래 가능성을 높여준다. 글로벌 고객의 관점에서 우리 기업 웹사이트가 갖춰야 할 요건은 편의성, 컨텐츠, 디자인 측면의 12개 유의 사항이 있다.

표 6 글로벌 웹사이트 유의사항

구분	유의사항		
편의성	도메인 네임	접속	검색엔진 최적화(SEO)
컨텐츠	영어	제품 정보	기업 정보
	접촉 창구	E-Catalogue	Youtube
디자인	초기화면	반응형 웹 디자인	하이퍼 링크

① **편의성**

- 도메인 네임이 기업명이나 제품명과의 일치성 또는 연관성이 있어야 한다. 전혀 연관성이 없는 도메인은 웹사이트의 진실성에 대한 의구심을 불러 일으킨다.
- 접속이 신속하게 되도록 해야 한다. 초기화면에 플래쉬나 팝업창이 있는 사이트는 해외에서 접속되지 않을 수 있다.
- 검색엔진 최적화(SEO: Search Engine Optimization)는 구글을 비롯한 검색엔진 사이트에서 웹사이트의 검색어로 검색한 결과가 상위에 오르게 하는 최적의 방법이다. 이는 무료 인터넷 마케팅의 가장 효과적인 홍보 방법이다. 웹사이트 디자인과 컨텐츠 작성할 때 메타태그 작성, 링크, 본문 태그, 부제목 태그 등을 활용하여 효과를 높일 수 있다.

  웹사이트 제작에 많은 예산을 투입하여 화려하게 만들었다고 해도 SEO

에 실패한다면 그 사이트는 성공적이라고 평가할 수 없다. SEO의 효과를 높이기 위해서 유료서비스를 이용할 수도 있다. 광고 노출을 원하는 대륙이나 국가를 지정할 수 있고 클릭당 서비스 계약을 할 수 있기 때문에 국내에서도 외국의 타겟시장에 인터넷으로 홍보할 수 있다. SEO의 주목적이 바이어를 찾아가는 것이 아니라 그들로 하여금 찾아오게 하는 것이기 때문에 웹사이트가 충실해야 한다.

② 컨텐츠

- 영어는 문법, 철자법 그리고 표현이 정확하고 전문적이어야 한다. 오류가 많고 의미가 제대로 전달되지 않는 영어는 회사의 글로벌화 수준이 떨어진다는 인상을 준다.
- 제품 정보는 사진과 이미지를 활용하여 용도, 장점, 소비자 반응이나 언론 호평과 같은 긍정적인 내용으로 방문자의 관심을 끌도록 해야 한다.
- 기업 정보는 방문자에게 신뢰를 줄 수 있는 긍정적인 정보를 중심으로 구체적이어야 한다.
- 접촉 창구는 외국의 관심 바이어가 회사를 쉽게 접촉할 수 있도록 연락처를 구체적으로 안내해주는 것이 좋다. 대부분의 기업이 인콰이어리 메뉴를 추가하여 마케팅담당과의 접촉이 가능하도록 하지만, 상당수 기업 웹사이트는 회사 대표 이메일 주소와 전화번호만 표기되어 있다. 고객 편의를 위해 본사나 해외 법인들의 담당자 연락처를 구체화해주는 것이 바람직하다.
- E-Catalogue는 인터넷 마케팅 수단으로 유용하다. 웹사이트에 올려놓으면 관심 바이어가 방문했을 때 그것을 다운로드 받아서 다른 동료나 상사와의 협의할 때 쉽게 활용할 수 있게 해준다.
- Youtube는 제품의 조립, 설치, 작동 과정을 시각적으로 설명해줄 때 매우 유용하다. 3분 내외 분량의 동영상을 제작하여 유튜브에 게시해 놓으면 그것만으로도 홍보 수단이 된다. 복잡한 설명이 필요한 경우는 가능하면 그 분야의 전문용어를 구사할 수 있는 원어민을 활용하여 프로페셔

널하게 보이도록 하는 것이 낫다. 그렇게 할 여력이 안 되는 기업은 작업 과정만 동영상으로 제작하여 웹사이트에 올리는 것이 없는 것보다 낫다.

③ 디자인

- 초기화면은 제품홍보에 초점을 맞추고 단순한 색상의 아래 방향으로 끌어내리면서 정보를 검색하도록 설계한다. 메뉴는 제품정보를 앞순서에 배치하고 기업정보는 뒤에 둔다. 그리고 주력품의 사진을 내보이도록 한다. 웹사이트에 대한 인식이 부족했던 과거 어떤 기업들은 가족이 푸른 하늘 아래 초록색 공원을 다정스럽게 걸어가는 광경을 중앙에 배치하기도 했다. 이런 이미지는 외국인들에게 야외활동 서비스 기업이라는 첫인상을 주기 쉽다.

- 반응형 웹 디자인이 아니면 휴대폰으로 사이트를 방문했을 때 화면이 고정되어 있어 문자를 제대로 읽을 수 없다. 휴대폰 이용객들이 사이트에서 정보를 편리하게 이용할 수 있도록 반응형으로 디자인해야 한다.

- 하이퍼 링크는 최대 3단계 정도가 적당하다. 첫 화면에서 제품명이나 용어를 한번 클릭하면 좀 더 자세한 설명이 나오도록 한다.

온라인 마케팅

현대 사회가 인터넷 시대로 진입하면서 기업의 광고 방식도 달라졌다. 즉, 요즘은 TV, 라디오, 신문, 잡지와 같은 전통적인 매체로 불특정 다수에게 마케팅 메시지를 대량 광고하는 것과 달리 웹사이트, 블로그, SNS, 온라인 유료광고로 특정 고객군을 대상으로 집중적인 광고를 한다는 것이다. 온라인 광고는 광고 대상 및 지역, 광고 기간을 이용자가 정할 수 있고, 광고 결과를 실시간으로 분석할 수 있으며, 예산 범위 내에서 광고할 수 있다는 장점이 있다. 온라인 광고는 기업과 고객의 커뮤니케이션 방식에 따라 다음 세 가지 채널로 구분된다.

① 채널 1

이는 기업이 웹사이트, 블로그, 페이스북 페이지, 유튜브 채널, 소핑몰 제품 상세 페이지 등이다. 이들은 제품에 관한 원천정보를 방문 고객들에게 제공하면서 검색엔진이나 유·무료 광고 및 링크의 랜딩 페이지 역할을 담당한다.

② 채널 2

이는 채널 1의 원천정보를 대중이 확산시키면서 공유하는 페이스북, 트위터, 스냅챗, 인스타그램 등과 같은 SNS다. 이는 컨텐츠가 대중으로부터 호감을 얻기만 하면 순식간에 엄청난 속도로 퍼져나가는 속성을 가지고 있다. 정보 전파자 중에는 분야별로 다수의 팔로어를 이끌고 있는 인플루언서가 기업의 마케팅 메시지를 전문적으로 확산시켜주는 유료 서비스가 있다. 중국에서는 그들을 왕홍이라고 부른다.

③ 채널 3

이는 기업의 마케팅 메시지를 상업적으로 널리 퍼뜨리는 구글 애즈, 페이스북 스폰서, 검색 키워드와 같은 온라인 유료광고 매체다. 이를 푸쉬(Push) 채널이라고 한다. 채널 1이나 채널 2와 다른 점은 유료 광고 서비스라는 것이다. 이 서비스는 국내에서 세계의 어디에나 언제든지 대상을 지정하여 광고할 수 있다는 장점을 가지고 있다. 비용은 클릭당 부과하는 종량제와 1천회 노출당 광고비용이 정해지는 정액제가 있다. 구글이나 페이스북에서 이용자가 직접 광고할 수도 있고, 외주를 줄 수도 있다.

참고
문헌

김진우(1999). 인터넷 비즈니스. 영진출판사

김진 & 최정아(2019). 실건 구글 광과 마케팅. 마소캠퍼스

박주홍(2010), 글로벌 마케팅. 박영사

박재기, 김장훈, 신미숙(2015). 글로벌 마케팅. 청람.

이민규(2019). 디지털 마케팅과 페이스북 광고. 디지털북스

임현재, 이계열, 여정기, 김현진(2019). 모바일 앱 마케팅. 디지털북스

Cellich, C., & Jain, S. C. (2011). Practical solutions to global business negotiations. Business Expert Press

Day, G. S. (1999).Market Driven Strategy. The Free Press.

Kotler, P. & Armstrong, G. (2006). Principles of Marketing 11th edition. New Jersey: Pearson Prentice Hall.

Kotler, P., Jain, D. C., and Maesincee, S. (2002). Marketing Moves. Harvard Business School Press.

Laubheimer, P., & Loranger, H. (2017). B2B website usability for converting users into leads and customers (3rd Edition). Nielsen Norman Group

International Trade Administration (3/14/2018). Steps to create a globalized website.

https://www.export.gov/search#/search/how_to_articles?topics=Design&_k =07bgwj

CHAPTER | 03 무역실무

이 장은 제조기업이 해외 바이어를 어떻게 발굴하는지, 수출품 운송과 보험에 있어서 책임을 지는 조건, 대금결제 방식 그리고 수입국의 각종 장벽과 세관 통관 과정에서 직면하게 되는 이슈들을 다룬다.

01 바이어 발굴

해외 바이어를 찾는 방법은 온·오프라인 두 가지 방식이 있다. 오프라인 방식은 해외 전시회 참가, 각 지자체나 유관기관이 파견하는 무역사절단, 그리고 KOTRA 바이어 조사대행이나 다양한 회원제를 이용할 수 있다. 무역사절단, 바이어 조사대행, 및 지사화 사업과 같은 회원제는 개별 맞춤형 서비스여서 이용의 편의성과 효과가 높지만, 서비스 제공에 있어서 인적·물적 자원의 제약이 문제다. 이 같은 현실을 극복하기 위한 대안은 국내외 온라인 포털 사이트를 효과적으로 이용하는 길이다.

국내 무역거래알선 사이트

우리 기업들이 해외 수출을 위해 이용할 수 있는 국내 포털 사이트는 KOTRA, ㈜EC21, 중소벤처기업진흥공단에 의해 각각 운영되고 있다. 수출기업은 외국의 관심 바이어들이 방문했을 때 발견할 수 있도록 제품과 판매 정보를

표 1	국내 수출거래 포털 사이트 현황
사이트 주소	운영기관
www.buykorea.or.kr	KOTRA
www.ec21.com	㈜EC21
www.gobizkorea.or.kr	중소벤처기업진흥공단

게시한다. 이 사이트들은 한글로 무료 회원 가입이 가능하고 운영기관별 지원제도가 있어 중소기업의 수출 창구로 활용하기가 편리하다.

알리바바

① 운영 현황

알리바바(https://www.alibaba.com)는 200개국 약 2억 6천만 명 가입 회원 중 활동 구매자는 약 1천만 명이다. 이들은 등록 판매자 회원 200만 명이 40여 개 산업분야의 6천여 개 제품 카테고리 약 1억 7천만 개 제품에 대해 하루 30만 건 이상 문의하고 있다. 이 사이트를 많이 이용하는 상위 바이어 거주국은 미국, 인도, 캐나다, 브라질, 호주, 영국, 러시아, 터키, 파키스탄, 멕시코이고, 상위 판매자 거주국은 인도, 터키, 파키스탄, 베트남, 말레이지아, 한국, 태국, 이탈리아, 일본, 미국이다. 주요 거래품목은 가전제품, 식음료, 미용제품, 의류, 가정용품과 같은 소비재다.

② 서비스

회원은 가입비가 없는 일반회원과 가입비가 있는 골드 공급자 회원(GGS)이 있다. B2B거래에는 수수료가 없지만, B2C거래에는 10~15% 내외의 수수료가 부과된다. GGS회원은 연간 수 천 달러의 회비를 납부하는 대신 제품 홍보용 웹사이트 개설과 방문자 분석, 유료 구매자 회원들과의 우선적 접촉 혜택이 주어진다. 중국어를 몰라도 사이트에 한글 번역 기능이 장착되어 있어 이용자가 직접 가입할 수도 있지만, 부담스러운 이용자는 알리바바 파트너로 활동하고 있는 컨설턴트 서비스를 이용할 수 있다.

아마존

① 운영현황

아마존(http://sell.amazon.co.kr)은 180개국 3억 명 회원 중 1억 명의 충성 고객인 프라임 회원들에게 50억 개 상품을 배송했다. 상위 구매자 거주국은 미국, 일본, 영국, 독일, 프랑스, 이탈리아, 스페인이다. B2C 거래에 주력해오던 중 2010년 중반부터 B2B 거래를 시작했다. 아마존은 B2B 사업 육성을 위해 개인 프라임 회원에게 $110 이상 구매시 이틀만에 배달해주는 서비스를 B2B회원에 게는 $50 이상 구매 시 프라임 회원이 아니라도 이틀만에 배달해준다.

② 서비스

아마존은 판매자들을 위해 주문 접수, 포장 및 배송, 반품을 처리해주는 풀 필먼트(Fullfilment) 유료 서비스를 제공한다. 판매자는 풀필먼트 센터에 제품을 가져다 놓으면 아마존으로 구매 주문이 접수되는 대로 전세계 공급이 가능한 국가의 고객에게 제품을 발송한다.

③ 비용

아마존 계정 사용료는 판매 실적 유무와 관계 없이 월 $40, 판매 수수료는 평균 15% 수준이다. 풀필먼트서비스료는 창고 보관비와 배송비로 구분되는데, 제품의 특성에 따라 상이하다. 배송비의 경우 미국 내에서 거리는 따지지 않고 중량과 부피를 근거로 산정한다.

④ 판촉

아마존에도 판촉을 신경 써야 한다. 수많은 제품들이 등록되어 있기 때문에 잠재 구매자가 원하는 품목명을 타이핑했을 때 첫 페이지 상단에 떠오르면 클릭당할 확률이 높지만, 그 다음 페이지나 그보다 더 뒤에 있다면 판매 가능성은 희박하기 때문이다. 아마존 검색엔진최적화(SEO)를 최대한 활용하는 것이 바람직하지만, 상황에 따라서는 비용을 들여서라도 키워드 광고(Sponsored product)를 할 수 있다.

수출자는 수입자에게 물품을 어디에서 건네야 할지를 결정해야 한다. 그
장소는 공장, 항만, 선박, 수입자 지정장소, 수입국 등 상호합의 결과에 따라 달
라진다. 수출자는 수입자와 합의한 지점까지 물품을 안전하게 이동시켜줘야 할
책임이 있고, 물품운송은 경비와 사고의 위험이 따른다. 경비는 수출국 내륙 운
송비, 수출국 항만 이용료, 국가 간의 이동 운송비, 수입국 항만 이용료, 내륙
운송비, 관세를 비롯한 각종 세금이 포함된다. 사고 위험은 운송 도중에 물품이
망실, 파손, 변형과 같은 사고 발생 가능성을 의미한다. 수출자와 수입자는 이러
한 비용과 리스크를 고려하여 어느 지점에서 어떤 조건으로 물품을 인도하는
것이 좋을지 결정해야 한다.

수출자는 운송 책임을 신중하게 생각해야 한다. 인도 기일을 지키기 위해
항공운송으로 비용 부담이 늘어나서 경제적 손실이 발생하기도 하고, 인도 기일
미준수로 인하여 손해배상을 물어야 하는 경우가 발생하기 때문이다. 그리고 세
일즈맨은 바이어와 상담할 때 이 같은 운송비용과 보험에 관한 정보를 가지고
있어야 효율적인 가격협상이 가능하다.

파리에 본부가 있는 국제상업회의소(ICC: International Chamber of Commerce)
는 국제무역에서 수출자와 수입자간의 운송에 관한 통일된 규칙으로 인코텀즈
(Incoterms: International Commercial Terms)를 제정하여 거의 10년 주기로 업데이
팅하고 있다. 인코텀즈는 물품이 수출자로부터 수입자에게까지 이동하는 과정
에 발생하는 리스크와 비용의 부담, 책임 범위를 11개 거래조건으로 정형화하여
만든 통일규칙이다. 11개 정형화된 거래조건은 4개그룹(E, F, C, D)으로 구분되
는데, 그룹별 수출자와 수입자가 각각 책임을 져야 할 사항은 <표 2>를 참고
하면 된다.

공장 인도(E그룹)

EXW: Ex Works(공장인도)는 수출자는 공장, 창고, 판매점과 같은 장소에

있는 물품을 수입자가 인수해가는 수출자의 최소책임과 수입자의 최대책임 조건이다. 수출자의 의무는 수입자가 구입한 물품의 수출 절차에 필요한 정보제공만 협조하면 된다. 즉, 인도장소에서 차량에 물품을 싣는 일, 내륙 운송, 수출통관에 관한 일체의 과정이 수입자의 책임하에 진행되는 조건이다. 수입자가 수출국에서 이러한 과정을 이행하는 데 어려움이 있는 경우, EXW가 아닌 F그룹 조건으로 변경하는 것이 효율적이다. 그리고 수입자가 지정된 장소에 있는 물품을 제때 가져가지 않을 수 있기 때문에 계약서에 최대 보관 기간을 명시할 필요가 있다.

주운송비 미지급(F그룹)

① FCA: Free Carrier(운송인 인도 규정)는 수출자의 거소나 지정한 장소에서 수입자가 보낸 차량에 물품을 적재하여 수출항까지 운송 및 수출통관까지 수출자가 책임지는 조건이다.

② FAS: Free Alongside Ship(선측인도조건)은 수입자가 지정한 본선의 선측(예, 부두 또는 바지선)에 물품을 인도하는 것까지 운송을 수출자가 부담한다는 조건이다. 이때 수출 관련 통관과 관련된 비용은 매도인이 부담한다. FAS는 선박이 부두에 입항한 경우와 해상에 정박해 있는 경우가 있을 수 있기 때문에 인도지점을 구체화해야 한다. 화물 컨테이너를 터미널에서 수입자 운송인에게 인도하는 것은 선측인도로 간주되지 않는다. 따라서 곡물이나 석탄과 같은 일차산품 수출이 아닌 공산품 수출은 FAS보다 FOB조건으로 많이 진행된다.

③ FOB: Free On Board(본선인도조건)는 지정된 선적항에서 수입자가 지정한 본선에 물품을 적재함으로써 수출자의 책임은 종료된다. 이는 물품이 본선난간을 통과를 기준으로 물품소유권, 리스크 및 비용의 책임이 수출자에서 수입자에게로 이관된다는 의미다. 따라서 수입자는 수출자에게 대금지불 의무가 발생한다.

주운송비 지급(C그룹)

① CFR: Cost and Freight(운임포함인도)는 수출자가 수입자의 지정 항구까지의 물품 운송, 운송비 및 수입국 통관비용을 부담하는 조건이다. 그 책임의 한계는 수출국 국경 이내까지고, 국경을 벗어나면 수입자에게 리스크가 이전된다. 운송 관련 보험은 수출자가 아닌 수입자가 부담한다.

② CIF: Cost, Insurance and Freight(수입국 항구까지 운임·보험료 포함 인도)는 수출자가 물품 운송, 보험 및 수입국 통관비용을 부담하는 조건이다. 보험 대상과 조건에 따라 비용이 달라지기 때문에 수출자는 실익을 잘 따져 결정해야 한다.

③ CIP: Carriage and Insurance Paid To(도착 지정지까지 운임·보험료 지급 인도)는 수입자가 지정한 장소까지 수출자가 보험과 운송을 책임지는 조건이다.

④ CPT: Carriage Paid To(운송비 지급인도)는 CFR과 동일한 방식으로 수출자는 지정된 목적지까지 운송비를 지급하지만, 물품이 제1운송인에게 인도될 때 수입자에게 이전되는 조건이다. 이는 주로 컨테이너 복합 운송에 많이 사용된다.

도착지 인도(D그룹)

① DAT: Delivered At Terminal(도착터미널인도)은 수출자가 목적항의 지정 터미널까지 물품 운송을 책임지는 조건이다.

② DAP: Delivered At Place(도착장소인도)는 수입자가 지정한 장소까지 물품을 운송하는 데 필요한 비용과 리스크를 수출자가 책임지는 조건이다.

③ DDP: Delvered Duty Paid(관세지급인도)는 수출자가 수입국의 통관 후 지정된 지점에서 수입자에게 물품을 인도해줄 때까지 모든 비용과 리스크를 떠안는 조건이다. 이는 수출자가 가장 큰 책임을 지는 운송조건이기도 하다.

표 2	주요 운송 조건별 수출·입자 책임범위				
운송·보험 조건	DDP	CIF	CFR	FOB	EXW
수입국 관세					수입자 책임
수입국 통관					
지정장소까지 운송					
수입항에서 차량 적재					
보험 부보					
수입항에서 하역					
수입항으로 운송					
수출항에서 선적					
수출 통관		수출자 책임			
수출항까지 운송					
공장에서 차량 적재					

출처: 위키백과(20.4.7) 인코텀스 보완

03 대금결제조건

물품대금을 어떤 통화로 언제 어떻게 지불할 것인지에 대한 결정은 수출자와 수입자 모두에게 매우 중요한 이슈다. 수출자는 물품대금을 선금으로 받고 싶어하는 반면, 수입자는 물품을 먼저 받고 싶어한다. 서로 거래 리스크를 낮추기 위함이다. 그래서 중간에 은행이 개입하여 그러한 부담을 경감시켜준다. 수입자는 거래은행으로 하여금 수출자에게 대금결제를 보증하는 신용장(L/C: Letter of Credit)을 발행하여 보내달라고 요청한다. 수출자는 그 신용장을 근거로 물품을 생산하여 공급한다. 은행의 역할은 신용장 개설뿐만 아니라 수출자가 물품을 지정된 선박에 선적했다는 증빙서류와 수입자가 주문한 신용장의 내용이 일치하는지 검사까지 해준다. 이 과정에서 주문 내용과 선적 내용이 다른 경우 그 사항을 수입자에게 통지한다. 두 개의 서류에 아무런 문제가 없다면 신용장 개설 조건에 따라 수출자에게 대금을 결제한다.

신용장 거래는 안전한 반면 은행 수수료가 적지 않다. 거래 초기나 거래위험도가 높다고 판단될 때 이용하지만, 어느 정도 신뢰가 쌓이면 신용장 거래 대신 추심(D/A, D/P)이나 전신환(T/T)거래로 전환한다. 처음부터 신용장 거래를 하지 않는 기업들도 있다. 추심도 수출자와 수입자 사이에 은행을 끼고 거래하지만 은행의 지급보증 의무가 없다는 것이 L/C거래와의 차이점이다. 은행은 중간에서 서류만 간단히 살펴봐주는 역할만 수행하기 때문에 절차가 간단하고 수수료도 낮다. 수입자가 수출자에게 직접 전신환으로 송금하는 방식은 지급시점과 지급액의 비율이 양측의 합의에 따라 다양하게 구분된다. 대금결제시점과 결제방식과 주의 사항을 간략히 알아본다.

결제시점

결제시점은 수출자가 물품을 선적한 시점을 기준으로 선지급, 동시지급, 연지급 그리고 분할지급으로 구분된다.

선지급은 수입자가 수출자에게 물품을 인수하기 전에 대금을 지불하는 방식으로 수출자에게는 유리하지만, 수입자에게는 리스크가 높은 조건이다. 수출자가 선지급조건을 요구하는 경우 수입자는 거래를 피하는 경우가 많지만, 수출자가 믿을 수 있거나 소량 구매시 이 결제조건도 많이 이용된다.

동시지급은 수출자가 물품을 선적한 후 운송인이 발행하는 증명서와 같은 선하증권(B/L: Bill of Lading)을 수입자에게 보내주면 동시에 대금이 결제되는 추심방식(D/P: Document against Payment)이다.

연지급은 일종의 신용거래다. 물품의 선적이나 인도 또는 선적서류 인도 중 어느 하나가 이루어진 후 일정기간이 지나서 대금이 결제되는 조건이다. 이는 유전스 신용장(Usance L/C)와 어음인수서류인도방식(D/A: Document against Acceptance)이 있다. 수입자는 선적서류를 수취한 후 지불만기에 맞춰서 결제하면 되기 때문에 물품에 하자가 있는지 확인할 수 있다. 수입자 중에는 도착 물품에 대한 사소한 트집을 잡고 결제금액을 줄이는 수단으로 악용하는 사람들도 있다.

텔아비브 무역관에서 근무하고 있을 때 현지인 직원이 한국전화라면서 저자에게 돌려줬다. 전화를 당겨받자마자 상대방은 다짜고짜 "돈 좀 받아달라"고 했다. 무슨 말씀이냐고 했더니, 대구에서 안경테를 생산하고 있다는 그는 이스라엘 바이어에게 안경테를 보냈는데 대금을 지불하지 않는다고 애를 태우고 있었다. 그 이스라엘인 주소지가 어디냐고 묻자, "가자(Gaza)"라고 했다. 팔레스타인 가자지구를 의미하는 것으로 보여졌다. 무슨 일인지 자초지종을 물어보니까, 일처리가 정말로 무모했다. 거래 과정을 요약하면, 생면부지의 팔레스타인 바이어로부터 팩스한 장받고, 3만 달러어치의 안경테를 보내준 것이었다. 대금은 바이어가 제품들을 판매하여 지불하는 조건이었다. 아무런 담보조치가 없었다. "장사는 믿고 해야 하지 않느냐?"고 말하면서도 그 미수금으로 인하여 가정과 공장이 풍비박산됐다고 했다. 그로부터 받은 전화번호로 바이어를 접촉해서 대금결제를 종용한 결과, 일주일 뒤 5천 달러가 입금됐다는 통보를 받았다. 잔액에 대해서는 어떻게 됐는지 더 이상은 연락이 없었다.

분할지급은 수입자가 일부 선지급과 잔액을 분할하여 결제하는 방식이다. 이는 수출자가 원하는 전액 선지급을 수입자가 거부할 때 절충안으로 활용된다. 선금액과 잔액의 비율과 잔액 지불 시점은 수출자와 수입자의 합의 결과에 따라 상이하다. 분할 기준으로 생산 착수전, 생산 완료, 선적 전, 선적 후, 선적서류 인도시점, 물품 인도 후를 설정할 수 있고, 선금과 잔액 지불의 비율도 3 : 7, 4 : 6, 또는 5 : 5 중 하나를 선택할 수 있다. 신뢰성이 부족한 수입자는 선금 50%와 후불 50% 조건으로 거래를 제의하여 잔액을 지불하지 않거나 이런저런 트집을 잡아서 대금을 줄이는 수법을 사용하기 때문에 이런 제안을 받으면 리스크를 고려해서 결정해야 한다.

신용장 거래

신용장거래가 안전하다고 해도 실제 거래현장에서는 이와 관련된 분쟁사고가 수시로 발생하기 때문에 항상 주의가 필요하다. 몇 가지 주의해야 할 사항을 요약해보면 다음과 같다.

① 신용장 거래 조건

신용장 개설 지연으로 인도기일이 촉발해지는 경우 인도기한을 연기하는 것이 안전하다. 추후 인도 지체에 대한 보상을 요구받을 수 있기 때문이다.

신용장 개설 이전에 생산 먼저 착수해달라는 요청은 무시한다. 수출자로부터 생산착수 또는 완료했다는 정보를 접수한 수입자는 수입 포기 통보로 압박하여 가격을 후려칠 수 있다.

초기 두세 번의 거래에서 신용장 거래로 문제없이 대금결제를 해오던 수입자가 신용장 개설 수수료 절감을 위해 신용거래로의 전환을 요청받으면 수출자는 수용여부를 놓고 갈등한다. 수용하는 경우 리스크가 높아지고, 거부하는 경우 큰 물량과 함께 거래선을 잃을 위험성이 있기 때문이다. 리스크에 대한 담보가 없다면 매우 신중하게 결정해야 한다.

② 신용장 단위 표기

수출자는 신용장에 표기되어 있는 포장단위와 같은 기술적인 표현을 주의 깊게 읽어야 한다. 간혹 신용장과 선적서류의 내용 불일치가 발생하기 때문이다. 신용장 개설은행의 주임무 중 하나가 수입자가 주문한 내용이 적혀 있는 신용장과 수출자가 선적했다는 내용이 기록돼 있는 선하증권의 내용이 일치하는지 확인하는 것이다. 실제 국내 섬유기업이 원단 포장단위를 신용장과 달리 표기하여 바이어로부터 수취 거부당한 사례가 있었다.

사례 2 원단 포장단위 표기 실수

이스라엘 바이어는 신부 웨딩드레스용 원단 2,000 Rolls을 주문하는 신용장을 개설했다. 그런데 우리 수출기업이 2,000 PCS를 보냈다는 선적서류가 거래은행에 도착했다는 통보를 받았다. 은행담당자는 2천롤 대신 2천 피스를 선적했다는 서류를 인수하고 대금을 지불할 것인지를 물었다. 2천 피스는 문자 그대로 원단 2천 조각으로 해석될 수도 있다. 바이어로서는 그러한 리스크를 떠안고 싶지 않았다. 원단 포장 단위 Rolls를 PCS로 잘못 표기함에 따라 화물은 인수되지 못하고 수출

대금도 지급받지 못했다. _____

③ 신용장 날짜 해석

인도기한 미준수를 꼬투리 잡으려는 수입자들이 있기 때문에 수출자는 일정을 맞추도록 해야 한다. 빠듯한 일정으로 기한을 지켰다고 생각했는데, 신용장상의 날짜 해석을 잘못하여 납기 지체가 될 수 있다. 운송이나 유효기간 등과 같은 기간과 관련된 다음 영어 표현의 해석을 알아두면 유용하다.

- To, until, from, between: 선적기간을 나타내는 문장에서 이 같은 전치사가 날짜 앞에 있다면, 그 날짜를 포함하여 계산한다.
- On or about: 명시된 날짜로부터 5일 전후로 시작일과 종료일을 포함한다.
- Before, after: 이 전치사 뒤에 명시된 날짜는 계산에서 제외한다.
- From, after: 환어음의 만기일에 이 전치사가 앞에 있으면 그 날짜는 제외한다.
- First half, Second half: 한 달의 전반부와 후반부를 구분할 때 전반부는 1일부터 15일까지, 후반부는 16일부터 마지막 날까지로 계산한다.

④ 주요 신용장

- 화환신용장(Documentary L/C)은 수입자의 신용장 개설은행이 수출자가 발행한 어음을 운송화물의 담보가 되는 선적서류를 첨부하여 제시하면 대금 지불을 약속하는 가장 전형적인 신용장이다.
- 취소불능신용장(Irrevocable L/C)은 한번 개설된 신용장이 관련 당사자들의 전원 합의 없이 일방적인 취소나 조건변경이 불가능한 신용장이다. 이는 일반적으로 사용되는 방식이다.
- 확인신용장(Confirmed L/C)는 제3의 은행에 의해 어음의 지급·인수·매입을 확인받은 신용장이다. 이는 보통 수입국이나 신용장개설은행의 신용상태가 불안할 때 제3국의 글로벌 은행으로부터 확인을 해달라는 수출자의 요청에 의해 이루어진다. 수입자로서는 신용장 개설에 있어서 이중

수수료를 지불해야 하기 때문에 좀처럼 수용하기 어려운 신용장이기도 하다. 그러나 수출자로서는 신용장 개설은행의 신용상태를 반드시 체크해야 한다. 수입자가 처음부터 나쁜 의도로 접근한다면 선진국 소재 유령은행 또는 부실은행을 신용장 개설은행으로 내세워 물품만 챙길 수 있기 때문이다.

04 수입 장벽

제2차 세계대전 이후 국가간의 관세와 수입 쿼터를 낮추어 무역을 촉진시키기 위해 1948년 관세와 무역에 관한 GATT체제가 23개국 참여로 출범했다. 이는 1995년 WTO체제로 전환되고 국가간 또는 지역별 자유무역협정체결 확대에 힘입어 글로벌 무역의 관세장벽은 더욱 낮아졌다. 그 대신 각국이 비관세 장벽으로 외국산 수입에 대한 통제를 강화하고 있다. 수입국 정부가 의도적으로 특정 국가제품 수입 제한 또는 세관원들의 자의적인 판단으로 통관심사를 강화하고자 할 때 비관세장벽으로 대응한다. 다른 한편으로는 수출자가 수입국의 관련 법규, 규격·인증, 통관심사 규정을 준수하지 못하여 통관과정에서 폐기, 압류, 반송, 현지 시정 등과 같은 조치를 당하는 경우도 많이 있다. 여기에서는 <표 3>에 기술된 무역구제조치, 규격·인증제도, 위생·검역규제, 통관·원산지와 관련된 사항들을 비관세장벽으로 통칭한다.

표 3 수입 장벽 내역

장벽	유형		주요 내용
관세	일반관세, 특혜관세, 무관세		관세율
비관세	무역구제조치	반덤핑관세 부과	덤핑 수입품에 대한 관세 부과
		상계관세 부과	정부보조금 수혜 수입품에 관세 부과
		세이프가드 발동	수입 급증품에 대한 일시적 수입 제한
	규격·인증제도	공산품 시험·검사	UL(미), CE(EU), CCC(중), PSE(일)
	위생·검역규제	식품·의약품·검사	FDA(미)
	통관·원산지 관리	세관 심사	제품과 서류 내용의 적합성 심사

무역구제조치

이는 불공정한 수입으로 국내산업이 피해를 입거나 입을 우려가 있는 경우 또는 공정한 수입이라도 국내 산업이 심각한 피해를 입거나 입을 우려가 있는 경우, 그 수입품에 대해 관세 부과나 수입제한과 같은 조치를 취할 수 있도록 WTO가 인정하는 제도다.

① 반덤핑관세 부과

이는 수입국에서 판매되는 제품의 수출 가격이 수출국 시장에서 판매되는 동일 품목의 국내 가격보다 낮고, 이로 인해 수입국의 국내 산업이 실질적인 피해를 입을 때 수입국 정부가 그 제품에 대해 반덤핑 관세를 부과하여 덤핑에 의한 피해로부터 자국 산업을 보호하는 제도다.

② 상계관세 부과

이는 수출국 정부로부터 직·간접적인 보조금을 받은 제품이 수입되어 국내 산업에 실질적인 피해가 발생할 때 해당국 정부는 자국 산업보호를 위해 해당 수입품에 대해 상계관세를 부과하는 제도다.

③ 세이프가드 발동

이는 수입품의 급증에 따른 수입국 산업피해가 중대하다고 판단될 때, 수입국 정부가 수입물량을 일시적으로 제한할 수 있는 조치다. 단, 특정 국가만 지정해서는 안 되고 수입 물량 전체를 제한하면서 WTO 원칙에 의한 수입품에 대한 최혜국 대우는 존속시켜야 한다.

규격·인증제도

각 국가 또는 지역경제공동체는 제품이 국민의 안전, 위생 및 환경 관련 표준과 기술규정을 충족시킬 때 그것을 인증하는 제도가 있다. 대부분의 정부는 신뢰할만한 공공기관 또는 민간조직들에게 권한을 위임하여 국내 제품뿐만 아니라 외국 수입품에 대해 테스트할 때, 그리고 제품 설계, 제품, 제조공정 또는 설치에 관해 심사하게 한다. 이런 절차를 모두 거친 제품에 부여되는 인증마크가 없으면 그 시장으로 수출할 수가 없다. 산업과 제품 분야별 세부 인증제도들이 다양하다. 주요 국별 공산품 인증마크 운영 현황은 다음과 같다.

① UL(미국)

UL은 인간의 생명과 재산에 영향을 미치는 위험성에 관하여 조사하기 위해 설립된 미국의 비영리 보험협회안전시험소 인증 마크다. 이 기관이 하는 일은 제품 안전시험, 인증 발행, 환경시험, 제품 성능 시험, 헬스케어 및 의료기기 인증을 발행하는 것이다. 당초 보험회사용으로 설립되었지만, 요즘은 미국 대형 유통업체 납품 시 UL마크가 요구되고 있어 실제로 대미 수출 공산품은 기본적으로 필요한 인증이 되었다. 시카고 북쪽 외곽도시에 본사를 두고 있는 이 조직은 미국내 5개 지역 사무소가 있고 전세계에 현장 검사원이 활동하고 있다. 이들 검사원은 생산업체를 방문하여 UL품질 마크가 부착된 제품들이 해당 UL 안전 필수 조건에 부합하는지 여부를 확인한다.

② CE(유럽)

CE는 유럽 시장 내에서 제작되고 유통되는 제품의 안전성을 보장하기 위한 목적으로 만들어졌다. 이 마크는 EU 시장 내에서 제한 없이 자유롭게 유통될 수 있도록 하기 위해 제조자, 수입업자 또는 제3의 기관(인증기관 등)이 관련 적합성 평가를 수행했다는 것을 표시하는 것이다. CE마크는 제품의 신뢰성 또는 품질보증을 의미하는 것은 아니며 그 제품이 건강과 안전 그리고 소비자 보호와 관련된 EU 규정이나 지침 및 유럽 표준규격의 필수 요구 사항을 준수한다는 의미다. 심사 대상은 의료기기, 전자파 적합성, 통신단말기, 가스기기류, 기계류, 완구류, 포장용기 등과 같은 주로 공산품이다.

③ CCC(중국)

CCC는 중국 내 소비자 및 동식물의 안전 및 환경보호를 위해 실시하는 일종의 상품검사제도로서, CCC마크를 획득하지 못할 경우 중국 내의 판매, 수입, 출고, 통관이 불가능하다. 적용 대상품은 전선, 케이블, 가정용 전기제품, 정보

기술기기, 조명기기, 의료기기, 정보통신 기기 등 130여 가지다.

④ PSE(일본)

PSE는 일본 전기용품안전법에 의거하여 시행되고 있는 강제 인증으로서 일본에 수출을 목적으로 전기용품을 제조하거나 이를 수입하여 판매하는 사람은 해당제품에 대한 기술기준을 만족하여야 하며, 제품의 해당여부에 따라 PSE 인증을 득하여야 한다. 인증대상품은 플러그, 전선, 어댑터, 스위치 등 특정전기용품(116개)와 모니터, 다리미, 세탁기, 냉장고 등 특정 전기용품 이외의 전기용품(341개)으로 구분된다.

FDA 위생·검역제도

FDA(미국 식품의약안전청)는 미국 소비자 보호 목적으로 식품, 의약품, 의료기기, 화장품 등에 대한 안전기준을 마련하고, 분석·감시·감정의 3가지 기능을 수행하는 보건복지부 소속 정부조직이다. 분석은 새로운 제품이 미국 시장에 판매되기 전의 통관 과정에서 수행할 수 있는 예방조치를 하기 위함이다. 감시는 제품의 생산공장과 시설물을 검사하는 작업으로 일선 검사관들에 의해 수행된다. 감정은 불순물 혼합 또는 허위표시 등의 규정 위반에 대해서는 보다 강력한 제재 조치를 취할 수 있다.

미국은 우리나라와 일본에서 시행하고 있는 사전규제가 아닌 사후규제를 하기 때문에 위법 행위 적발시 엄청난 벌금이 가해진다. 따라서 사전에 FDA 기준의 검사를 받아놓는 것이 안전하다. 이러한 검사와 분석은 FDA로부터 대행 권한을 받은 민간기관에 의해 국내에서 받을 수 있다. 우리 중소기업들의 미국 수출과 관련이 많은 식품류, 화장품, 의료기기 및 화학물질에 대한 FDA 심사기준은 다음과 같다.

① 식품류

일반식품, 건강 보조식품, 기능성 식품의 세 가지 카테고리로 구분된다. 일반식품은 영양분석(칼로리, 트랜스 지방, 당분, 수분 등 17개 항목), 중금속조사(수은,

납, 은, 비소, 카드뮴 등 8개 항목), 잔류 농약검사(약 29개 항목)를 필수적으로 검사한다. 건강보조식품은 사전 검사 후 부착이 의무화돼 있는 영양분 표시 현황과 라벨 의무사항 준수 여부를 조사하는데, 주의해야 할 사항은 인삼이 정력에 좋다는 식이 광고문구가 포함되어 있으면 식품이 아닌 의약품 규정이 적용될 수 있다는 것이다. 기능성 식품은 FDA로부터 별도 승인 신청 후 기능성과 효능을 표시할 수 있다.

② 화장품

화장품 검사에서 가장 중요한 것은 안전성 테스트다. 최근에는 화장품 사용 중 인체에 무해하다는 것을 입증할 자료로 안전성 테스트보다는 좀 더 까다로운 피부 테스트를 권장한다. 간혹 화장품인지 의약품인지 분류가 애매하여 곤경에 처하기도 한다. 화장품이면서 치료나 예방의 목적으로 쓰인다는 문구가 라벨에 표기돼있을 경우, 의약품으로 간주되기 때문이다.

③ 의료기기

의료기기는 3등급으로 구분하여 규제 수준과 요구 자료에 있어서 차등적으로 검사한다.

- 1등급(일반규제 대상): 의료용 고무장갑, 밴드, 수술용 칼, 의료용 솜 등과 같이 인체의 건강과 안전에 심각한 위험을 주지 않는 비교적 단순한 기능의 용구로서 적용되는 규제가 비교적 적은 편이다.
- 2등급(특별규제 대상): 전동 휠체어, 펌프와 같이 일반규제요건만으로는 그 안전성과 효능을 장담할 수 없는 의료기기가 여기에 해당되는데 주로 전기장치가 내장된 기기가 포함된다.
- 3등급(시판 전 허가 대상): 심장 페이서나 관절 부품처럼 인간의 생명을 유지시키는 데 쓰이거나 건강과 안전에 심각한 영향을 끼칠 수 있는 의료기기가 속하며 시판 전에 반드시 FDA 승인을 받아야 한다.

④ 화학물질

식품포장재에 사용하는 접착제, 용기, 의약품 포장재, 각종 원료 및 첨가물, 금속합금, 코팅제품 등이 해당된다. 화학제품은 관련 규정에 대한 적합성의 공식적인 테스트 자료 제출을 요구받는다. 산업 현장에서 인체와 밀접한 관련이 있는 제품도 FDA 안전성 테스트를 받아야 하는 경우가 많다.

사례 3 **FDA의 칫솔 반송과 패치 폐기**

우리 기업이 미국 바이어로부터 주문을 받고 칫솔을 수출했다. 미국 세관은 수입자에게 칫솔의 FDA 인증을 요구했으나 그것이 없었다. 그 칫솔은 전량 반송되었다.

다른 한 기업은 여성의 특정 신체 부위에 부착하면 생리통에 효과가 있는 패치를 미국으로 수출했다. 세관에서는 이 제품을 약품으로 분류하고 FDA 약품등록번호를 요구했다. 약품으로 등록되어 있지 않은 사실이 확인되자 FDA직원은 전량 폐기 처분했다.

정부지원제도

제조기업의 해외 신시장 개척에 필수적인 수입국의 각종 규격과 인증을 획득하는 데에 비용이 적지 않게 소요된다. 중소기업들의 부담을 덜어주기 위해 중소벤처기업부는 각 지방중기청(www.exportcenter.go.kr)을 통해 해외 인증획득 지원 프로그램을 운영하고 있다.

통관 이슈

① 원산지증명

자유무역협정 체결로 무관세 수출 대상품에 대한 수입국 세관의 원산지증명에 대한 심사 조건이 까다로워지고 있다. 세관원들의 부당한 심사 행동은 다른 나라보다 수출국내 부가가치 창출 비율을 높이는 차별, 불명확한 원산지 규정 적용, 자의적 해석 등으로 나타난다. 제 3국산 원부자재 또는 부품을 사용하여 생산한 수출품은 국내 부가가치 결과를 명확하게 증빙할 수 있도록 준비가 돼야 한다.

② 규격·인증

타깃시장을 신규 진입할 때 기업들이 가장 먼저 챙겨야 할 비관세 장벽 중의 하나가 수입국에서 요구하는 표준규격과 인증이다. 수입국 규격에 맞지 않고 필요한 인증이 없으면 수출할 수 없다. 가령, 미국으로 전기밥솥을 수출하고자 한다면, 전기제품의 안전도 인증 UL과 위생안전 인증 NSF가 필요하다. 이러한 인증이 없는 제품을 수입하겠다고 나서는 바이어는 없다. 실제로 동남아시아에 밥솥을 수출하기 시작한 기업이 미국 시장 진입을 위해 방한 바이어와 마주 앉았으나, 이 두 가지 인증이 없다는 말을 하자 마자 상대방으로부터 상담을 그만 하자는 반응을 경험했다.

수출기업의 의도적 또는 실수로 비정상적인 상표나 인증마크를 부착하여 선적했다가 세관에서 적발되는 경우도 더러 발생하고 있다.

사례 4 상표 도용: 휴대폰 충전기 압류

한 휴대폰 충전기 제조사는 바이어 주문대로 충전기를 선적하여 지정항구로 보냈는데, 그 컨테이너가 세관의 무작위 조사 대상이 되었다. 세관은 제품 안전규격 개발기관의 상표를 발견하고 안전규격 개발기관이 발급해준 등록상표 사용허가서를 요구했고, 수입자는 세관 요청 사항을 제조사에 전달하여 관련 서류를 세관에 제출했다. 세관은 수취한 자료를 토대로 해당 안전규격 개발기관을 접촉하여 진위 여부를 확인하는 과정에 그 허가서의 용도가 휴대폰 충전기를 위한 것이 아니라는 사실을 발견했다. 도착 충전기는 전량 세관에 압류되었다. ———————

규격과 인증은 수입국 정부가 원한다면 얼마든지 기술적인 수입통제 수단으로 활용할 수 있다. 중앙정부와 지방정부, 경제공동체와 회원국, 세관별 규격·인증의 적용기준이 상이하여 종종 기업들이 수출애로를 겪는다. 그러한 행태에는 다음과 같은 것들이 포함된다.

- 국제표준과 괴리된 자국 고유의 기술 요건·표준 고집
- 타국 검사기관의 결과 불인정
- 중앙정부와 지방정부의 상이한 표준 요구
- 특정국 수입품에 대한 차별적 검사 기준 적용
- 기술적으로 더 엄격한 기준을 충족하여 획득한 규격 불인정

③ 통관 검사

수입국 통관 시 세관원들이 자의적인 심사기준으로 서류 내용에 대한 꼬투리, 중량과 포장의 사소한 차이를 문제삼아 통관을 보류시키거나 과다한 자료 요구로 지체시킬 수도 있다. HS Code 분류가 일관성이 없고 엉뚱한 세 번을 적용하며 통관서류를 현지어로만 작성해야 하는 나라도 있다. 통관 수수료, 지체금 및 벌금이 과도하여 경제적 부담을 줄 뿐만 아니라 검사기관으로 수입국 민간기업에 위탁함으로써 비즈니스 정보의 유출 리스크가 높은 경우도 있다.

한편, 수출자의 부주의로 인해 통관에 제동이 걸리는 경우도 다반사다. 물품을 적재한 컨테이너는 멸균처리되어 그 속에 해충이 포함돼 있으면 안 된다. 미국 세관의 경우 무작위로 컨테이너를 선정하여 내부를 검사한다. 다음 사례는 자동차 부품을 적재한 컨테이너에 해충과 씨앗이 발견되어 제재를 받은 이야기다.

사례 5 컨테이너 내부 검사

수년째 미국으로 자동차 부품을 수출하고 있던 한 기업은 도착지 세관의 무작위 검사 대상에 걸려 컨테이너 X-Ray 투시가 실시되었다. 세관은 컨테이너 속에 뭔가 비정상적인 물체를 발견했다. 그것은 해충과 유충이었다. 세관 결정에 따라 그 컨테이너는 며칠 후 출발지인 한국으로 반송되었다.

다른 자동차부품회사는 컨테이너 안에서 식물 씨앗이 발견되어 그 컨테이너에 적재되어 있던 자동차부품들을 모두 끄집어 내고 물로 세척한 후 재적재해서 통

관했다. 처리에 몇 주일이 경과함으로써 납기를 지킬 수 없었을 뿐만 아니라 세관의 지속적인 감시대상이 되기도 했다. _____

④ 라벨링

라벨링에 있어서는 수입국 언어로 정보 표기, 제품의 특정위치 부착 의무화 그리고 소비자들에게 필요한 내용 이상의 과도한 정보 요구가 일상적인 장벽이다.

지식재산권

지재권은 국가별로 상이하고 내용이 복잡하여 미국법을 중심으로 세 가지의 개념만 간략하게 정리했다. 제품의 속성에 따라 주의를 기울여야 하는 정도가 다르다. 가령, 많은 기술이 들어가는 전기·전자나 기계분야는 특허권, 유행을 타는 소비재는 상표권, 창작물은 저작권에 더 많은 신경을 써야 한다. 선등록제인 중국의 한 브로커가 현지 전시회에 참가한 국내 기업들의 상표권을 일괄 등록해 놓고 그들 중 시장 진입을 원하는 기업들에게 보상을 요구한 사건이 발생한 적도 있다. 그 후 중국시장 진출을 원하는 기업은 전시회 참가나 바이어와의 상담을 할 때 미리 상표등록부터 해야 안전하다는 인식이 퍼졌다.

① 특허권

미국 특허제도는 속지주의를 따르기 때문에 기술보호가 필요한 기업은 현지 특허가 필요하다. 제품에 다른 기업의 기술이 적용되었다면 사전에 특허등록정보를 확인하여 소송 제기 가능성을 평가하는 것이 안전하다.

② 상표권

미국 상표권은 우리나라와 중국과는 달리 선사용주의를 따른다. 따라서 미국 상표청에 등록되어 있지 않더라도 먼저 상표를 사용한 사람에게 그 권리가 주어진다. 미국 시장에 진출하고자 하는 상표청에 등록된 상표와 함께 미등록 시판 제품들의 상표가 어떤 것들이 있는지 미리 조사하여 제품의 상표나 브랜드를 정하는 것이 안전하다.

③ 저작권

미국에서는 최초 창작자에게 저작권이 주어진다. 등록자나 국가가 중요하지 않다. 단, 미국 내에서 저작권 침해 소송을 대응하기 위해서는 미 저작권 행정청에 저작권이 등록되어 있어야 한다. 저작권 침해가 발생하기 전 저작권이 등록되어있을 경우, 저작권 법이 저작권자에 부여하는 여러 가지 혜택이 있다. 판매제품과 관련된 저작권에 대해서는 창작 후 저작권 등록을 소홀히 하면 안된다.

참고
문헌

김선하 에스큐이모션 대표. 『알리바바 활용 온라인 수출』(KOTRA아카데미 강의, 2019.10.19).

김윤희(2019). 중국 수출 통관 가이드 유망품목 25選. KOTRA자료 19−006.

김준규 외(2008). 미국 FDA의 통관정책과 우리 상품 통관 거부에 대한 대응. KOTRA GBR 08−014.

박준한(2020). 2020 글로벌 비관세 장벽 동향. KOTRA GMR20−005.

성현석 아마존글로벌셀링 매니저. 『아마존 활용 온라인 수출』(KOTRA아카데미강의, 2019.10.12).

송은태(2014). (전문가 기고) 미국 세관의 수입 불허 사례. KOTRA 해외시장뉴스 (2014.8.19).

안재현(2019). 비관세장벽 애로 해소 사례집. KOTRA자료 19−011.

오세창·조현정·박성호 공저(2013). Inciterms 2010 무역실무 해설. 두남.

장선영(2013). 미국, FDA 승인을 위한 준비사항. KOTRA 해외시장뉴스(2013.5.4).

인코텀스(200407). 위키백과(https://ko.wikipedia.org/wiki/인코텀스).

Kotra아카데미(2006). 우리기업의 국제협상·계약 실패사례집.

Cook, T. A., Alston, R., and Raia, K. (2012). Mastering import & export man− agement(2nd edition). Amacom.

CHAPTER | 04 이문화

　2008년 12월 14일 미국 조지 W. 부시대통령이 바그다드 기자 회견장에서 이라크 기자가 던진 신발에 맞을 뻔한 사건이 벌어졌다. 이라크 주둔 미군에게 두 차례 붙잡혀 고문을 받았다는 그 기자는 분노로 신발 두 짝을 던지고, 외국 정상 폭행죄로 3년형을 받았다. 2017년 12월 6일 트럼프대통령이 예루살렘을 이스라엘 수도로 인정하는 뉴스를 보고 있던 아랍인이 TV화면에 나오는 그의 얼굴에 구두바닥을 갖다 대는 퍼포먼스 장면이 인터넷으로 퍼졌다. 중동 무슬림들은 신발은 깨끗하지 않는 대상이고, 그 바닥은 가장 더러운 대상이라는 인식을 가지고 있다. 따라서 다른 사람에게 신발을 던지거나 신발 바닥을 보이는 것은 모욕적인 행위다.

　중동 무슬림들의 이러한 인식을 이해하지 못하면 비즈니스 현장에서 자신도 모르게 상대방에게 모욕적인 행동을 할 수 있다. 실제로 이슬람 문화에 대한 문외한이었던 영국 여성이 상사 지시로 사우디아라비아 비즈니스 파트너를 만나러 갔다가 상담을 진행하지도 못하고 귀국해야 했던 일이 발생했다. 점심 식사 후 그는 소파에 뒤로 기댄채 다리를 꼬았는데 한 쪽 신발 바닥이 상대방을 향해 있었던 것이다. 그 광경에 격분한 사우디아라비아 파트너는 오후에 진행하기로 했던 공식미팅을 취소한다고 말했다.

　글로벌 비즈니스 현장에서 이러한 실수를 피하기 위해서는 상대방 문화를 이해하고자 하는 노력이 필요하다. 그것과 함께 문화 구분의 기준을 알아두면 어떠한 낯선 문화권의 외국인을 대하더라도 자신과 상대방의 문화적 포지션 분석을 쉽게 할 수 있다. 그런 측면에서 이 장은 문화구분의 기준에 대한 이해, 이문화의 생활상과 가치관, 커뮤니케이션 방식 차이 그리고 식사 에티켓을 소개한다.

01 문화의 빙산

특정집단의 일반적인 관습과 신념을 포함하는 생활방식으로 정의되는 문화는 빙산에 비유된다. 빙산이 눈에 보이는 부분보다 수면 아래에 가라앉아 있는 부분이 훨씬 더 크듯이 문화의 빙산도 <그림 1>과 같이 눈에 보이는 사람들의 행동보다 눈에 보이지 않는 생각의 세계가 훨씬 크다. 빙산 위와 아래 부분의 크기 비율은 1 : 9라고 한다. 이는 다른 문화권 사람들을 대할 때 눈에 보이지 않는 90%를 간과하면, 자칫 겉으로 보이는 10%로 상대방을 평가할 수 있는 것으로 해석된다. 사람의 행동은 가치관, 신념, 규범, 태도와 같은 생각의 통제를 받는다. 따라서 수면 아래를 모르고 수면 위만 바라보고 상대방의 언행을 평가한다는 것은 장님이 코끼리 다리 만지는 것과 다를 바 없다.

외국인 비즈니스 파트너와 거래할 때 우리 기준으로는 이해하기 어려운 행동을 발견하게 된다. 그런 상황에 직면하면 많은 사람들이 그 원인을 찾아보려

그림 1 문화의 빙산

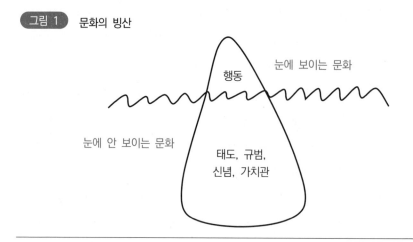

눈에 보이는 문화
행동
눈에 안 보이는 문화
태도, 규범,
신념, 가치관

고 하는 노력은 하지 않고 상대방에게 문제가 있다는 식으로 생각해버린다. 그가 관광지에서 한번 스쳐가는 인연이라면 그렇게 해도 별 문제가 될 것이 없다. 그러나 새로운 거래관계를 맺거나 함께 계속 일해야 할 사람이라면 사정이 다르다. 그의 행동 원인을 이해하지 못하면 성공적인 파트십은 기대하기가 어려울 수 있다.

문화의 빙산 위와 아랫부분은 사람들이 어떤 행동을 할 때 그것에 대한 내적인 태도와 외적인 규범을 고려하는 것으로 연계된다. 가령, 행동 당사자는 그 행동에 대해 긍정적인 태도를 가지고 있으나, 그것이 주변 사람들의 판단기준으로는 올바르지 않다면 행동 실행에 제약을 받는다. 그러한 행동을 하고자 하는 의도는 각자의 가치관과 신념에 크게 좌우된다는 것이 문화의 빙산 개념이다. 문화의 빙산에서 수면 위와 아래의 특징은 <표 1>과 같다.

표 1 문화빙산의 수면 위·아래 비교

구분	수면 위	수면 아래
식별	명시적이다.	암시적이다.
표현	의식적이다.	무의식적이다.
변화	쉽게 변한다.	변하기 어렵다.
지식	객관적 지식	주관적 지식

암시적이고 무의식적인 수면 아래의 세계를 구성하고 있는 태도, 규범, 신념 그리고 가치관에 대해 알아본다.

태도

태도는 어떤 대상이나 상황의 선호도에 대해 비교적 오랫동안 가지고 있는 신념이다. 이는 행동에 대한 개인의 호·불호 평가의 정도로서 행위자의 내적인 판단 기준에 초점이 맞춰진다. 태도로 표출되는 신념은 지식을 포함한 인지적 요인, 호감도를 반영한 감성적 요소, 그리고 행위를 지시하는 행위적 요소로 구성되어 있다. 성인들은 보통 수천에서 수 만개의 신념, 수 천 개의 태도 그리고 수 십 개의 가치관을 가지고 있다. 따라서 태도는 특정 대상이나 상황에 대한 어떤 신념에 크게 영향을 받는다.

사람들의 태도는 긍정적, 부정적 그리고 중립적인 유형으로 구분된다.

긍정적인 태도를 가진 사람들의 특징은 어떤 대상이나 상황을 평가할 때 나쁜 면보다는 좋은 측면에 주의를 기울이고, 실수나 실패를 방해요인으로만 보지 않고 오히려 기회로 생각한다. 이와 대조적으로 부정적 태도 소유자들은 매사 좋은 측면은 무시하고 부정적인 측면에만 주의를 기울이고, 변화에 적응하려 하기보다 거부하고 다른 사람의 실수를 잘 비난하는 특징이 있다. 중립적인 태도는 주어진 상황의 중요성을 느끼지 못하는 유형이다. 이 스타일의 사람들은 문제가 생기면 누군가에게 떠넘기려 하고 변화의 필요성을 느끼지 않는 특징을 가지고 있다.

태도와 성격의 구분 차이가 거의 없어 보인다. 그러나 성격은 태도에 비해 견고하게 굳어져 있고 거의 영구적인 반면, 태도는 상황에 따라 변할 수 있다는 점이 차이다.

규범

사람의 행동과 관련된 사회적 규범의 역할은 행동을 실행하라거나, 해서는 안 된다는 식으로 지각되는 사회적 압력을 의미한다. 사람들은 어떤 행동의향을 결정할 때 자신의 내적인 판단 기준인 태도와 함께 타인의 외적인 기준인 규범을 고려한다. 따라서 사회적 규범은 한 사회에서 정상으로 간주되는 행동 방식으로서 구성원들의 기대에 부응하는 행동, 복장, 언어 및 주어진 상황에서의 처신을 위한 하나의 가이드라인이다.

다른 사람들이 하는 것과 그들이 행해야 한다고 생각하는 것에 대한 개인들의 기본적인 지식을 대변하는 문화적 산물(가치관, 관습 및 전통 포함)로서 보여질 수 있다. 사회적 관점에서 볼 때 사회적 규범은 한 사회의 구성원 행동을 지배하는 비공식적 합의다. 이 같은 사회적 규범은 국가와 같은 큰 집단뿐만 아니라 산업, 기업 또는 작은 사무실에서 구성원들이 지켜야 할 언행의 규칙이 있다. 다른 문화권 출신의 외국인을 상대할 때 그들의 규범을 무시하는 언행을 하지 않도록 유의해야 한다.

신념

신념은 옳다고 믿고 있는 가정이다. 신념의 성격에 따라 쉽게 변하는 것도 있고 좀처럼 변하지 않는 것도 있다. 사람의 신념체계는 원초적 신념, 특정 권위에 관한 사전 사고적 신념, 파생신념, 그리고 물리적 세계, 사회 그리고 자신의 특성에 관해 사회적 공유를 하거나 공유하지 않는 하찮은 신념이 있다. 이러한 신념들은 아이가 어렸을 때부터 형성된다. 그 아이가 점점 나이가 들어가면서 다른 모든 사람들이 믿는 신념, 다른 사람은 아무도 믿지 않아도 자신은 중요하다고 믿는 신념, 사람들이 다르다는 것에 관한 신념 그리고 기호에 관한 하찮은 신념들이 있음을 배워간다. 아이가 성장하면서 가지게 되는 신념은 다섯 가지 유형으로 구분된다.

① 원초적 신념(100% 의견 일치)

이는 물리적 현실, 사회적 현실 및 자신의 특성에 관한 기본적인 진실이고 다른 사람들도 그렇게 믿는 것을 의미한다. '나는 이 사람이 어머니라고 믿는다' 또는 '나는 저것이 나무라고 믿는다'와 같은 것이다.

② 원초적 신념(제로 의견 일치)

다른 사람이 믿든 말든 신념 대상에 대한 자신의 경험과 학습으로 당연하다고 믿는 것을 의미한다. 신념 대상에 대한 자신의 경험을 통하여 기정사실로 믿게 되지만, 다른 사람들은 그 실체를 모르기 때문에 공감하지 않을 수 있다. 평소 하급자를 무척 괴롭히는 상급자가 다른 사람들 앞에서는 매우 잘 대해줄 때 피해자가 가지는 신념의 유형이다. '나는 그를 나쁜 사람으로 믿는다' 또는 다른 사람들이 믿든 말든 '나는 신이 있다고 믿는다'와 같은 예를 들 수 있다.

기업들은 이런 신념을 체험마케팅으로 활용한다. 화장품회사가 전시회나 개별적인 판촉활동에서 잠재 고객들에게 즉석에서 시범화장을 해주고, 와인회사는 시음회를 연다. 100년 수명을 보장하는 플라스틱 파이프 제조사는 제품의 탄력성 입증하기 위해 포크레인이 파이프 위로 지나가게 해서 납작하게 눌러졌던 파이프가 원상복구되는 광경이나 견고성 증명을 위해 대형 해머로 파이프를 내리쳐서 깨트리는 사람에게 상금을 내거는 퍼포먼스를 동영상으로 만들어 광고한다.

③ 권위 신념

아이가 성장하면서 자신이 믿어왔던 신념들이 다른 모든 사람들의 신념과 일치하지 않다는 사실을 발견하게 된다. 그때 그 아이의 신념체계가 확장하는 비원초적 신념 영역으로 진전한다. 그는 그의 신념을 믿어야 할지 말아야 할지 누군가에게 확인을 하고자 한다. 그러한 확인을 해줄 대상이 처음에는 부모였지만 성장하면서 대상이 선생님, 종교지도자, 과학자로 범위가 확대된다. 그들에게 신이 존재하는지, 글로벌화의 장단점 같은 질문을 한다. 긍정적인 대답과 부정적인 대답을 통하여 사람들의 의견이 다르다는 사실을 알게 되면서 자신의 신념을 개발시켜나간다.

동남아 일부 무역관은 현지의 한류붐을 우리 기업들의 수출과 연계시키기 위한 방안으로 현지 미용실조합을 활용하는 전략을 기획했다. 한류 관련 행사가 개최될 때 조합 임원진을 특별 초청하고 그들에게 샴푸를 비롯한 미용제품들을 설명해주면서 조합원들에게 홍보를 부탁했다. 샴푸의 세부적인 기능을 구분하기 어려운 일반 미용실에서는 조합 임원들이 추천하는 제품을 더 신뢰하게 되는 메커니즘을 활용하기 위함이었다.

④ 파생 신념

권위에서 나오는 다른 신념을 그대로 따르는 신념이다. 예를 들면, 독실한 카톨릭 신자는 산아제한과 이혼에 대해 그가 믿고 있는 권위로부터 들어온 것이 있기 때문에 그것과 일치하는 신념을 가진다. 그리고 사람들은 지구 반대편에서 발생한 큰 사건의 현장을 보지 않았지만, 그것에 대한 CNN 뉴스를 믿는 것도 CNN의 권위를 믿기 때문이다.

이는 세일즈맨의 마케팅활동에 활용되고 있다. 소비자들은 구매하고자 하는 제품의 품질이나 성능이 어떠한지 권위자 또는 기존 사용자들로부터 평가를 듣고 싶어 한다. 그런 수요는 인터넷의 사용 후기나 왕홍과 같은 인플루언서들의 추천이다. 사용후기에 많은 사람들이 '좋아요'라고 하면 그 제품이나 서비스를 신뢰하고, 수 백 만명의 팔로우를 거느리고 있는 왕홍이 동영상을 통해 어떤 제품을 사용해보니 어떠어떠한 측면이 좋다고 하면 그 정보를 믿고 구매 결정에 반영한다.

⑤ 하찮은 신념

신념체계 속에서 많은 신념들이 기호에 관한 다소 임의적인 것들을 대변한다. '나는 짬뽕보다 자장면이 더 맛있다'고 믿는 것이나 '나는 휴가지를 산보다 바닷가가 더 좋다'고 믿는 것과 같다. 당사자가 좋아하는 대로 실행하면 된다. 그렇게 한다고 해서 뭐 특별히 달라지는 것이 없다. 그래서 이런 신념을 결과에 특별한 영향을 미치지 않기 때문에 하찮은 신념으로 부른다.

이들 신념 중 원초적 신념은 중심부를 차지하고 있어 좀처럼 변하지 않는다. 사람들은 대부분이 하찮은 신념에 매달려 그것을 지키고자 많은 노력하고 그것 때문에 다른 사람들과의 충돌을 빚기도 한다.

가치관

가치관은 개인이 그의 인생에서 가장 중요하다고 믿는 신념으로서 사람, 사물, 행위 또는 상황을 평가하는 선호의 기준이다. 사람들은 관점에 따라 가치관을 자신의 이해, 기쁨, 책무, 도덕적 의무, 욕망, 목표, 욕구, 혐오와 매력 등에 얽매여 다양하게 해석한다. 그리고 세상사를 놓고 올바른 것인지 틀린 것인지, 좋은 것인지 나쁜 것인지, 또는 적당한 것인지 아니면 부적당한 것인지를 바라본다.

가치관은 개인이나 집단의 입장에 따라 선호가 달라진다. 자본주의 체제는 시장의 자유경쟁을 중요하게 여기고, 공산주의 체제에서는 부의 평등한 분배가 중요한 것과 같다. 신기술 개발로 큰 돈을 번 사람은 성취를 중요한 가치관으로 간직할 가능성이 높은 것도 마찬가지다. 학습을 통해 생성되고 경험을 통해 일반화되는 가치관은 급작스럽게 변하지 않는 특성이 있다. 가치관의 변화와 관련하여 다음과 같은 세 가지 가정이 제시된다.

첫째, 가치관이 다르면 특정대상이나 상황에 대한 중요성의 크기가 다르다.

둘째, 가장 중요한 가치관과 신념은 변화의 저항이 강하다.

셋째, 만약 특정 가치나 신념 하나가 변한다면, 그것이 중추적인 것일수록 다른 가치관과 신념들의 변화에 크게 영향을 미친다.

가치관은 집단의 범주에 따라 개인, 가족, 조직, 사회, 종교, 정치이념 등으로 세분화된다. 개인과 사회적 차원의 가치관은 다음과 같은 정의와 특성을 가지고 있다.

개인적인 가치관은 개인이 그의 인생에서 가장 중요하다고 믿는 신념이다. 가족과 출세를 놓고 한 사람은 가족이 더 중요하다고 여기고 가족과 함께 많은 시간을 보내는 반면, 다른 사람은 출세가 중요하다고 생각하여 가족과 보내는 시간이 적을 수 있다. 이 경우 전자의 가치관은 가족이고 후자는 출세가 될 수 있다. 이러한 개인의 가치관 형성에 영향을 미치는 핵심 주체는 보통 가족, 문화, 교육, 사회제도 그리고 종교다.

사회적인 가치관은 집단 구성원들이 공통적으로 중요하다고 믿는 신념이다. 자유, 평등, 박애와 같은 프랑스 대혁명의 가치관과 같은 것이다. 그 생성 배경은 신을 경배하는 종교적 동기, 주변국의 침략을 받은 역사, 동일한 언어사용 등 다양하다.

이 같은 가치관은 신념을 통하여 사람의 행동을 직접 통제하는 강력한 파워를 가지고 있다.

02 이문화 관찰

모로코 이슬람문화

이방인이 낯선 문화권에 처음 진입하면 사람들의 행동뿐만 아니라 현지의 언어, 건축물, 음식, 복장, 음악, 커뮤니케이션 등과 같이 시야에 들어오는 많은 것들이 생소하게 느껴진다. 특히 현지에 파견되어 그 사람들과 더불어 일하면서 살아야 하는 입장이라면 어떻게 시작해야 할지 막막해지기도 한다.

저자의 첫 해외 근무지였던 카사블랑카에 가족과 함께 도착했을 때 모든 것이 새롭고 낯설었다. 정착 초기의 가장 인상적이었던 네 가지 환경은 다음과 같았다.

첫째, 도로의 무질서였다. 시내 도로는 자동차와 오토바이가 뒤엉켜 달리는데 횡단보도가 아닌 곳에서 사람들이 여기저기서 건너 다녔다. 어떻게 운전해야 할지 걱정이 앞섰다.

둘째, 가게들의 간판이 아랍어로 표기되어 있었다. 불어가 아닌 아랍어 간판은 이해하지 못하는 외계인 언어와 같았다. 다행이 비즈니스 언어로 불어가 통용되고 있었다.

셋째, 새벽녘 사원들에서 울려 퍼지는 아잔이었다. 요란한 소리에 잠이 깼다. 신은 위대하다는 의미인 "알 ~ 라~후, 아크바르"로부터 시작하여 유일신과 예언자를 증언하면서 예배시간을 알리는 아잔은 새벽부터 밤까지 다섯 번 했다.

넷째, 한국 식자재 조달이 어려웠다. 시장에는 현지인들이 즐겨 먹는 생소한 향료와 채소류가 대부분이고 배추가 없어 양배추로 김치를 담아야 했다.

시간이 경과하면서 첫째와 둘째 문제는 적응해갔지만, 한국식에 대한 그리움은 기억 속에서 지워지지 않았다. 당시 현지 봉제공장에서 일하고 있던 다른 한국인들은 중국식당에서 맵고 짠 음식을 너무 자주 먹어서 위장병으로 수술하기도 했다.

현지 도착한지 두 달 정도 지났을 무렵에 무슬림들이 지켜야 하는 한 달 동안 낮 시간에 금식하는 라마단이 시작되었다. 당시 무역관에는 중년의 고참 현지직원 모하메드, 신참 현지직원 무스타파 그리고 나이든 사환 압둘이 함께 근무하고 있었다. 하루는 사소한 일로 모하메드와 무스타파가 큰 소리로 다투었다. 길거리에서도 고함소리가 들리곤 했다. 무슬림들이 라마단 기간 중 금식은 할 수 있어도 애연가들이 담배를 못 피워서 신경이 극도로 날카로워진다는 사실을 알게 되었다. 외국인이라 해도 길거리에서 담배 피우는 광경이 목격되면

봉변을 당할 수 있으니 조심해야 한다고 무스타파가 이야기해줬다.

초정통파 유대문화

텔아비브에서 북쪽으로 약 30킬로미터 가면 네타니아라는 작은 도시가 있다. 이 도시의 해변가에 자리잡고 있는 히브리어학교 울판아키바는 단순히 언어만 가르치는 것이 아니라 유대문화를 종합적으로 교육하는 기관이었다. 교육 프로그램에 유대인 역사, 유대인 노래, 한 달에 한번씩 유적지 답사, 금요일 저녁의 랍비 주관 샤밧의식, 토요일 저명인사 초청 특강 그리고 평일 아침 히브리어 토라 학습이 있었다. 이 학교는 창립자 고 슐라미츠 카츠넬슨이 미국과 유럽의 정치지도자들이 적극 추천하여 1990년대 초 2년 연속 노벨평화상 후보로 올라간 덕분에 세계적인 명성을 가지고 있었다. 이는 당시 캘리포니아 상원의원 바바라 복스(Barbara Boxer)를 비롯한 미국 유대인 정치지도자들과 언론인들이 수시로 학교를 방문하는 데서 나타났다.

5개월 교육 프로그램 초기의 어느 토요일 랍비 특강을 들으면서 저자는 뜻밖의 실수 하나를 했다. 당시 유대인 문화 탐구에 빠져 있던 터라 랍비 설명을 노트에 메모해나갔다. 그런데 갑자기 랍비가 말을 멈추고 다른 사람들이 저자를 바라보았다. 바로 옆에 앉아 있던 친구가 필기하는 것이 아니라고 말해줬다. 유대인들은 금요일 일몰시점부터 토요일 일몰시점까지 24시간 진행되는 안식일에 가까운 거리를 걷고 말하는 것은 괜찮지만, 필기도구로 기록하는 것은 노동으로 인식하기 때문에 금지행위에 포함되어 있었다.

네타니아 북쪽에 사시사철 검정색 중절모에 검정색 양복과 외투를 입고 턱수염을 길게 기르고 양귀밑으로 머리카락을 길다랗게 꼬불꼬불 꼬아 다니는 초정통파 유대인 커뮤니티 키리얏산츠(Kiryat Sanz)가 있다. 초정통파 유대인들은 구약성경의 모세오경을 일컫는 토라가 하느님의 말씀을 기록한 것으로 믿고, 그곳에 기록되어 있는 내용을 해석하여 실행한다. 음식율법을 지키기 위해 랍비청에서 승인한 마크(Kosher)가 부착된 식품만 먹고, 안식일에는 일체의 노동행위는 하지 않는다. 저자는 고 카츠넬슨 여사의 주선으로 그곳에 거주하는 LA 출신 유대인 의사(Dr. Schumitz)로부터 샤밧 초청을 받았다.

그는 미리 전화로 키리얏산츠 인근의 호텔 주차장에 차를 세워놓고 걸어서 들어오라고 안내해줬다. 어떤 선물을 들고 가야 할지 고민하다가 초콜릿을 생각했다. 혹시나 해서 옆방 유대인 친구에게 물어봤더니 코셔르 마크가 없는 초콜릿은 먹지 않는다고 말해줬다. 코셔르 가게를 찾아가서 선물을 준비하여 저녁 시간에 연락 받은 대로 인근 호텔에 주차하고 걸어서 동네를 들어갔다. 아파트 엘리베이터는 가동되지 않았다. 계단으로 올라가는데 거동이 불편한 할아버지를 두 젊은이가 양쪽에서 어깨를 부축하여 한 발짝씩 걸어 내려오고 있었다. 엘리베이터도 안식을 취해야 하기 때문에 가동하지 않았다.

닥터 슈미츠는 식탁 주변으로 가족과 이방인이 앉아 있는 가운데 테이블 위에 차려진 포도주로 음복하고 샤밧 식빵을 자르고 기도문을 노래 불렀다. 부인은 샤밧 음식 준비에 얼마나 힘이 들었는지 졸고 있었다. 초정통파 유대인 여성들은 금요일 해가 지기 전에 토요일 저녁끼니까지 모두 준비해야 한다. 안식 시간에는 전기 스위치를 누르는 것도 노동으로 간주하기 때문에 금요일 저녁만 따뜻하게 먹을 수 있지만 나머지는 차가운 음식을 감수해야 한다. 옛날에는 겨울철 샤밧 때는 음식을 이불 속에 넣어서 온기를 유지했다고 한다.

이는 초정통파 유대인들이 신을 경배하는 가치관을 토대로 토라에 대한 절대적인 신념으로 샤밧 준수 원칙을 사회적 규범으로 제정해서 개인들의 행동을 철저하게 통제하는 행동 메커니즘을 설명해준다. 이들은 뉴욕과 예루살렘에 가장 큰 커뮤니티들을 형성하여 살고 있는데, 전세계적으로는 약 2백만 명 된다. 다이아몬드를 비롯한 다양한 비즈니스를 하고 있다. 이들을 상대로 성공적인 비즈니스를 하려면 그들의 가치관이나 신념에 위배되는 언행을 하지 않도록 수면 아래의 문화빙산 탐구가 필요하다.

블랙 아프리카 문화

이슬람문화권과 유대문화권에서 세 차례 근무하면서 10년을 살았기 때문에 중동생활은 익숙했지만, 네 번째 파견지 아프리카는 생소했다. 요하네스버그에 도착하자마자 문화교육부터 받았다. 현지 대표부족인 줄루족 과외선생님으로부터 기본적인 줄루어, 줄루족의 가치관과 사회적 규범, 그리고 그들이 가장 많이 부르는 노래 한 곡을 배웠다. 그 후 줄루족이 통치하는 콰줄루나탈주 정부와 우리 대사관 및 기업들의 협력 행사에서 몇 문장의 줄루어 사용은 예상 밖의 환영을 받게 해주었고, 광부들의 노동가는 현지 지도자들을 초청한 대사관저 만찬에서 참석자들을 하나로 묶어주었다. 총 10시간의 투자치고는 성과가 좋았다. 그러나 당시 현지 치안상태가 너무 악화되어 있어 개별 기업을 방문하기에는 신변이 너무 불안했다. 신변노출 횟수가 적으면서 성공 시 효과가 큰 정부 상대 프로젝트 개발을 시작했다. 대상 지역은 주재국인 남아공과 주변 12개 관할국이었다. 아프리카의 공무원들을 접촉하면서 국적이 다른 두 명의 공무원으로부터 선물을 거절당하는 경험을 했다.

첫 번째 공무원은 보츠와나 교통부 차관급에 해당하는 사람이었다. 그는 남부아프리카 4개국이 참여하는 동서횡단철도 프로젝트 개발 책임을 맡고 있었다. 우리 기업의 참여 가능성을 알아보기 위해 중동아프리카지역본부장과 저자는 그를 찾아가면서 향수 한 병을 들고 갔다. 한 시간 가량의 대화를 마치고 나오기 전 그에게 선물을 건네주려고 했다. 그는 먼저 그것이 무엇이냐고 물었다. 향수라고 말하자 즉시 손을 저었다. 우리는 의아해서 왜 그러냐고 물었다. 그는 향수를 선물로 받으면, 그 내역을 신고양식에 기록하여 대통령실에 실물과 함께 제출해야 한다면서 그 일을 자기가 왜 하겠냐고 설명해주었다. 보츠와나의 국가 투명도를 조사해봤더니, 우리나라보다 몇 단계 높은 수준이었다.

두 번째 공무원은 보츠와나보다 부패지수가 훨씬 높은 국가의 대통령 일정을 관리하는 최측근이었다. 유상차관조건의 태양광에너지 프로젝트 개발을 위해 이 나라의 에너지부, 재무부, 전력공사 그리고 투자청을 방문했으나, 중간에 낀 브로커 때문에 시간만 낭비했다. 더 이상 바텀업(Bottom-up) 접근은 무의미했다. 탑다운(Top-down) 접근으로 전략을 변경하여 그 나라 대통령을 직접 상대하기 위한 대규모 프로젝트 사절단을 결성하여 방문하는 계획을 세웠다. 국내의 사절단 결성은 가능한데, 문제는 상대국 대통령 면담이었다. 공식 채널로는 불가능하다는 통보를 받았지만, 우여곡절 끝에 알게 된 대통령의 일정 담당 비서관은 걱정하지 말라고 했다. 몇 개의 개발프로젝트 제안서와 함께 스무 명 정도의 사절단이 현지에 도착하여 분야별로 주택부장관, 에너지부장관, 통신부장관과 각각 상담을 마치고, 토요일 오전 대통령궁에서 참여 기업들이 개별 프로젝트를 브리핑하면서 우리의 제안은 충분히 전달되었다.

저자는 그 비서관에게 감사 인사를 하기 위해 별도 저녁식사를 초청하면서 자개 보석함 하나를 가지고 갔다. 식사 후 선물을 건네자 그 역시 그것이 뭐냐고 물었다. 보석함이라고 했더니, 그 속에 보석이 들어 있냐고 되물었다. 그냥 보석함이라고 하자 오른 손을 허공에 저으면서 됐다고 했다. 보석이 들어 있지 않는 빈 상자는 그가 기대한 것이 아니었다.

미국 문화

미국인들의 가치관은 평등주의, 개척정신 그리고 개인주의가 중심이다. 이에 대한 그들의 사고방식과 사회생활을 하나씩 살펴본다.

① 평등주의

미국은 기독교 국가다. 따라서 미국인들은 인간이 신에 의해 창조되었다고 믿는다. 그리고 평등사상에 따라 모든 사람에게 기회의 평등이 주어져야 한다고 생각한다. 이 같은 배경 속에서 생겨난 차별금지법은 남녀, 인종, 연령, 장애차별 행위를 통제하고 있다. 노동법에서도 동등한 대우를 하도록 규정되어 있다. 대우뿐만 아니라 작업에도 남녀구분이 없이 평등한 조건이 주어진다.

실제로 현지 투자 기업 방문시 차 조립라인에 남녀노소가 각자의 일에 열중하고 있었는데, 여성 근로자가 무거운 타이어를 힘차게 들어 올려 차축에 갖다대고 전기드라이버로 훅~후루룩하는 소리와 함께 부착하는 광경을 본 적이 있다. 근육을 사용해야 하는 일은 남성에게 맡기지 않고 그렇게 하느냐고 안내인에게 물어봤더니, 그는 "저 라인에서 일하는 사람들은 업무에 있어서 남녀노소 차별이 없고 시급도 마찬가지로 동일하다"고 말했다.

미국에서 사무실이나 공장을 운영할 때 차별금지법을 위반하지 않도록 항상 주의를 기울여야 한다. 채용단계에서부터 에이즈보균자 또는 장애가 있다고 해서 그것을 사유로 탈락시키면 문제가 될 수 있다. 함께 근무하면서도 차별적인 행동이 발견되면 소송의 빌미를 제공한다. 어떤 미국인은 점심시간 때 한국인끼리 밥 먹으로 가는 것을 차별대우했다고 소송을 걸기도 했다.

② 개인주의

미국인들은 각 개인이 자연의 가장 독자적인 기초단위라고 믿는다. 자연의 섭리를 존중하기 위해서라도 개인의 독립성과 프라이버시가 중요하다. 그들은 어떤 집단의 일원으로서 공동 행동하는 것을 반대하고, 개인의 존재 자체를 중요시 한다. 그러한 행동이 집단주의적 시각에서는 부정적으로 비치겠지만, 그들에게는 지극히 정상적이다. 우리나라처럼 학연이나 지연에 의한 주기적인 모임 같은 것은 찾아보기 어렵다.

프라이버시는 개인주의 사고의 연장선상에서 개인의 시간과 공간을 원한다. 개인의 프라이버시 보호를 위해 제정된 법에 근거하여 구직자들이 취업 원서에 연령과 가족관계 정보를 오래전부터 제공해오지 않았다. 채용 면접 시 고등학교나 대학교 졸업 연도를 추정하여 대략적인 연령을 파악하지만, 그렇다고 직접 몇 살이냐고 묻는 행위는 법에 저촉된다. 사진과 연령 정보가 없는 이력서를 토대로 채용면접을 해야 했을 때는 무척 이상했으나 이는 시간이 지나면서 자신도 모르게 차츰 현지 제도에 젖어들었다.

③ 개척정신

미국인들은 모험이 없으면 얻는 것도 없고, 가만히 있으면 퇴보하는 것으로 믿는다. 그래서 항상 새로운 것을 도전하고 개발하면서 뭔가를 하고자 하는 기질이 있다. 이는 조상들이 위험을 감수하면서 유럽을 떠나 신대륙으로 건너온 모험심을 물려받은 결과로 평가되기도 한다. 그들의 개척정신은 도전정신, 실용주의, 비격식, 자립심, 경쟁주의, 변화 지향 그리고 미래 지향적인 사고와 생활방식의 토대가 되었다.

시간을 화폐적 가치로 인식하는 미국인들의 실용적인 사고방식은 커뮤니케이션에도 나타난다. 비즈니스 미팅에서 서론은 간단하게 마치고 곧장 본론으로 들어가고, 이메일은 용건만 짤막하게 보낸다. 격식을 따지는 우리나라 사람들은 그러한 커뮤니케이션에 당황하게 된다. 저자도 마찬가지였다. 시카고 소재 대기업 법무실장으로부터 국내 유력인사의 미팅 신청에 대해 "No, thank you"라는 세 글자 회신을 받은 적이 있다. 이런 내용을 중소기업인들에게 소개했더니 그들도 자신들의 비슷한 경험에 대해 무척 못마땅하게 생각하고 있었다. 이런 커뮤니케이션도 아예 무응답보다는 회신을 해줬다는 측면에서 보면, 전후의 수식어가 없을 뿐이지 메시지는 전달된 셈이다.

03 종교 가치관

종교는 사람들의 가치관, 신념, 태도 그리고 사회적 규범에 광범위하게 영향을 미친다. 우리 세일즈맨들이 상대하기에 적지 않은 부담을 주는 유대상인, 아랍상인, 그리고 인도상인들의 사고방식 이해에 참고할 수 있도록 유일신 사상과 힌두이즘의 종교적 가치관을 비즈니스 관점에서 정리해보았다. 문화권별 비즈니스 윤리에 대한 내용을 다루는 논문이나 자료가 유대교에서는 풍부하지만, 이슬람은 많지 않았다. 유대교와 이슬람이 함께 사용하는 구약성서, 그 중에서도 특히 앞부분의 모세오경은 인간의 사고와 행동을 통제하는 율법이 큰 비중을 차지하고 있지만, 힌두교는 인간수행을 강조하기 때문에 경전에 거래와 관련된 지침은 매우 제한적이었다.

유대교

유대교는 하느님과 아브라함의 관계에서 시작된다. 하느님이 언약으로 아브라함을 종으로 삼았고, 그의 후손들을 선민으로 받아들였기 때문이다. 유대인들은 선민으로 지정된 것에 대해 자부심을 가지고 하느님의 율법을 따라야 한다고 믿는다. 이것이 유대교의 핵심이다.

① 핵심 가치관

• 유일신 사상 유대인들은 만물의 창조주인 하느님이 유일하다고 믿는다. 하느님 경배가 인간생활에서 가장 중요하다.

• 커뮤니티 유대인들에게 커뮤니티는 개인보다 우선이다. 하느님의 언약으로 부여된 선민자격은 개인에게 주어진 것이 아니고 유대인 커뮤니티에게 주어진 것으로 해석하여 집단을 우선시한다.

• 정의 유대인들은 다른 사람을 올바르게 대하는 것이 중요하다고 믿는다. 평소 정의를 실천하지 않고 하느님만 경배한다는 것은 가치가 없다.

• 자선 행위 자선은 인생에 있어서 최고의 가치가 있는 행위로 믿는다. 이는 유대인을 하나의 집단으로 보는 인식과 방랑생활 때 이교도의 종으로 고생하고 있는 유대인을 주변 커뮤니티가 그를 구해내야 한다는 의무에 기인한다. 미국 유대인 사회에서 모금을 위한 자선행사가 활발하게 진행되는 것도 같은 맥락이다. 그 돈으로 자체 커뮤니티와 이스라엘 지원에 사용되고 있다.

② 경전

유대교 경전은 구약성경의 앞부분인 모세5경(창세기, 출애굽기, 레위기, 민수기, 신명기)인 토라(Torah)와 구전되어 오던 전승을 편집한 유대인들의 지혜서 탈무드가 있다. 유대인들은 토라에서 613개의 율법을 발견하고 그 숨은 의미를 파악해내기 위해 끝없는 토의를 진행해왔다. 원래 구전으로 내려오던 율법이 방랑역사에서 사라질까 봐서 후에 편집했다. 그 내용은 토라의 구절에 대한 1,2차 해석과 그 해석들에 대한 후대 랍비들의 코멘트로 되어 있다. 한번 읽어서는 이해하기가 어려워 문구 하나에 대한 해석을 위해 하루 종일이 걸리는 경우도 있다. 복잡한 사고의 체계를 거쳐야 이해할 수 있는 이러한 탈무드를 학습하다 보면 사고력이 크게 확장된다. 유대인 중에 법률가나 정신분석학자들이 많은 이유를 이 같은 탈무드적 사고방식에서 찾기도 한다.

③ 신념 구분

유대인들은 종교적 믿음과 신앙생활의 정도에 따라 세속인, 자유주의, 보수주의, 정통파로 구분된다.

세속적 유대인의 개념은 민족적으로는 유대인이지만 종교적으로는 유대교를 신봉하지 않는 사람들이다. 이들은 유대교의 전통명절을 역사적인 행사로 지내지만 출생, 결혼 그리고 사망과 같은 인생사와 관련해서는 유대교와 무관하게 지낸다. 19세기 전후 계몽주의와 함께 유럽에서 정통유대교가 요구하는 율법에 대한 저항으로 생겨났다. 이들은 성경을 유대인의 역사책으로 생각한다.

자유주의 유대인은 유대종교의 기본적인 율법을 따르지만, 현대화된 생활환경에 따라 신념이나 신앙생활을 조정해나가야 한다는 믿음을 가진 사람들이다. 이들은 성경을 영적인 기록으로 생각하고, 안식일의 노동 개념도 축소시켰다. 미국 유대인 사회의 큰 비중을 차지하고 있는 자유주의 또는 개혁주의 유대인들은 여성이 랍비가 될 수 있고 이방인의 유대교 개종 절차도 간단하다.

보수주의 유대교는 자유주의와 정통파 유대교의 중간적 신념과 신앙생활을 하고 있다. 종교적 신념을 현대화에 어느 정도 맞추어 조정했다는 것이 토라 율법을 고수하고 있는 정통파와의 구분이다. 외형적으로는 볼 때, 정통파 유대인들은 긴 수염과 검정색 모자와 외투를 입고 다니고, 개혁파는 대부분이 종교적 색채가 없는 일반복장을 하고 다니는데, 보수주의 유대인은 작은 빵모자 같은 키파를 머리 정수리 위에 쓰고 다닌다.

정통파 유대인들은 유대교의 전통율법과 종교의례를 엄격하게 지키고 있다. 무더운 여름에도 흰 와이셔츠에 검정색 양복과 외투를 걸치고 다니고, 평소 음식율법과 샤밧을 비롯한 종교적 명절을 준수한다. 세속적인 유대인들은 그들을 살아서 움직이는 박물관이라고 할 정도로 토라의 율법을 실행하고 있다. 이러한 정통파는 방랑기의 지역과 신념에 따라 몇 갈래로 구분된다. 그 중 대표적인 분파가 18세기 동구에서 생겨난 하시딕이다. 이들은 사람이 기도와 예배로 직접 하느님과 접촉할 수 있다고 믿는다. 가장 큰 그룹은 뉴욕에 본부를 두고 있는 하바드(Chabad)다.

④ 음식율법

유대인들은 정결한 음식만을 먹어야 한다는 코셔르(Kosher) 음식율법이 있다. 랍비청은 음식 원자재의 속성과 가공과정이 정해진 기준을 충족하면 코셔르 인증 마크를 찍어 준다. 음식율법을 준수하는 유대인은 장소가 어디든 평소 코셔르 인증 마크가 부착된 음식만 먹는다. 해외 출장를 떠나는 경우, 현지에 코셔르 식당이 있는지 없는지 확인한다. 그 동기가 우리나라 사람들이 해외 출장지의 한국식당 찾는 것과는 다르다. 현지에 코셔르 식당이 없는 경우, 본인이 먹을 식사를 미리 가방에 넣어간다. 이스라엘이나 미국 등 유대인 고객을 국내외에서 식사에 초청할 때 코셔르 식당을 예약해야 하는지 미리 확인하는 배려가 필요하다. 유대인 음식율법에서 먹을 수 있는 것과 먹어서는 안 되는 것은 다음과 같이 구분된다.

표 2 코셔르 음식

구분	먹을 수 있는 것	먹어서는 안 되는 것
채소류	모든 채소류와 과일	
네 발 짐승	소, 양, 염소, 사슴, 가젤 등	갈라진 발굽과 되새김질하지 않는 동물
가금류	닭, 오리, 칠면조 등	맹금류를 포함한 20여 가지 조류
물고기	지느러미와 비늘을 가진 모든 물고기	굴, 새우, 랍스터, 게, 장어, 여타 조개류
곤충류		모든 곤충류(파생물인 벌꿀은 허용)

유대인 음식율법은 네 발 짐승과 가금류의 고기와 유제품을 같이 먹지 못하게 한다. 물고기, 계란, 채소류 및 과일류는 육류나 유제품과 함께 먹어도 된다. 울판 아키바의 유적지 탐방 프로그램에 따라 예루살렘을 방문했을 때 코셔르가 어떻게 적용되는지 체험한 적이 있다. 저자는 같은 반 친구들과 함께 점심식사로 받은 스테이크 도시락을 먹기 위해 주변식당으로 들어갔다. 밀크커피를 시킨 것이 화근이었다. 스테이크 도시락을 발견한 주인은 코셔르 식당이라 유제품이 들어간 커피와 함께 먹을 수 없다고 말했다.

코셔르 음식 준비 과정에도 엄격한 룰이 있다. 우선 주방구조가 유제품 조리코너와 비유제품 조리코너로 구분되어 있어야 한다. 정통주의 유대인으로 개종 시 학습 후 테스트와 주방개조 점검에서 통과되어야 할 정도로 중요하게 여긴다. 동물을 도축하는 과정도 매우 중요하다. 커뮤니티 내 도축 담당자가 정해져 있다. 그는 동물에게 축복을 내린 후 날카로운 칼로 2초 이내 숨을 거둘 수 있도록 신속하게 목을 깊숙하게 따야 한다. 이 방식은 무슬림이 할랄식품을 만들기 위해 양을 잡을 때도 마찬가지다. 불행하게도 중동에서 테러리스트들이 인질을 칼로 살해할 때도 같은 방식을 따르는 뉴스가 언론에 간혹 보도된다.

⑤ 비즈니스 태도

비즈니스에 대한 유대인들의 태도는 긍정적이다. 그들은 기본적으로 개인의 물질적인 부와 상업활동을 긍정적으로 본다. 그들에게 부의 의미는 하느님의 율법에 순종하여 실행한 보상이다. 그렇다고 무작정 돈만 벌면 된다는 의미는 아니다. 전제조건이 있다. 정직하게 돈을 벌어야 하고, 가난한 사람들을 위해 사용해야 한다. 이와 관련된 내용은 십계명과 토라에 "도둑질을 하지 말라", "도둑질하지 말고, 속이지 말고, 서로 거짓말하지 말라", "길이, 무게 또는 양을 측정할 때 속이지 말라" 등으로 기록돼 있다. 저울질을 속이지 말라는 이야기는 탈무드에도 자주 등장한다. 그래서인지 유대인들은 죽어서 하느님의 왕국으로 들어갔을 때, 하느님으로부터 받는 첫 질문이 "너는 비즈니스를 정직하게 했느냐?"라고 한다.

유대인들은 오래전부터 거래이익에 대한 제한을 두었다. 토라에 명시되어 있는 문구(물품을 사거나 팔 때 속이지 마라)에 대해 현자들이 격론한 끝에 내린 결론은 거래액의 1/6까지는 차익으로 인정한다는 것이었다. 그 내용을 탈무드에 기록해둠으로써 물건을 사거나 팔 때 차익이 1/6(약 17%) 이상이면 그 거래는 무효화될 수 있게 되었다. 이같이 커뮤니티 구성원들의 비즈니스 행위에 대해 구체적인 가이드라인을 제시한 것이 유대문화의 특징이었다.

자선은 유대인들이 이 세상에서 돈을 버는 목적이다. 유대교는 사람들이 율법에 정해진 원칙대로 정직하게 돈을 벌어서 부를 누릴 수 있다는 것을 인정한다. 다만, 그러한 부가 하느님으로부터 온 것이라는 사실을 잊어서는 안 된다. 모은 재산을 하느님과 가난한 사람들을 위해 사용할 줄 알아야 한다. 가난한 자를 돕는 사람은 하느님으로부터 축복을 받을 것이나, 이방인, 미망인, 고아를 홀대하는 자는 하느님이 벌을 내릴 것이라고 성경 곳곳에 기록되어 있다. 이런 율법은 유대인뿐만 아니라 기독교인 및 무슬림들의 자선행위를 유도하는 근거가 된다.

이슬람

이슬람 역사는 서기 610년 천사 가브리엘이 무함마드에게 하느님이 그를 자신의 메신저로 선택했다는 말을 전해주는 것으로부터 시작된다. 그 이전까지 중동에는 각 부족별로 신을 섬기고 다신교가 존재했다. 당시 중동에는 유대교의 히브리어나 힌두교의 산스크리트어 같이 신과 연결시켜주는 성스러운 언어와 경전이 없었고, 유대교와 기독교처럼 하느님의 메시지를 전해주는 선지자도 없었다. 이슬람의 예언자 무함마드가 알라(하느님을 지칭하는 아랍어)로부터 계시를 받음으로써 그러한 문제들이 해결되었다. 알라의 계시는 이슬람의 경전 꾸란으로 기록되었고 이는 이슬람 커뮤니티를 하나의 집단으로 묶어주었다. 무함마드는 이슬람 종교와 커뮤니티를 동일한 것으로 믿었다.

① 핵심 가치관

• 유일신 사상 신이 알라 하나라는 신념은 이슬람에서 가장 중요하다. 무슬림들은 매일 새벽부터 잠자리에 들 때까지 총 다섯 차례 "알라는 위대하다. 알라 이외의 신은 없다. 무함마드는 예언자다"라는 말을 입 밖으로 반복하여 외쳐야 한다. 아랍인이 등장하는 영화에서 주인공이 결전을 해야 하거나 전쟁에서 승리를 했을 때, 하늘을 우러러보며 "알라후 아크바르"라고 하는 것이 "알라는 위대하다"라고 외치는 찬양이다.

• 천사에 대한 믿음 천사는 하느님을 보좌하기 위해 창조되었고, 이슬람에서 중요한 역할을 담당한다. 예언자 무함마드에게 알라의 메시지를 전해준 가브리엘은 모든 천사들 중에서 가장 중요한 역할을 담당한다고 믿는다.

• 꾸란 이슬람은 꾸란에 기록된 글자들은 알라의 말씀이기 때문에 모든 것이 완벽하다는 절대성을 믿는다. 총 114장으로 편집되어 있는 꾸란은 알

라 숭배 내용뿐만 아니라 돈을 빌려주고 계약을 체결하는 상업적인 활동에서부터 땅을 분할하고 죄를 벌하는 것까지 다루고 있어 경전이자 생활 지침서이기도 하다.

- 알라에 대한 절대복종 이는 이슬람 종교의 가장 기본적인 태도다. 무슬림들은 알라에 의해 창조된 것 자체부터 감사해야 하고 절대 복종해야 한다. 절대 복종에 대한 보상은 사후에 내려진다. 현재의 삶은 내세를 준비하는 과정이라고 믿는 무슬림 젊은이들이 성전에 나설 때, 사후 천국에서 보상을 받을 것이라는 생각은 용기를 북돋아준다.

② 종교생활

이슬람은 가치관을 행동으로 실행하기 위해 다섯 가지 행동 지침을 만들었다. 그것은 "알라는 유일하고 무함마드는 예언자"라는 신앙고백, 하루 다섯 차례 기도, 가난한 자에 대한 자선, 라마단 단식 그리고 메카 순례다. 무슬림들은 이것을 다섯 개 기둥으로 표현한다.

이 중에서 자선의 의미는 유대교나 이슬람에서 같은 개념이다. 무슬림들은 사람들이 모은 재산은 인간의 것이 아닌 알라가 잠시 맡겨 둔 것일 뿐이고, 커뮤니티 내의 가난한 자와 약자를 돕는 것은 알라의 뜻이라고 믿는다. 사람이 하느님의 피조물이라는 믿음을 근거로 사원에서 예배할 때 부자나 권세가를 위한 지정석이 없다. 모두 똑같이 무릎을 꿇고 알라에게 절을 하게 한다.

무슬림들의 전통적인 자선행위는 상대방이 창피하지 않도록 세심한 배려가 포함되었다. 오른 손이 한 행동을 왼손이 모르게 은밀하게 도와주는 것이 바람직하다고 믿는 무슬림은 라마단 기간 중 동이 트기 전 지정된 길거리의 건물 한쪽 모퉁이에서 다른 쪽으로 건네줄 물품만 내밀곤 했다. 의류를 비롯한 필요한 물품이 앞으로 나오면 누군가가 그것을 집어 가는 시스템이었다.

무슬림간의 도움은 국가 통치자들이 일시적인 경제난에 봉착했을 때 기꺼이 재정지원을 해주는 것도 모두 같은 무슬림의 자선 의무에서 그 동기를 찾을 수 있다. 유대인이 동족을 돕듯이 무슬림들도 형제를 돕는 것은 선행이자 의무로 여긴다.

③ 비즈니스 태도

이슬람의 경전 꾸란과 예언자 무함마드의 언행 전승록인 하디스에 비즈니스 윤리에 관한 행동 지침이 많다. 그것은 다음과 같은 내용을 포함한다.

"저울질로 남을 속이지 말라."

"남의 것을 훔치지 말라."

"알라가 너에게 준 것만 가지도록 하라."

"위선자는 약속을 한 후 그것을 지키지 않거나 계약 체결 후 그것을 어기는 사람이다. 무슬림은 비즈니스 거래와 일상적인 생활 속에서 이슬람 율법을 따라야 한다."

"정직하게 사업을 한 사람은 부활의 날에 보상을 받게 될 것이다."

"같은 무슬림을 속이는 자는 무슬림이 아니다."

예언자 무함마드는 "나는 올바른 도덕을 위해 보내졌다"라고 할 정도로 꾸란과 하디스에는 생활 속의 윤리규범이 여러 분야에서 강조되어 있다. 그 중에서도 정직한 거래가 핵심이다.

"판매자와 구매자간의 거래는 명확해야 한다. 만약 판매자가 거짓으로 물품을 판매한다면, 그는 죄를 짓는 것이다. 이슬람은 모든 사기행각은 비난한다. 판매자와 구매자는 거래에서 정직해야 한다."

이슬람은 상거래에서 다음과 같은 행위는 불법적인 것으로 간주한다.

① 사기성 거래, ② 물품 판매를 위해 자주 하는 맹세, ③ 실체가 아닌 것을 보여주는 행위, ④ 합의해 놓고 실행하지 않는 행위, ⑤ 폭리와 투기, ⑥ 비할랄 식품, 알코올, 마약, 무기 거래, ⑦ 영리목적의 식품 매점매석, ⑧ 암시장 거래, ⑨ 장물 거래, ⑩ 거래에서 속이는 행위

이슬람 경전에는 비즈니스 윤리에 대한 내용들이 잘 기술되어 있는데, 비즈니스 현장에서의 행동은 일치되지 않는 이유가 무엇 때문일까? 국내 기업의 많은 중동 담당자들은 현지 바이어들과의 커뮤니케이션이 어렵다고 말했다. 공통적인 불만 요인은 약속 미이행, 속이려는 시도, 꼬투리 잡기 그리고 말이 계속 바뀐다는 것이었다.

아랍인의 비즈니스 윤리를 분석한 논문에서 연구자들은 그 이유를 도덕기준에 대한 상대주의 때문이라고 규정했다. 즉, 어떤 판단을 할 때 처해진 상황을 평가하여 그것을 활용한다는 것이다. 정상적인 판단 기준은 상황 변화의 영향을 받아서는 안 되는데, 아랍문화권에서는 영향을 받는다고 주장했다. 따라서 아랍에서 현지인들을 고용하여 일하는 외국기업들은 종업원들에게 도덕적인 판단 기준을 구체적으로 설명해주고 규정 위반에 대한 처벌도 명확하게 제시하여 업무 중 상대주의에 빠지지 않도록 하라고 권유했다.

우리 기업들도 중동 무슬림들과 비즈니스를 할 때, 처음부터 또는 도중에라도 거래원칙을 정해놓고 그것을 따라 이행하도록 해나갈 필요가 있다. 고용자와 피고용자 또는 거래 파트너 간에 지켜야 할 원칙을 명시적으로 만들어 놓지 않으면 각자가 자신의 편의대로 해석함으로써 충돌이 발생하는 경우가 많이 있기 때문이다.

힌두교

힌두교가 유대교, 기독교 그리고 이슬람의 유일신 종교와 다른 점은 다신교라는 점이다. 유일신 종교에서는 하나가 강조된다. 그것은 유일한 신, 한 명의 아들, 한 명의 예언자, 선민 등으로 나타난다. 이에 비해 4천년 역사를 가진 힌두교에는 한 명의 창시자, 하나의 교리, 하나의 경전, 한 명의 예언자는 없다. 이 오묘한 삼라만상을 하나의 신이 어떻게 관장할 수 있냐는 것이 힌두교 관점이다. 오히려 신이 많으면 많을수록 좋다고 믿는다.

힌두교의 기원은 명확하지 않다. 한 명의 창시자나 한 개의 경전이 아닌 복수의 가르침이 구전으로 내려왔기 때문에 연대기로 구분하기가 어렵다. 대략 아리아인들이 북인도로 진입한 약 4천년 전쯤 힌두교가 시작됐을 것으로 추정할 뿐이다.

① 경전

힌두교의 경전은 여러 가지다. 그 중 대표적인 경전 세 가지를 간략히 소개한다.

- 베다(The Vedas) 힌두교의 가장 오래되고 근본이 되는 경전이다. 구전되어 오던 내용이 기원전 14세기에 시작하여 약 천년 동안 편집되었다. 4권의 베다경전은 힌두교의 영적인 가이드뿐만 아니라 문화생활을 다루고 있다.
- 우파니샤드(The Upanishads) 힌두교의 철학적 믿음을 체계화시켜 주는 내용이 산문과 시를 통하여 은유적으로 기술되어 있다. 기원전 400년경에 만들어진 이 경전은 우주만물의 하나에 대한 개념을 강조한다.
- 바가바드기타(The Bhagavad-Gita) 신의 화신 크리슈나와 제자 아루주나 왕자 간의 대화 형식으로 영적인 가이드라인을 제시하는 대서사시다. 그 핵심은 인간의 내면에 신성이 깃들어 있어 지식, 행위, 정성을 통하여 인간도 해탈의 경지에 이른다는 것이다.

② 핵심 가치관

힌두교의 핵심 사상은 세상만물에 신성이 깃들어 있다는 믿음이다. 이 우주는 시공을 초월하여 서로 연결되어 있다. 현실을 기나긴 강의 한 곳을 스치는 환영으로 생각하고, 사후에 다시 다른 형태로 환생할 수 있다. 환생사상은 힌두인들의 채식에도 영향을 미치게 된다. 다음 세상에 어떤 형태로 환생될지 모르기 때문이다. 신성은 살아있는 생명에만 있는 것이 아니라 바위와 같은 물체에도 있다고 믿는다. 단지, 그 신성이 발현될 가능성의 정도 차이가 있을 뿐이다. 힌두인들은 동물이 바위보다 신성이 더 강하다는 생각을 가지고 있다.

③ 인생 수행의 4단계

힌두교는 사람들이 궁극적으로 득도를 향해 인생을 <그림 2>와 같이 4단계의 여정을 걷는다고 믿는다. 1단계에서는 육체적 쾌락을 추구하고, 2단계에서는 부에 대한 이기적 욕망에 사로잡힌다. 아무리 쾌락을 즐기고 부를 모아도 기쁨은 한계에 도달하고 영적인 허전함을 메우지 못한다. 영적인 욕구를 충족하기 위해 3단계의 종교생활로 진입한다. 그리고 자신 속에 내재되어 있는 신성을 찾아내는 노력 끝에 해탈할 때 비로소 진정한 기쁨을 누릴 수 있다고 믿는다.

그림 2 인생 여정 4단계

고대 힌두인들은 이 같은 수행여정을 위해 어려서부터 늙을 때까지의 생활 방식에 대한 가이드 라인을 다음과 같이 제시했다.

- 학생 단계 보통 8세부터 12세 사이에 스승으로부터 베다와 세속적인 생활을 배운다. 이때 학생들은 올바른 행동, 정직, 의무, 존경을 배운다.
- 가족부양 단계 결혼을 해서 가정을 꾸리고 남편과 아버지로서의 의무를 다하며 영적인 생활을 영위한다. 이때 정직하게 돈을 벌고, 손님을 환대하고, 자선을 행하며 친척을 돌본다.
- 숲속 생활단계 가족과 사회에 대한 의무를 다 마쳤으면, 숲으로 들어가서 모든 세상의 인연을 끊고 본격적인 공부와 명상을 시작할 준비를 한다.
- 금욕단계 모든 사람과 재물로부터 완전히 결별하고 신과 함께 결합한다. 마침내 일상적인 생활로부터 벗어나게 된다.

힌두교에서는 자기수행을 통한 해탈이 인생의 궁극적인 가치다. 반면, 유일신 종교에서는 하느님의 율법과 선지자의 가르침을 따르는 것이 중요하다. 이것은 다신교인 힌두교와 유일신 종교가 다른 점들 중의 하나다.

④ 비즈니스 태도

물질적인 욕망을 멀리하고 금욕적인 생활로 자기 수행을 강조하는 힌두교에서는 인간의 물질적인 생활과 관련된 가이드라인이 많지 않다. 바가바드기타에서 화신 크리슈나가 한 말들을 통해 윤리적인 행동강령을 해석했지만, 그 내용이 추상적이고 구체적이지 않다. 비즈니스 태도와 관련된 크리슈나의 행동 지침은 다음과 같다.

첫째, 부정적인 언행과 생각을 버려라.

둘째, 불평등을 버리고 평등을 진작시켜라.

셋째, 부정직과 게으름을 멀리하고 근면성실과 상호 협력하라.

넷째, 무시와 오만한 행동을 멀리하고 개방적인 사고를 가져라.

다섯째, 이기적인 행동으로부터 나오는 순간적인 행복을 멀리하고, 모든 사람에게 혜택이 가고 오래 지속되는 행복을 추구하라.

인도 시장으로 수출하는 세일즈맨들은 우리와 다른 현지인들의 커뮤니케이션 방식으로 인하여 많은 스트레스를 받는다고 말했다. 이에 대해 경험이 많은 기업인들은 상대방의 방식을 이해하고 인정하면 별문제가 되지 않는다는 반응이었다. 인도인들과의 커뮤니케이션이 우리만 어려운 것이 아닌 것 같다.

방갈로르 IT기업에 근무하던 일본인들은 인도인 동료들과의 워크샵으로 양 국민의 사고방식과 커뮤니케이션 방식을 몇 가지 항목별로 비교하여 정리했다. 그 요지는 일본인의 집단주의와 인도인의 개인주의 성향 차이에서 유래되는 행동과 커뮤니케이션 방식 차이였다. 예를 들면, 일본인은 상대방을 배려하고 자신을 낮추어 겸손한 행동을 하는 것이 사회적 규범이지만, 인도인은 자신의 이익을 우선하는 행동을 한다는 것이다.

04 커뮤니케이션 방식 차이

미국 인류학자 에드워드 홀(Edward T. Hall)은 세계인들의 커뮤니케이션 방식에 대한 연구를 통하여 한 문화권은 별도로 명시된 바가 없어도 구성원간에 암묵적으로 인정되고, 처해진 상황에 따라 비언어적인 행동으로 의사소통하는 반면, 다른 문화권은 모든 커뮤니케이션을 말과 글로써 명시적으로 표현하는 차이점을 발견했다. 그는 전자를 저맥락 문화(Low Context Culture), 후자를 고맥락 문화(High Context Culture)라고 불렀다.

고맥락 문화와 저맥락 문화

<표 3>은 커뮤니케이션할 때 말이나 글을 사용하는 정보메시지 비중이 클수록 좌측으로 향하고, 배경과 상황을 고려하는 맥락메시지 비중이 클수록 우측으로 향하는 것을 보여준다. 국가별로 보면 미국과 서유럽은 저맥락 문화, 동아시아는 고맥락 문화로 대비되고, 남유럽과 중남미는 러시아와 함께 중간 위치에 있다.

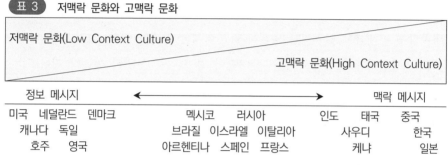

| 표 3 | 저맥락 문화와 고맥락 문화 |

저맥락 문화(Low Context Culture)

고맥락 문화(High Context Culture)

정보 메시지 ←――――――――――→ 맥락 메시지

미국 네덜란드 덴마크	멕시코 러시아	인도 태국 중국
캐나다 독일	브라질 이스라엘 이탈리아	사우디 한국
호주 영국	아르헨티나 스페인 프랑스	케냐 일본

출처: Erin Meyer의 The Culture Map, 2014.

저맥락 문화의 특징은 <표 4>와 같이 커뮤니케이션이 직설적이고 세부적이며 메시지 내용이 명확하다. 반면, 고맥락 문화는 표현을 간접적이고 원칙을 말하기 때문에 메시지 내용이 모호한 측면이 있다. 우리나라는 고맥락 문화권 중에서도 일본 다음으로 강도가 높은 국가로 분류된다. 실제로 우리나라 사람들은 대화할 때 서로 공유하고 있는 지식 또는 상대방도 알고 있을 것으로 생각하는 수식어는 빼고 용건만 말하는 경우가 많다. 사무실에서 팀장이 늘상 함께 일해온 팀원에게 느닷없이 "어제 그거 준비 다 됐지?"라고 말하면, 대부분의 팀원은 "전날의 그것"이 무엇인지 알아차린다. 미국인이 상사로부터 이런 질문을 받으면, 그것이 무엇이냐고 되물을 것이다. 질문을 명확하게 하기 위함인데, 동아시아 문화는 다르다.

표 4	커뮤니케이션 방식 차이	
저맥락 문화	고맥락 문화	
직설적 세부적 명확성	간접적 원칙적 모호성	

　두 가지 커뮤니케이션 방식 중 어느 것이 옳다, 그르다는 식으로 정의할 수 없다. 문화권 특성대로 커뮤니케이션을 할 뿐이다. 문제는 글로벌 시대를 맞이하여 문화가 다른 사람들이 서로 커뮤니케이션과 함께 일을 해야 하는 환경이다. 고맥락 문화 출신의 관리자가 저맥락 문화 출신의 현지직원들과 같이 일할 때, 자신의 업무 지시나 커뮤니케이션이 얼마나 구체적인지, 상대방이 얼마나 명확하게 이해하고 있는지를 냉철하게 분석해볼 필요가 있다. 적지 않은 사람들이 두리뭉실하게 말해놓고서는 "상대방이 자기 말을 못알아 듣는다"거나 "눈치가 없다"고 투덜댄다. 이 글을 읽는 분 중에 이런 생각을 해보았거나 제3자에게 이렇게 말하고 있다면, 더욱더 자신의 메시지가 명확했는지 자체 점검해보는 것이 좋다. 본인은 두부를 만든다면서 맷돌에는 팥을 집어넣는 경우가 있기 때문이다. 고맥락 문화권 출신과 저맥락 문화권 출신 간의 커뮤니케이션 충돌은 무척 많이 발생한다. 눈치의 개념이 없는 사람들에게 눈치보는 행동을 기대하는 것이 잘못이다.

사례 1　커뮤니케이션 방식 간의 충돌

　예루살렘 히브리대학교에 한국에서 대학을 마친 여학생과 한 살 때 부모님을 따라 뉴욕으로 가서 대학을 마친 한국계 미국인 여학생이 공부를 하고 있었다. 어느 주말 점심 때 한국학생이 미국학생 기숙사를 들렀다. 미국학생이 손님에게 점심 먹었냐고 묻자, 한국학생은 "먹었다"라고 말했다. 두 사람은 커피 한잔을 놓고 이런저런 이야기를 나누고 헤어졌다. 그 뒤 캠퍼스에서 두 사람이 조우하는데, 한국학생이 정색하여 "넌 어떻게 친구가 찾아갔는데, 밥도 안 주냐?"라고 따졌다. 깜짝 놀란 미국학생이 "그때 분명히 밥을 먹었다고 말하지 않았냐?"라고 대답하면서 "그럼 밥을 먹지 않았던 거야? 그럼, 왜 밥을 먹었다고 말했어?"라고 물었다. 이에 한국학생은 더욱 화를 내면서 "한 번 더 물어봤어야지, 어떻게 한 번만 물어보고

마냐?”

　한국계 미국학생은 비록 미국에서 자랐지만 평소 집에서 부모님과 한국말로 소통해왔고 한국 전통 에티켓을 배워서 한국인과 다를 바가 없다고 생각해왔는데, 이 같은 경험은 그에게 큰 충격이었다. 그 한국인 친구가 밥을 먹지 않았으면, 안 먹었다고 말하면 되지 왜 다시 물어보기를 기대했는지 도저히 이해가 되지 않는다고 말했다. ────────────────────────

　우리나라 사람들이 글로벌 비즈니스에서 가장 주의해야 할 사항 중의 하나가 커뮤니케이션을 얼마나 명확하게 하느냐다. 해당 전문용어에 대한 이해, 상대방에게 보내는 메시지, 상대방이 보내온 메시지에 대한 이해가 명확하기만 해도 리스크를 크게 줄일 수 있다.

추론 방식

　네덜란드 사회심리학자 게흐트 호프스테드(Geert Hofstede) 주장에 의하면, 유럽 대륙인과 영·미계의 추론 방식이 다르다. 독일과 프랑스인은 연역적 추론을 하지만, 영국인과 미국인은 귀납적 추론을 한다. 유럽 대륙인들은 어떤 상황을 설명할 때 과정을 우선하고, 결과는 과정만 충실하면 자연스럽게 도출되는 것으로 인식한다. 반면, 영·미계는 결과가 우선이고, 과정은 후순위다. 호프스테드는 이 두 문화권의 실제 추론 메커니즘에 대해 유럽 대륙인들은 자기 주장에 대한 데이터의 뒷받침 없이도 결론을 내리고, 영·미계는 막대한 자료분석을 토대로 연구하지만 실제로 얻는 결론은 몇 개 되지 않는다고 지적했다.

표 5　문화권별 추론 방식

추론방식	방법	지역
연역적(Deductive)	과정(How) 우선 개념과 큰 그림 제시 후 결론	유럽대륙(독일, 프랑스)
귀납적(Inductive)	결과(What) 우선 사실과 결론 제시 후 과정	영·미권(미국, 영국)
전체론적(Holistic)	동시 전부 검토	아시아

한편, 아시아인들의 추론 방식은 연역법이나 귀납법과 다른 전체론적(Holistic)으로 분류한다. 전체론적 추론은 문자적 표현 그대로 특정 부분을 보는 것이 아니라 한꺼번에 전체적으로 본다는 것이다. 건강을 체크할 때, 신체의 특정부위에만 집중하는 것이 아니라 온 몸과 마음을 함께 살핀다는 개념과 같다. 연역적 또는 귀납적인 접근에만 익숙해 있는 서구인들이 아시아인들의 전체론적 추론을 경험하면 무척 혼란스러워 한다. 양식에서 애피타이저, 메인, 디저트 순으로 단계별로 한 가지씩 먹는 사람들에게 한 상 차려놓고 동시에 숟가락과 젓가락이 가는대로 식사하는 것과 마찬가지다.

문화권별 추론방식 차이로 인하여 비즈니스 커뮤니케이션이 잘 안 되는 경우가 있다. 미쉐린 프랑스에서 근무하는 프랑스인이 같은 회사의 영국 법인에 근무하는 동료들에게 새로운 사업 제안 메일을 보내도 읽지 않는 일이 발생했다. 문화지도(The culture map)의 저자 메이어(Erin Meyer) INSEAD 교수는 이메일 구성과 내용을 분석했다. 본문은 전형적인 프랑스 학교의 가르침에 따라 원칙을 내세우고 그것을 반증하여 종합하는 순서로 구성되어 있었다. 영국인이나 미국인들은 첫문장에 의도가 명확하게 보이지 않으면 무시하고 다음 메일로 넘어갈 수 있다는 것이 그의 결론이었다.

사례 2 독일 바이어의 연역적 추론

독일인이나 프랑스인과 세일즈 상담할 때는 결론은 보류하고 과정부터 설명해 나가야 한다. 한 국내 중견중장비 제조사 세일즈맨은 유럽 시장개척 초기에 그들의 추론방식을 몰라서 많은 곤혹을 치렀다. 다른 지역에서 일상적으로 해온 방식대로 제품 설명하고 판매가격을 제시하자 독일 바이어는 제동을 걸었다. 그는 거래가 시작된다고 가정해보자고 했다. 구매자가 판매자로부터 장비를 구매하여 재판매할 때 필요한 준비가 갖추어졌는지를 먼저 체크해보자는 것이었다. 그리고 다음과 같은 항목에 대한 준비 여부를 하나씩 체크했다.

① 유럽 내 물류창고(Ware house) 보유 여부
② 유럽 내 부품재고(Parts stock) 보유 여부
③ 유럽 내 제품지원 시스템(Product support system) 보유 여부: 제품관리

담당 엔지니어 현황, 정기 기술훈련교육 시스템, A/S 시스템 등을 체크한다.

④ 보증(Warranty)규정의 세부 내용: 이는 장비가 고장이 났을 때 부분별 수리 지침, 바이어 회사에서 일하는 기술자가 응급조치로 수리했을 때 현지인 임금 기준의 노임과 이동 교통비 지급 규정을 가지고 있는지 확인하는 것이다.

⑤ 재매입(Buy back) 조건: 계약 해지시 공급사가 딜러의 재고물량을 재매입한다는 조건이 있는지를 확인한다.

거래에 필요한 조건을 충족하지 못하는 것들을 종합하여 최종 가격결정시 차감했다. 독일 바이어로부터 처음 겪었던 이 방식은 다른 유럽 대륙 거래처들도 마찬가지였다. 실제로 독일자동차산업협회는 회원사들에게 이와 비슷한 구매와 관련된 표준양식을 제공하고 있다.

05 식사 예절

글로벌 세일즈맨은 비즈니스를 위해 외국인들과 다양한 상황에서 식사를 하게 된다. 본인이 상대방을 식당으로 초대할 수도 있고 상대방으로부터 초대를 받을 수도 있다. 어떤 입장이든 비즈니스 오찬이나 만찬은 즐거운 시간이다. 협상 도중에는 서로 얼굴을 붉히고 다소 마음이 언짢았을지라도 식사나 술 한 잔으로 그러한 마음을 풀고 서로의 관계를 돈독하게 해주는 촉매제가 비즈니스 식사다. 이런 기회를 본의 아닌 실수로 인하여 날려버린다면 크게 후회하게 될 것이다. 그래서 보통 비즈니스 파트너와의 식사가 화기애애하게 진행될 수 있도록 각별한 신경을 쓴다. 기본적인 체크사항 몇 가지를 정리해보았다.

예약

상대방을 식사에 초대할 때 어떤 음식을 선호하는지 또는 특별히 피하는 메뉴가 있는지 확인을 하는 것이 난감한 상황을 예방할 수 있다. 좀 더 구체적으로 이탈리아식, 중식, 일식, 한식 그리고 현지식 중 하나를 선택해달라고 하기도 한다. 상대방이 유대인, 무슬림, 인도인이라면 식당과 메뉴 선정에 있어서 더욱 신경을 써야 한다. 실제로 중동의 프로젝트 발주처 인사들이 방한했을 때,

우리 기업이 고급 한식집에서 한우갈비요리를 접대하려다가 큰 낭패를 당한 일이 있었다. 그 일행은 쇠고기가 이슬람의 도축 절차를 따른 할랄식품이 아니라는 사실을 알고서 아무도 갈비를 손 대지 않았기 때문이다.

해외 출장 기간 중 현지에서 파트너를 식사에 초대하고자 한다면, 상대방으로부터 식당을 추천 받거나 상대방에게 예약을 부탁할 수도 있다. 현지 사정을 잘 모르는 상태에서 식당 예약은 쉬운 일이 아니기 때문에 각별한 신경을 써야 한다.

만약 한식당을 예약한다면 상대방은 메뉴에 대해 물어볼 가능성이 높다. 한국인의 식탁 메뉴나 젓가락 사용에 대한 간략한 설명을 준비하는 것이 좋다.

와인 주문

식사 때 와인을 함께 마시는 문화권에서 외국인을 식당에 초대했을 때 신경 쓰이는 것 중 하나가 와인 주문이다. 와인에 대해 잘 아는 사람이야 문제가 없겠지만, 생소한 사람은 어떤 종류를 얼마의 가격대를 골라야 할지 고민스럽다. 사람에 따라서는 솔직하게 자신은 와인에 대해 잘 모르니 상대방이 좋아하는 것을 골라 달라고 한다. 그가 와인을 즐기는 사람이라면 자신의 취향에 맞추어 적당한 가격대를 추천할 것이다. 와인 가격은 원산지와 브랜드에 따라 차이가 크게 난다. 주문할 때 가격을 무시하고 아무거나 선택하라고 하면 뒷감당하기가 어려울 수도 있다.

사례 3 와인 바가지 요금

국내에서 한 대기업의 임원이 방한 프랑스 발주처 인사와의 큰 거래계약을 끝내고 최고급 호텔 식당에서 상대방에게 와인 주문을 맡겼다가 낭패를 당한 적이 있다. 상대방에게 아무거나 좋아하는 와인을 주문하라고 말한 것이 화근이었다. 프랑스인은 "정말이냐?"고 물었고, 그때 "예스"라고 확인해줬다. 식사 후 계산서에 청구된 와인 가격은 4인 식대의 10배 정도 되었다. 와인 상식 부족과 커뮤니케이션 미숙의 대가치고는 너무 컸다. ─────────────

와인에 대한 초보자라 해도 몇 가지 상식만 알아놓으면 식당에서 주문에 도움이 된다.

① 와인 종류(프랑스산 품종 기준)

- 레드 와인: 까베르네 소비뇽(Cabernet sauvignon, 보르도), 메를로(Merlot, 보르도), 피노 누아르(Pinot noir, 부르고뉴)
- 화이트 와인: 샤르도네이(Chardonnay, 부르고뉴), 쇼비뇽 블랑(Sauvignon Blanc, 보르도)

② 당도 기준

- Dry wine: 와인 1리터당 포도당 함유량 10g 미만
- Medium dry: 와인 1리터당 포도당 함유량 10~18g
- Sweet wine: 와인 1리터당 포도당 함유량 18g 이상

③ 병모양(산지별 구분)

- 부르고뉴 와인병: 아래위로 길쭉한 형태(피노누아르와 샤르도네이)
- 보르도 와인병: 길이가 짧고 뚱뚱한 형태(까베르네 소비뇽, 메를로, 소비뇽 블랑)

④ 라벨 정보

- 와인 병에 부착되어 있는 라벨은 품종과 산지 그리고 생산연도에 관한 정보를 제공한다. 만약 라벨에 'Cabernet sauvignon, Bordeaux, 2018'가 표기되어 있다면, 이는 2018년 보르도에서 생산된 까베르네 소비뇽이라는 의미다.

이 같은 기초정보를 이용하여 손님에게 레드와인과 화이트 중 어떤 것을 원하는지, 레드 중에서는 카베르네 쇼비뇽을 좋아하는지 아니면 메를로를 좋아하는지, 당도에 있어서는 드라이 또는 미디움 중에서 어떤 것을 선호하는지 물어본 후 그것에 맞추어 가격대를 봐서 결정하면 주문이 끝난다.

테이블 에티켓

양식에 익숙하지 않은 사람이 10인용 원형테이블에서 식사할 때 저지르기 쉬운 실수 몇 가지가 있다. 어리둥절하여 오른쪽 사람의 빵을 집어 먹고 왼쪽 사람의 물을 마시기 십상이다. 식사 도중의 재채기나 식후 트림은 대부분 외국인들이 민감하게 반응하는데 그런 것을 무시한다. 중동에서 현지인들과 손으로 음식을 먹을 때 별다른 생각없이 왼손으로 집으면 결례다. 한식당이나 중식당에서 자신이 사용하던 젓가락으로 공용 음식을 들어가면 다른 사람은 그 음식에 손대지 않을 수 있다. 당사자는 작은 실수로 자위할지 몰라도 그와 함께 식사했던 다른 사람들은 얼마나 곤혹스럽고 불쾌했는지 모른다. 기본적으로 알아두어야 할 에티켓과 금기사항을 소개한다.

• 좌빵우물

원형 테이블에서 여러 명이 식사할 때 자리에 앉으면 왼쪽에는 포크류, 오른쪽에는 나이프류가 질서정연하게 세팅되어 있다. 그리고 왼쪽 앞에는 빵과 물잔이 있고 오른쪽 앞에도 빵과 물잔이 있어 처음 겪는 사람에게는 혼란스럽다. 아무거나 집었다가 자칫 왼쪽 사람의 물을 마실 수도 있고, 오른쪽 사람의 빵을 가로채는 결과가 되기 때문이다. 이런 경우 '좌빵우물'을 기억하면 된다. 즉 왼쪽 빵과 오른쪽 물이 자신의 것이다.

• 와인 잔 구분

공식적인 오·만찬에는 테이블에 와인 잔이 두 개가 있다. 하나는 레드 와인 잔이고 다른 하나는 화이트 와인 잔이다. 레드와인 잔은 보통 볼 부분이 넓고 위쪽은 오므라진 모양이다. 공기와 닿는 면적을 넓게 하기 위해 볼이 크고, 향기를 오래 지속시키기 위해 위쪽은 조금 좁은 모양이다. 이에 비해 화이트 와인 잔은 사이즈가 작고 계란 모양이다. 차갑게 마시는 것이 좋기 때문에 빨리 마실 수 있도록 작은 잔을 사용한다. 와인을 엉뚱한 잔에 따라주거나 상대방이 레드 와인을 부어주려는데 화이트 와인 잔으로 받는 행동은 큰 문제될 것은 없지만 상식 수준을 나타내게 된다.

• 재채기와 트림 금지

서양인들은 식사 도중에 재채기가 나오면 각자 다양한 방법을 동원하여 가라앉히려고 노력한다. 그것에 대해서는 어려서부터 교육을 받는다. 식탁에서 누군가가 재채기를 하면 비말이 음식 위로 가라앉는다고 생각하기 때문에 매우 조심해야 한다. 자력으로 가라앉힐 수 없다면 살짝 자리에서 물러나서 고개를 돌려서 냅킨으로 입을 막고 최소화시키도록 하는 것이 좋다. 그리고 습관적으로 식후 트림을 하는 사람이 있다. 외국 비즈니스 파트너와 함께 식사하는 자리에서는 경계해야 할 사항 중의 하나다.

• 왼손 사용 금지

중동으로 출장을 간다면 손님 접대를 중요하게 여기는 아랍인 파트너로부터 자택 식사 초대를 받을 가능성이 있다. 그들의 전통적인 식습관은 스푼이나 포크를 사용하지 않고 손으로 먹는다. 이때 오른손을 사용해야 한다는 사실을 잊어서는 안 된다. 왼손은 화장실에서 사용하는 용도이기 때문에 외국인이라 하더라도 왼손으로 음식을 집는 순간 그들의 뇌 속에 저장되어 있는 부정적인 기억이 되살아나기 때문이다.

• 공용 젓가락 사용

중식당의 원탁 테이블 위에 여러 명이 나누어 먹을 수 있도록 대형접시에 요리가 가득 채워져 있는 경우가 있다. 음식 분배용으로 별도 젓가락이 제공되기도 하고 그렇지 않은 경우도 있다. 젓가락이 없으면 종업원에게 갖다 달라고 해서 각자 음식을 가져갈 때 그것을 사용하도록 한다. 각자 사용하는 젓가락이나 숟가락을 여러 사람이 먹은 요리에 갖다 대면 다른 사람은 더 이상 그곳을 찾지 않을 수 있다. 최악의 상황은 자신이 사용하는 젓가락으로 음식을 집어서 손님 접시에 올려주는 것이다.

식당 에티켓

외국 식당에 한국 반찬을 가져가는 일이 없도록 해야 한다. 중소기업 세일
즈맨으로 구성된 무역사절단이 아르헨티나를 방문했을 때 현지 대표적인 스테
이크 하우스에서 대소동이 일어난 적이 있었다. 다른 손님들이 고약한 냄새가
풍긴다고 웨이터에게 말했다. 식당측은 한국인들이 사용하고 있는 룸에서 김치
와 깻잎이 그 냄새의 진원지라는 사실을 발견했다. 대망신과 함께 예약했던 무
역관은 더 이상 그 식당을 출입하지 못한다는 통보를 받게 되었다. 장기 해외출
장을 떠나는 경우, 공항 면세점에서 볶음 고추장을 사가서 먹기 힘든 현지식사
를 할 때 적절하게 활용할 수 있다.

음식율법

유대인과 무슬림에게 음식율법은 종교적 신념과 가치관에 근거를 둔 이슈
이기 때문에 무척 중요하다. 그것을 대수롭지 않게 여기거나 장난을 치면 안 된
다. 중동에서 대형 건설 프로젝트를 수행 중이던 국내 기업이 발주처 인사들을
서울 고급 갈비집으로 초청했다가 할랄음식이 아니라는 사실을 확인한 손님들
이 채소류 반찬만 먹어야 했던 적이 있다. 한국 제조기업의 이스라엘 딜러는 본
사 직원들의 안내로 한식당으로 가서 코스 요리를 먹게 되었다. 나중에 고기가
나오기에 무엇인지 물었다. 한 사람이 왜 그러냐면서 되묻기에 그는 개고기를
먹고 싶지 않다고 했다. 그러자 모두 웃었다. 그에게 왜냐고 물었던 사람이 "개
고기는 지난 코스요리에서 이미 먹었다"라고 대답한 것이다.

유대인이나 무슬림을 식사에 초청할 때 그들이 음식율법을 위반하지 않도
록 각별히 신경을 써야 한다. 코셔르나 할랄음식을 엄격하게 지키지 않는다 해
도 보통 돼지고기 요리는 피한다. 돼지고기를 많이 사용하는 중식당은 예약 대
상에서 제외시키고, 한식당으로 초청할 때는 요리에 돼지고기가 들어가지 않는
메뉴를 주문하는 것이 상대방에 대한 예의다.

환담

문화권이 다른 나라에 갔을 때 그 곳 사람들이 금기시하는 것이 무엇인지 알아두어야 큰 실수를 피할 수 있다. 설령 외국인이라 해도 그 금기를 어긴 언행에는 관용이 베풀어지지 않는다. 식사 도중의 환담도 토픽 선정이 중요하다. 일반적으로 권장되는 토픽과 피하는 것이 좋은 토픽 그리고 문제의 언행을 소개해본다.

① 권장 토픽

• 날씨
• 스포츠: 골프, 야구, 축구
• 자신과 가족 이야기
• 상대방 외모, 의상, 헤어스타일 등에 호감 표시
• 뉴스: 현지, 국가, 국제 이슈
• 음식: 현지 음식과 한국 음식 차이
• 현지의 다가오는 공휴일과 휴가 계획
• 현지의 볼거리
• 양측 문화적 차이
• 현지인들에 대한 첫인상(긍정적인 면)
• 상대방의 한국 방문 경험

② 피해야 할 토픽

• 논쟁의 소지가 있는 정치, 전쟁, 종교, 동성애, 인권 등
• 상대방의 결혼이나 이혼 같은 사적인 내용
• 상대방의 외모, 의상, 헤어스타일 등에 대한 부정적인 묘사
• 상대방의 비즈니스 실패 또는 부진한 실적
• 자신의 종교적 신념
• 대인관계 문제

- 부정적인 코멘트, 타인 험담
- 자신의 건강문제
- 부진한 사업 실적
- 돈과 섹스

외국인과 공식적인 식사를 한다는 것은 토픽에서부터 내용, 적절한 어휘 사용, 표현 방식에 이르기까지 세심한 주의가 필요해서 익숙하지 않은 사람들에게는 쉽지 않은 일이다. 특히 정치, 경제, 산업, 군사, 문화, 스포츠 등 다양한 주제를 만나는 상대방의 분야에 맞춰 대화해야 하는 외교관 직업은 더욱 그러하다.

사례 4   외교관의 말실수

울판 아키바에서 행정업무를 담당하고 있던 캘리포니아 출신 도리뜨로부터 신임 외국인 대사의 말실수에 대한 이야기를 듣게 되었다. 그 대사는 이스라엘 지도자 한 명과 식사하면서 "유대인이 부럽다"라고 말했다. 상대방이 왜 그러냐고 묻자, 유대인들은 장사기술이 뛰어나서 돈을 잘 벌고 세계를 좌지우지하고 있지 않느냐고 대답했다. 유대인들은 그들이 세계를 좌지우지한다는 말을 무척 경계한다. 방랑역사 속에서 이런 표현 다음에 반유대주의 핍박이 뒤따랐기 때문이다. 그 대사의 나라에서는 실제로 유대인들의 음모론 같은 책들이 발간되어 판매되었다. 본인은 인사치레로 한 말이지만, 상대방은 그것을 매우 예민하게 받아들였다. 그의 판단 기준에 따르면 그 대사는 반유대주의자였다. 신임 대사가 주재국의 지도자로부터 그렇게 각인되는 것은 불행한 일이 아닐 수 없다. 그의 발언이 어학연수생인 저자의 귀에까지 들려왔으면, 좁은 이스라엘 사회에 얼마나 많이 퍼졌을까 하는 생각이 들었다.

팁

식당에서 식사를 마치고 계산서를 기다리는 시간이 오래 걸리는 경우가 있다. 일정이 급한 사람은 지나가는 웨이터에게 반복적으로 독촉하고 때로는 화를 내기도 한다. 다음 일정으로 인해 시간이 급한 경우 식사를 마칠 무렵에 미리 계산서를 준비해달라고 하면 된다.

틴제도는 문화권에 따라 다르다. 틴을 줘야 하는 문화권에서 식사를 한다면 미리 어느 정도의 틴이 적정한지 정보를 수집하는 것이 불필요한 과잉지출이나 체면손상을 피할 수 있다. 미국의 경우, 요즘 점심은 15%, 저녁식사는 20% 이상이다. 어떤 식당은 고객의 서비스 만족도에 따라 상중하 구분하여 퍼센티지를 17, 20, 23%와 같이 숫자로 정해놓고 체크만 하도록 하기도 한다.

틴 계산할 때 주의해야 할 사항이 두 가지 있다. 하나는 식대에 이미 틴을 포함시킨 경우가 있다. 해외에서는 계산서 내역을 세심하게 체크하는 습관이 권장된다. 다른 하나는 틴 계산할 때 세금은 제외하고 순수 식음료대를 근거로 퍼센티지를 계산한다는 점이다. 세금을 포함한 전체 금액을 기준으로 틴을 계산하는 사람들이 적지 않다.

끄쉬띠 모한센 지음, 김형준 & 최지연 옮김(2018). 힌두이즘. 한국외국어대학교
　　지식출판콘텐츠.

독일자동차산업협회(VDA: The German Association of the Automotive Industry)
　　구매조건 표준 양식(VDA Purchasing Conditions: Status 05.12.2002).

스와미 바스카라난다 지음, 이현숙 옮김(2016). 힌두이즘 이해하기. 한국학술정보.

이영훈(2012). 연구조사방법론. 청람

Al−Khatib, J. A., Robertson, C. J., Stanton, A. D., and Vitell, S. J. (2002).
　　Business ethics in the Arab Gulf states: a three−country study. International
　　Business Review, 11, 97−111.

Aydin, N. (2020). Paradigmatic foundation and moral axioms of ihsan ethics in
　　Islamic economics and business. Journal of Islamic Accounting and Business
　　Research. Vol. 11 No.

Bhawuk, D. P. S. (2008). Anchoring cognition, emotion and behavior in de−
　　sire: A model from the Bhagavad−Gita. In Rao, K. R., Paranjpe, A. C., and
　　Dalal, A. K., Handbook of Indian psychology. 390−413. Cambridge
　　University Press.

Brett, J. M. (2014). Negotiating globally. Jossey−Bassey.

Christian, O. (2006). Assumptions that affect our lives (5th edition). Ablaze
　　Publishing Company.

Friedman, H. H. (2001). The impact of Jewish values on marketing and busi−

ness practices. Journal of Macromarketing. Vol.21 No. 1, June, 74−80.

Goswami, U. (2002). Inductive and deductive reasoning in handbooks of childhood cognitive development (282−302). Blackwell Publishing.

Green, R. M. (1997). Guiding principles of Jewish business ethics. Business Ethics Quarterly, Vol. 7, Issue 1, 21−30.

Gudykunst, W. (1983). Uncertainty reduction and predictability of behavior in low−and high−context cultures: An exploratory study. Communication Quarterly, Vol. 31, No. 1.

Hall, E. T. (1973). The silent language. Anchor Books.

Hall, E. T. (1976). Beyond culture. Anchor Books

Hashim, M. (2012). Islamic perception of business ethics and the impact of secular thoughts on Islamic business ethics. International Journal of Academic Research in Business and Social Sciences. March, Vol. 2, No. 3.

Heit, E. & Rotello, C. M. (2010). Relation between inductive reasoning and deductive reasoning. Journal of Experimental Psychology, Vol. 36, No. 3, 805−812.

Hofstede, G. et al. (2010). Cultures and organizations. McGraw Hill.

Kim, D., Pan, Y., and Park, H. (1998). High−versus low−context culture: A comparison of Chinese, Korean, and American cultures. Psychology & Marketing, Vol. 15(6):507−521.

Kittler, M. G., Rygl, D., Mackinnon, A. (2011). Beyond culture or beyond control? Reviewing the use of Hall's high−/low−context concept. International Journal of Cross Cultural Management, II(I) 63−82.

Kohls, L. R. (1984). The values Americans live by. Meridian House International.

Lewison, M. (1999). Conflicts of interest? The ethics of usury. Journal of Business Ehtics 22: 327−339.

Lipson, H. A. (1962). Formal reasoning and marketing strategy. Journal of Marketing, October.

Meyer, E. (2014). The Culture map. PublicAffairs.

Muniapan, B. (2015). The Bhagavad−Gita and business ethics: A leadership perspective In Ura, D. K. & De Pablos, P. O., Asian business and manage− ment practices. Business Science Reference.

Pava, M. L. (1997). Business ethics: A Jewish perspective. KTAV

Pava, M. L. (1998). The substance of Jewish business ethics. Journal of Business Ethics 17: 603−617.

Peggy & Anna & Lizzie Post and D. Post Senning. (2011). Emily Post's Equitte. William Morrow.

Peggy & Peter Post. (2005). The etiquette advantage in business (2nd edition). William Morrow.

Peter Post. (2012). Essential manners for men. William Morrow.

Rabbi Joseph Telushkin. (2000). The book of Jewish values. Bell Tower.

Rabbi. Telushkin, J. (2000). The book of Jewish values. New York: Bell Tower.

Rokeach, M. (1968). Beliefs, attitudes and values. The Jossey−Bass.

Samovar, L. A., Porter, R. E., Mcdaniel, E. R., and Roy, C. S. (2013). Communication between cultures 8th edition. Wadsworth.

Tamari, M. (1997). The challenge of wealth: Jewish business ethics. Business Ethics Quarterly, Vol. 7, Issue 1, 45−56.

The Talmud: The steinsaltz edition. Volume IV. Tractate Bava Metzia Part IV. (1991). Israel Institute for Talmudic Publications and Milta Books. New York: Random House.

Walker, D., Walker, T., and Schmitz, J. (2003). Doing business internationally. McGraw−Hill.

CHAPTER 05 언어적 커뮤니케이션

　사회적 동물인 인간은 일상적인 생활이나 사회적 활동에서 커뮤니케이션을 피할 수 없다. 커뮤니케이션 과정은 말하는 사람이 자신의 생각을 언어와 비언어적인 수단으로 듣는 사람에게 전달하면, 청자는 그것을 수신하여 언어적인 의미와 의도를 인지한다. 이런 소통 과정은 IT용어인 Encoding(암호화)과 Decoding(해독)에 비유되기도 한다. Encoding은 송신자가 전달 메시지를 언어와 행동으로 암호화시키는 것이고, Decoding는 수신자가 그 메시지를 해석하는 것이다. 이때 암호화된 메시지와 해독 메시지의 내용이 일치하지 않는 문제가 발생한다. 언어와 문화가 다른 외국인과의 비즈니스 커뮤니케이션에서 특히 주의해야 할 사항이다.

　글로벌 세일즈맨이 갖추어야 할 역량에서 빠뜨릴 수 없는 것이 커뮤니케이션 역량이다. 외국 고객이나 거래처를 상대로 세일즈 활동을 하려면 그들과 소통할 수 있는 외국어 구사력뿐만 아니라 대인 커뮤니케이션 스킬이 필요하다. 상대방의 감정과 의도를 알아내고 자신의 대답에 대한 내용과 시간에 대해 적절하게 결정할 수 있는 능력을 교육과 경험으로 익혀야 한다.

　이 장은 언어적 커뮤니케이션 개념, 설득적 커뮤니케이션 방법, 상대방 메시지의 이해, 그리고 비즈니스 커뮤니케이션을 다룬다.

01 커뮤니케이션 이해

사람들은 언어와 비언어적 수단으로 자신의 의사를 전달하고 상대방의 메시지를 해석한다. 언어적 커뮤니케이션은 말과 글을 통하여 말하기, 듣기, 읽기 그리고 쓰기로 이루어진다. 그런데 커뮤니케이션에서 언어적인 요소가 차지하는 비중은 극히 낮다.

심리학자 메라비언(Albert Mehrabian) UCLA 교수에 의하면, 사람이 말할 때 상대방은 그 메시지를 이해하기 위해 단어, 음성 및 시각에 의존하는데 각 요소별 비중은 7%, 38%, 55%이다. 그의 이러한 주장은 많은 사람들에 의해 인정받고 있으며, 7-38-55% 룰로 불리고 있다. 약 90%가 비언어적인 요소에 의해 커뮤니케이션이 이루어진다는 것은 상대방을 보면서 대화를 나눌 때와 보지 않는 상태에서 음성만으로 대화할 때와의 의미 이해 차이에서 공감되는 부분이다. 특히 외국어로 진행하는 면대면 대화와 전화 통화의 메시지 이해 차이는 더욱 크게 벌어진다.

커뮤니케이션 종류

커뮤니케이션 종류는 <표 1>과 같이 면대면, 전화통화, 서한, 이메일, 표정과 제스처 등과 같이 세부적으로 구분된다. 이 중에서 세일즈맨이 비즈니스 상담이나 협상할 때 부딪치는 면대면 커뮤니케이션에 집중하여 알아본다.

표 1 커뮤니케이션 종류

구분	수단	메시지 형태	커뮤니케이션
언어	말	말하기/듣기	면대면 대화, 전화통화, 컨퍼런스 콜
	글	읽기/쓰기	서한, 이메일, 팩스, 온라인 소통
비언어	음성	톤(tone), 리듬, 속도, 유사 음성	말 더듬, 목소리 높낮이 급변, 말 속도 변화(빨리 또는 느리게), 고함/극저음, 웃음, 헛기침
	비음성	신체적 움직임, 신체적 반응, 외관	몸 동작(서있는 자세, 고개 끄덕이기), 상대방과의 간격, 신체적 접촉, 표정 변화, 작은 동작(눈맞춤, 표정), 복장과 장식

면대면 커뮤니케이션은 참여자들이 상대방 입장을 더 잘 이해할 수 있도록 해주기 때문에 비즈니스 상호작용에서 매우 중요하다. 이 형태의 커뮤니케이션는 양방향으로 진행된다. 한 사람이 말하면 다른 사람은 그 말을 듣고 반응한다. 따라서 메시지를 보내는 사람은 상대방이 정확하게 알아들을 수 있도록 정보를 체계적으로 정리할 뿐만 아니라 비언어적인 행동으로 전달해야 한다. 커뮤니케이션 실패의 큰 이유가 상대방의 이해를 깊게 고려하지 않고 말하는 자신의 관점에서 일방적으로 메시지를 보내기 때문이다. 커뮤니케이션 역량이 뛰어난 세일즈맨은 자신의 말에 대해 상대방이 어떠한 반응을 보일 것이라는 계산을 하고 메시지를 보낸다.

커뮤니케이션 메커니즘

한 사람의 머리 속에 들어 있는 아이디어를 상대방과 공유하는 언어를 통하여 전달하는 것은 컴퓨터 소프트웨어 개발자들이 사용하는 코드와 다를 바가 없다. 상대가 기계장치냐 인간이냐의 차이인 것이다. 개발자가 잘못된 코드를 입력하면 결과가 원하는 대로 나오지 않듯이 면대면 커뮤니케이션에서 말하는 사람의 메시지 내용과 전달 방식이 올바르지 않으면 상대방은 그 코드를 제대로 이해할 수 없다. 그래서 <그림 1>과 같은 커뮤니케이션 메커니즘에서 메시지 전달을 암호화(Encoding), 수신을 해독(Decoding)으로 비유한다.

그림 1   커뮤니케이션 메커니즘

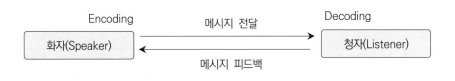

면대면 커뮤니케이션은 언어적 요소인 발언, 질문, 목소리 조정 등과 비언어적 행동인 표정, 제스처 및 자세 등을 포함하기 때문에 상호작용 과정에서 감성적인 정보도 많이 오간다. 이 중에서도 언어적인 커뮤니케이션은 다음 세 가

지 채널로 진행된다.

① 사실 기반: 상대방에게 정보의 중요성을 데이터 분석과 해석으로 설명

② 감정 활용: 어떤 사항에 대한 느낌을 상대방과 공유, 일화에 대한 느낌 공유

③ 심볼 활용: 노련한 대화자는 상대방에게 깊은 의미가 있는 시, 노래, 로고, 상, 행사 등을 인용하여 활용

효과적인 언어적 커뮤니케이션을 위해서는 상대방과 윈윈할 수 있는 공동 이익 창출 방안을 찾아서 논리와 감성적으로 연결하고 생생한 언어로 신뢰를 구축해나가는 것이 중요하다. 이를 위해서는 일반적으로 사람들이 청각보다 시각적인 메시지를 더 선호하고 적절한 시점에 상대방에게 질문을 던지는 방법도 사용할 수 있다. 세일즈맨이 제품을 판매하는 상황인 경우, 처음에 부드럽게 시작하는 것이 효과적이다. 간혹 결의에 찬 표정으로 처음부터 거래성사를 위해 적극적으로 접근하는 사람들이 있다. 자칫 상대방이 강매당한다는 느낌을 받을 수 있기 때문에 부드럽게 시작하여 차츰 주장과 설득을 강화해나가는 것이 바람직하다.

면대면 언어적 커뮤니케이션은 두 사람이 한 짝이 되어 상호작용하는 순서를 뜻하는 인접쌍(Adjacent pairs) 메커니즘으로 진행된다. 이는 한 사람이 질문하면 다른 사람이 그 질문에 대한 대응행동으로 대답한다. 이때 대답은 질문에 따라 그 내용이 정해진다. 화자의 질문을 청자가 어떻게 인지하는지 그리고 어떤 행동을 하는지에 따라 상호작용의 방향과 내용이 결정된다는 것이다. 이는 질문의 형식, 내용 및 표현 방식이 상호작용에 영향을 미친다는 것을 설명해준다.

상대방을 설득하는 최고의 비결은 신뢰를 얻는 것이다. 신뢰성이 낮은 사람의 말보다 높은 사람의 말이 더욱 설득적이라는 인식은 고대 그리스 시대의 아리스토텔레스 때부터 현대까지 내려오고 있다. 상대방으로부터 신뢰를 받기 위해서는 다음과 같은 요건을 갖추어야 한다.

① 전문성(Expertise): 자신의 지적·물질적 성취, 타인의 존경, 학위 등이 뒷

받침

② 신뢰성(Trustworhthiness): 약속이나 신뢰를 지키는 행동으로서 진실, 정
　의, 명예, 윤리, 정직을 연상. 요즘은 전문가만으로는 존경을 받지 못하
　는 나쁜 사례들이 많기 때문에 설득력에서 차지하는 신뢰성의 비중 증
　가 추세

③ 호의(Goodwill): 상대방에게 마음 속의 호의가 보여야 한다. 거짓이나 흉
　내는 상대방도 대번에 알아차린다.

커뮤니케이션 스타일

　사람들은 각자 말하는 방식이 있다. 상대방을 적대시하여 공격적인 사람이
있는가 하면, 항상 우호적으로 말하는 사람이 있다. 어떤 사람은 독백 수준으로
혼자 떠들지만, 그런 대화에 적극적으로 참여하지 않고 분위기에 순응하는 사람
도 있다. 문화가 다른 외국인들과 대화를 나누거나 그룹 미팅에 참여할 때 커뮤
니케이션 스타일은 다른 사람들의 감정에 영향을 미칠 수 있다. 의사전달 표현
의 차이나 참여 태도와 관련된 사례를 소개해본다.

사례 1　**문화권별 커뮤니케이션 충돌**

　시카고, 텔아비브, 홍콩 그리고 프랑크푸르트에서 진행되고 있던 Kellogg
International Executive MBA 과정 학생들이 시카고 노스웨스턴대 켈로그경영대
학원에서 다 함께 모여 2주간 4과목 수업을 진행할 때의 일이다. 미국, 아시아, 중
동, 유럽에서 모인 200명 이상의 성인 학생들은 교육 프로그램에 따라 과목별 소
그룹으로 세분화되어 토론하는 기회도 있었다.

　텔아비브대학교에서 나와 함께 이 과정을 이수하고 있던 미국출신 유대인 여변
호사는 팀 토론을 마치고 상기된 얼굴을 한채 집체 교육장으로 되돌아왔다. 그와
같은 팀이었던 대만인이 토론 내내 말 한마디 하지 않고 무임승차했다고 그렇게
화가 나 있었다. 그로부터 며칠 뒤 집체교육장에서 독일에서 온 스위스인 여성은
팀 토론 때 이스라엘인이 그에게 매번 지시하듯이 명령조로 이야기했었다면서 분

기탱천했다. 저자는 이스라엘인의 말투에 스위스인이 화가 난 이유를 충분히 이해할 수 있었다. 그러나 대만인이 그룹 토의에 참여하지 않는다고 해서 화를 억누르지 못한 이스라엘인의 반응은 의외였다. _____

이런 충돌은 문화가 다른 사람들간의 면대면 커뮤니케이션에서 흔하게 발생할 수 있다. 따라서 다른 사람들을 상대로 미팅이나 협상을 해야 하는 사람은 평소 자신의 커뮤니케이션 스타일을 한번쯤 냉철하게 평가해보고 외국인들과의 대화에 개선해야 할 사항이 없는지 살펴볼 필요가 있다. 그러한 평가에 활용할 수 있도록 노어턴(Robert Norton, 1983)은 사람들의 커뮤니케이션 스타일을 9가지로 구분했다.

표 2 커뮤니케이션 스타일

스타일	커뮤니케이션 특성
지배적	대화의 중심이 되고자 하는 성향으로 목소리가 크고 혼자 떠든다.
극적인	자신의 메시지를 과장하는 경향이 있고 비언어적 커뮤니케이션을 잘 사용한다
논쟁적	싸우듯이 자극적인 표현으로 자기주장을 내세우고 상대방 주장을 반박한다.
역동적	활발한 제스처로 상대방 관심을 끌어 열정을 전달하는 경향이 강하다.
신중한	말 수가 적고 적절한 어휘로 천천히 말함으로써 상대방으로부터 신뢰를 얻는다.
주의하는	눈맞춤, 적절한 표정 변화, 자세 변동 등으로 상대방에게 경청하는 신호를 보낸다.
인상적인	현란한 의상, 헤어스타일/장식물로 다른 사람들에게 강한 인상을 주고 싶어한다.
개방적인	다른 사람에게 쉽게 다가가서 거리낌 없이 자유롭게 대화한다.
우호적인	다른 사람에게 자주 미소를 짓고 즐거워 보인다.

02 아리스토텔레스 수사학

수사학이란 문자적 의미로는 말을 꾸미는 것이지만, 실제적 의미는 화자가 청자에게 말을 정확하고 간결하게 전달하여 상대방으로부터 공감을 얻어내도록 하는 커뮤니케이션 방법론이다.

2,400년 전 약 1천 개의 도시국가가 존재하던 그리스 전역은 크고 작은 일들이 시민 전체, 시민 대표기구인 의회와 위원회 그리고 법정의 시민배심원들에

의해 논쟁과 토론 과정을 거쳐 다수결로 결정되었다. 이러한 시대적 상황은 자신의 생각을 다른 사람들에게 효과적으로 표현하고 그들을 설득시키는 기술이 필요했다. 당시 그러한 기술을 당시 소피스트들이 제공했다. 그런데 그들은 정의나 윤리적인 측면을 무시하고 오로지 청중의 감정만 부추켜 그가 의도하는 대로 논리를 끌고 가면서 돈벌이에 급급함으로써 사회가 불신으로 가득 차게 만들었다.

아리스토텔레스는 사람들 앞에서 말하는 화자는 도덕적이어야 하고, 그의 주장은 청중의 감정에만 호소하는 것이 아니라 논리적으로도 증명되어야 한다고 주장했다. 이는 그의 저서 『수사학』의 핵심이다. 그리고 그가 강조한 로고스, 파토스 그리고 에토스는 오늘날까지 설득의 방법으로 널리 활용되고 있다. <표 3>에 소개된 아리스토텔레스 설득의 3원칙을 바이어 상담에 어떻게 활용할 수 있는지 하는지 알아본다.

표 3 아리스토텔레스 설득 3원칙

구분	의미
로고스(Logos)	이성: 화자의 논리(Informative)
파토스(Pathos)	감성: 청자의 공감(Persuasive)
에토스(Ethos)	도덕성: 화자에 대한 신뢰성(Decorative)

로고스

화자가 청자를 설득하기 위해서는 자신의 주장을 논리직으로 증명을 해야 한다. 증명이 없는 주장은 상대방의 공감을 얻지 못하기 때문에 자기 혼자만의 생각일 뿐이다. 가령, 세일즈맨이 판매하고자 하는 제품의 우수성을 설명할 때는 왜 그것이 우수한지에 대한 정보를 함께 제공해야 한다. 우수성을 증명해주는 기술적인 테스트 결과, 해당분야의 공인기관으로부터 받은 품질우수상, 전문가의 공개적인 평가, 고객들의 인터넷 사용후기와 같은 제3자로부터의 인정이 필요하다. 글로벌 브랜드제품은 브랜드 그 자체로 품질 인정을 받지만, 브랜드

인지도가 낮은 기업은 바이어를 어떻게 하면 효과적으로 제품 우수성을 설득시킬 수 있을지 논리적 증명을 찾아야 한다. 상대방은 왜 우수한지 그 근거에 대한 설명을 듣고 싶은데, 근본적인 설명은 하지 못하고 겉도는 말만 한다면 거래 성사를 기대하기 어렵다. 아쉽게도 적지 않은 세일즈맨들이 로고스에 취약하다.

사례 2 글쎄, 우리 제품이 최고라니까!

자사 제품의 품질이 최고라고 자부심을 가지고 있는 기업인들을 만난다. 폐비닐을 재활용하여 고무물통을 만드는 기계를 팔러온 기업인이 카사블랑카 바이어의 기술적인 질문에 말문이 막히자 다짜고짜 자리에 벌떡 일어서서 그에게 손가락질을 하면서 이렇게 말했다.

"이 사람, 정말 아무것도 모르네. 우리 제품이 세계에서 최고라니까!"

그 상담을 주선하고 통역자로 함께 자리에 앉았던 저자는 무척 당혹스러웠다. 오래전의 사례로 기억해왔는데, 그로부터 약 20년이 지난 시점에 또다시 비슷한 경험을 했다. 시카고무역관으로 부임하기 전 지사화사업에 참여하고 있는 기업인을 찾아갔다. 그는 샘플 프라이팬을 보여주면서 밑바닥이 두껍고 코팅이 견고하며 외부를 빨강, 노랑, 초록색으로 페인팅하여 예쁜 모양새를 장점으로 내세웠다. 그러나 현지 바이어에게 객관적으로 제시해줄 만한 어떤 데이터나 고객평가 같은 것이 있는지 물어보았지만, 그런 것은 없었다. ─────────────

파토스

화자가 청자를 설득할 때 이성뿐만 아니라 감성을 활용할 수 있다. 때로는 사람들이 상대방의 주장에 대해 이성적으로는 수긍하지만, 감성적으로 끌리지 않아서 수용하지 않는 경우도 있다. 세일즈맨들은 대부분 바이어에게 감성적으로 접근하기 위해 각자의 방식대로 많은 노력을 기울인다. 미팅할 때 토산품이나 자녀 선물 준비, 식사 초대, 상대방에 대한 존경심 표현, 취미나 스포츠의 공동 관심사 발견 등이 그러한 노력에 포함된다. 거래를 제안할 때 논리적인 설명과 함께 바이어로부터 공감을 얻고 그가 행동할 수 있도록 동기를 부여하는 표현을 사용한다.

모로코 인광석 수입 에이전트

모로코는 비료원료로 사용되는 인광석 생산국이다. 한 대기업의 미국법인장은 그 인광석을 국내 비료생산 기업에 수출 중개를 원했다. 인광석은 현지 전직 검찰총장이었던 유력인사의 도움으로 확보하고, 그는 국내 수입시장 발굴에 집중했다. 그의 감성적인 영업활동은 남달랐다. 그는 비즈니스 파트너와 주변인들로부터의 호감을 사기 위해 주로 선물을 활용했다. 근무지 뉴욕에서 카사블랑카로 올 때마다 만나게 될 사람들에게 줄 선물을 개인별 맞춤형으로 준비해왔다. 카사블랑카에서 서울로 들어갈 때도 거래처 사람들의 연령과 취향을 고려하면서 현지 토산품 가게에서 한 점씩 정성들여 골랐다. _____

에토스

아리스토텔레스는 소피스트들이 청중들에게 무책임한 수사로 그들의 감정을 사로잡는 것을 비윤리적인 선동으로 간주하고, 화자는 청중으로부터 신뢰를 얻어야 한다고 생각했다. 화자의 신뢰는 그의 평소 언행, 전문성, 직위나 명성 등에 의해 결정된다. 종교 지도자의 강론, 전문가의 제품 호평 또는 국가 현안에 대한 대통령의 의견 발표가 일반인의 행위보다 훨씬 더 관심을 끌고 설득력이 높은 것과 마찬가지다. 따라서 기업들은 권위있는 전문가로부터의 제품 평가를 잘 활용한다.

사례 4 중소기업의 미국 화학교수 권위 활용

1장에서 소개된 국내 플라스틱 파이프 제조기업 PPI는 미국 정부가 요구하는 플라스틱 파이프 관련 성능 테스트를 통과하고, 물 관련 위생인증마크를 모두 획득했었다. 미국 시장으로 진출하는 데에 아무런 기술적인 문제는 없음에도 불구하고, CEO는 적지 않은 비용이 들어가는 자사제품의 물성검사를 미국 유명공대 화학교수에게 다시 의뢰하는 결정을 내렸다. 그가 얻은 테스트 결과를 플라스틱 전문전시회와 병행하여 개최되는 세미나에서 그로 하여금 발표하게 했다. 사람들은 제조 당사자가 아닌 그 분야에서 전문성을 인정받는 제3자의 평가에 더 많이 귀를 기울이기 때문이다. 플라스틱 파이프의 수명과 직결되는 강도, 탄력성 그리고

인장력에 관한 테스트 결과가 세계 시장에 판매되고 있는 어떤 제품과도 비교할
수 없을 정도로 우수하다는 것이 발표되자 그 정보 전파는 순식간에 퍼져나갔다.
당장 미국 최대 플라스틱 파이프 제조사 CEO가 임원진과 함께 PPI전시부스를 찾
아와서 제품에 관한 구체적인 정보를 수집해갈 정도였다. _____

아리스토텔레스는 상대방을 설득할 때 세 가지 원칙을 내세웠지만, 설득전
문 심리학자 로버트 치알디니(R. B. Cialdini) 애리조나주립대 교수는 6가지가 필
요하다고 주장한다. 그는 3년 동안의 현장 연구를 토대로 <표 4>와 같은 설득
원칙을 제시했다.

표 4 치알디니의 설득 6원칙

원칙	근거
상호성	사람들은 누군가에서 받는 것이 있으면 뭔가 되돌려줘야 한다는 마음의 빛을 가진다.
권위	사람들은 평범한 사람보다 전문가, 직위나 명예가 높은 사람의 언행에 더 많은 관심을 기울인다.
희귀성	사람들은 제한된 자원일수록 소유욕구가 더욱 강해진다.
호감도	사람들은 자신에게 호감을 주는 상대방에게 긍정적으로 반응한다.
일관성	사람들은 일관된 언행을 좋아한다.
사회적 증거	사람들은 어떤 행동을 결정할 때 사회적 규범을 살펴본다.

03 Encoding

커뮤니케이션의 목적은 상대방과의 의사소통이다. 이를 위해서는 말하는
사람의 메시지가 상대방에게 정확하게 전달되어야 한다. 상대방이 그 메시지를
달리 해석하면 그 커뮤니케이션은 잘못된 것이다. 세일즈맨이 바이어를 상대로
제품 설명, 거래 제안 그리고 자기 주장을 성공적으로 행하기 위해서는 언어와
비언어적인 요소를 동원하여 메시지를 효율적으로 전달하도록 해야 한다. 면대
면 비즈니스 미팅을 가정하여 단계별 커뮤니케이션 행동 유의 사항을 알아본다.

설명

세일즈맨이 바이어에게 제품에 대해 설명할 때는 품질 우수성, 고객반응, 경제적 효과 등에 대해 구체적인 메시지를 설득력 있게 전달해야 한다. 이때 제공하는 정보가 부실하고 객관적이지 않다면 상대방으로부터 신뢰를 얻기 어렵다. 바이어와의 상담 경험 유무를 떠나 세일즈맨은 제품에 대한 자신의 설명이 얼마나 설득적인지 데이터의 신뢰성과 정보의 객관성을 스스로 평가해볼 필요가 있다.

제안

세일즈맨은 바이어에게 제품설명을 마치면 거래를 제안한다. 이때 본인이 원하는 최소주문량, 가격, 대금결제조건, 환율 적용기준, 운송·보험조건, 딜리버리 조건, A/S여부 등에 관한 정보가 제시돼야 한다. 상대방 요구에 대해서도 현장에서 즉시 대응할 수 있어야 진지한 상담이 진행된다. 그런데 이 단계에서 자연스럽지 못한 세일즈맨들이 있다. 제안을 잘못하면 상대방이 메시지를 잘못 이해할 수 있고 때로는 신뢰를 잃어서 거래 자체를 어렵게 만든다.

질문

질문은 커뮤니케이션에서 가장 강력한 도구 중의 하나로서 인간의 인지와 학습을 구조화시켜주고 태도와 행동의 성과에 큰 영향을 미친다. 고대 그리스인들은 질문을 교육의 근본적인 요소로 인식하고, 사람들의 비판적 사고와 깊은 이해를 자극하기 위해 두 사람이 서로 묻고 대답하는 대화과정을 교육 방법으로 삼았다. 이스라엘 초정통파 유대인들도 이런 방식으로 두 사람이 마주 앉아 토라에 대한 자신의 해석을 주장하면 상대방이 그것에 대해 반박하면서 비판적인 사고력을 높인다.

사람들이 질문을 하는 목적은 두가지가 있다. 하나는 상대방으로부터 정보를 얻기 위함이고, 다른 하나는 대화를 통제하기 위함이다. 언어인지학자 스타이버(Tanya Stiver)가 10개 언어권에서 사용하는 질문과 대답의 유형에 관한 데이터를 수집하여 분석한 결과, 질문의 목적이 정보수집은 43%, 상대방과의 대화를 통제하기 위함이 57%였다.

상대방 대화를 통제하는 커뮤니케이션은 비즈니스 현장에서 자주 통용된다. 예를 들면, 딜러에게 불만을 표현하고자 할 때나 고객 혜택을 설명하고자 할 때, 관련된 질문으로 시작한다. 본인이 원하는 정보의 형태에 관한 기대를 상대방에게 먼저 전달하는 것이다. 대화를 주도하고자 할 때도 말하고자 하는 내용보다 자신의 의도를 내비치는 질문을 먼저 던져놓고 그 대화에서 입장을 굳힌다.

상대방으로부터 정보를 얻기 위한 질문 중에는 왜(Why)로 시작하는 형식이 많이 있다. 예를 들면, "왜 그렇게 했는지?"나 "왜 그렇게 생각하는지?"로 묻는다. "왜"라는 말에는 많은 의도가 포함된다. 상대방의 행동에 대해 불만이 있을 때, 그의 눈을 바라보면서 정색하여 나즈막한 목소리로 "왜 그렇게 했는지 설명해줄 수 있느냐"라고 물어보라. 그 말과 목소리에 벌써 불만과 책망의 의도가 내포되어 있다는 메시지가 전달된다. 상대방이 변명을 늘어놓으면, 다시 "왜 그렇게 생각하셨어요?"라고 묻는다. 이는 흥분하여 호통을 치고 고함을 내지르는 것보다 훨씬 더 프로다운 커뮤니케이션 방식이다.

질문의 형태는 폐쇄형과 개방형이 있다. 폐쇄형 질문은 육하원칙의 관점에서 보면 누가, 무엇, 언제, 어디서와 같이 대답이 특정 대상으로 한정되거나, "예" 또는 "아니오"로 짤막한 대답형태가 특징이다. 예를 들면, "그 제품을 언제 구입하셨습니까?"라는 질문을 하면, 상대방은 구체적인 시점만 말하게 된다. 반면, 개방형 질문은 답변자의 선택 폭이 넓고 대답에 제한이 없다. 보통 육하원칙의 어떻게 또는 왜로 시작된다. 예를 들면, "이 제품이 풍기는 이미지가 어떻습니까?"라는 질문을 하면, 상대방은 자신의 느낌을 자유롭게 기술한다. 비즈니스 커뮤니케이션에서 명확한 정보가 필요할 때는 폐쇄형으로 하지만, 상대방의 의도를 알고자 할 때는 개방형이 효과적이다.

주장(Assertion)

유대인 현자 랍비 힐렐(Hillel)은 다음과 같은 어록으로 유명하다.

"내가 나 자신을 위하지 않는다면, 누가 나를 위해줄 것인가? 네가 싫어하는 것을 다른 사람에게 하지 마라. 이것이 토라의 전부다."

영어 Assertion은 상대방 권리를 존중하면서도 자신의 권리를 내세우는 주장을 의미한다. 상대방을 공격하는 행위가 아니고 자신의 느낌, 의견 또는 욕구에 대한 솔직한 표현이다. 그러나 자기 주장을 강하게 내세우다 보면 그것이 상대방의 마음을 언짢게 하거나 화나게 해서 대화의 흐름에 악영향을 줄 수 있다. 이는 많은 사람들이 자기 주장을 적절하게 조정하는 이유이기도 하다.

주장은 자신의 이익과 상대방과의 관계 중 어느 쪽을 더 큰 비중을 두는지 개인의 성향에 따라 그 완고함의 정도가 결정된다. 동·서양문화의 차이를 보면, 동양에서는 관계를 중시하여 충돌의 위험이 따르는 자기 주장을 조절하는 반면, 서양에서는 상대방과의 관계보다 개인 이익이 우선하기 때문에 자기 주장을 강하게 내세우는 경향이 있다. 미국 협상 강의실에서도 자기 주장이 강한 사람이 그렇지 못한 사람보다 더 존경받고 협상의 성과도 더 크다고 옹호한다. 상대방과의 미래 관계를 위해 현재 자신의 권리를 쉽게 포기하는 세일즈맨은 좀 더 자기 주장을 강하게 내세울 필요가 있다.

자신의 권리를 고수하기 위해 다음과 같은 방식을 참고할 수 있다.

- 기본적인 주장: 말하고 있는데 상대방이 도중에 끼어들 때, "실례합니다만, 말하고 있는 중이니 끝마치게 해달라"라고 하는 것과 같은 단순한 권리 표현이다. 이런 상황에서 속이 상하지만 말을 중단하는 사람이 있고, 자기 권리를 주장하는 사람으로 성향에 따라 나뉜다.
- 공감적 주장: 세일즈맨의 공급가격 인상 통보에 딜러가 불만을 분출할 때, "나도 당신 입장을 충분히 이해한다. 그러나 원가 상승 때문에 본사도 어쩔 수 없는 상황이다"라는 식으로 상대방의 입장에 공감하면서 메시지는 그대로 전달하는 방식이다.

- 설득적 주장: 상대방이 분노하여 고함을 지르면서 윽박지를 때, 조용하게 "당신이 그렇게 하니, 주눅이 들어 말을 할 수가 없다. 조금만 목소리를 낮추어 말해주면 좋겠다"라고 정중하게 요청한다. 보통 상대방이 흥분해 있을 때 일정 시간 동안 아무런 대꾸를 하지 않고 혼자 폭발하도록 놔두는 것이 상책이다. 어느 정도 시간이 지나고 나면 대응한다.

강화(Reinforcement)

강화로 번역되는 Reinforcement는 심리학 용어로 다른 사람에게 어떤 자극을 주어서 행동의 변화를 유도한다는 의미다. 동물행동에 비유하면, 강아지를 훈련시킬 때 "앉아", "스톱"이라는 말을 강아지가 따라 할 때마다 보상으로 간식을 던져줌으로써 나중에는 간식이 없어도 "앉아" 또는 "스톱"이라는 말에 반응하는 것과 같다.

커뮤니케이션 스킬의 핵심요소인 강화는 다른 사람과 커뮤니케이션을 잘하는 사람과 그렇지 못한 사람을 구분하는 기준이 되기도 한다. 신규 바이어나 기존 거래처를 원하는 의도대로 이끌고 가는 데에 참고할 수 있는 강화는 세 가지 유형으로 나뉜다.

① 강화의 세 가지 유형

- 긍정적 강화: 대화 도중에 칭찬, 고개를 끄덕이면서 공감 표현으로 상대방 커뮤니케이션을 촉진시키거나 거래 도중에 목표를 초과 달성한 세일즈맨이나 딜러에게 승진 또는 금전적 보상을 제공하는 것이다.
- 부정적 강화: 판매 실적이 부진한 세일즈맨이나 딜러가 분발하도록 정기회의 때마다 그냥 넘어가지 않고 지적함으로써 다른 사람들 앞에서 창피를 당하지 않도록 변화를 유도하는 것이다.
- 벌칙적 강화: 판매목표를 크게 미달한 딜러에 대한 인센티브 삭감 조치로 행동 변화를 유도하는 것이다.

이 같은 강화는 바람직한 행동이나 원하지 않은 행동 결과가 확인되었을 때 즉각적인 조치가 효과적이다. 문화가 다른 외국인들과 대화를 하거나 함께 일을 할 때도 마찬가지다. 거래처, 사무실, 공장에서 함께 일하는 사람들 중 지켜야 할 규칙을 위반하는 경우, 그것에 대해 어떻게 해야 하는 것이 효과적인 강화조치인지를 생각해봐야 한다. 이런 상황에 처한 한국인들의 대응은 세 가지 유형으로 나타난다.

② 한국인의 강화조치

- 즉각적인 대응: 잘못된 행위를 발견하는 즉시 지적하는 관리자나 세일즈맨이 있다. 이는 부정적인 강화 조치로 필요하지만, 지나치면 너무 세세한 것까지 간섭하는 잔소리가 될 수 있다.
- 우회적인 대응: 당사자에게 잘못된 행위를 지적하지 않고 집단 구성원 전체를 대상으로 경고한다. 이 경우 그 당사자의 체면은 덜 손상되지만, 다른 사람들에게 얼마나 부정적인 강화효과가 있을지 의문이다. 개인에 대한 벌칙적인 강화조치를 고려할 필요가 있다.
- 대응 지연: 잘못된 행위를 발견하고도 아무런 반응을 보이지 않고 속으로 참는다. 그 당사자는 자신의 행동이 잘못됐다고 인지하지 못하기 때문에 같은 행동이 반복되고, 그것을 발견하는 사람은 불만이 누적된다. 어느 순간 그 불만이 감정과 함께 폭발하여 당사자에 대한 폭언이나 인사조치 등과 같이 반응이 나온다. 이는 자칫 법적인 문제로 비화될 수 있어 조심해야 한다.

글로벌 시대에 다른 문화권 출신의 사람들과 함께 일해야 하는 사람들은 긍정적인 강화를 위한 언행도 중요하지만, 부정적 또는 벌칙적인 강화 스킬을 익혀야 한다. 상대방 체면과 팀워크를 위해 선의로 인내하는 것만이 능사가 아니라는 사실에 좀 더 주의를 기울일 필요가 있다.

04 Decoding

경청

악마는 디테일에 숨어 있다. 상대방의 메시지를 해독하려면 우선 잘 들어야 한다. 그렇게 하려고 해도 경청에는 장애물이 두 가지 있다.

첫째, 우리 뇌의 구조다. 연구 결과에 의하면, 사람들이 말을 하는 속도는 분당 120단어인 반면, 듣는 속도는 분당 480단어다. 이는 우리 뇌가 1분에 480 단어까지 달려가는데 귀에 들려오는 상대방 말의 속도는 120단어 밖에 되지 않는다는 의미다. 매분 360단어의 속도 차이는 뇌를 지치게 해서 잠시 다른 사고의 대상으로 외출하게 만든다. 즉, 상대방의 말에 집중하지 못하고 다른 생각을 하게 된다는 것이다. 청자는 뇌의 이러한 외도를 스스로 단속하도록 해야 한다.

둘째, 외국어 소통능력의 한계다. 영어나 중국어와 같은 외국어를 원어민처럼 알아듣고 말할 수 없다면 자신의 의견을 상대방에게 전달하고 상대방의 언어적·비언어적 메시지를 완벽하게 이해하기가 더욱 어렵다. 언어소통이 원활하지 않는 사람이 중요한 협상을 한다면 통역원의 도움을 받는다. 통역원의 도움을 받든 본인이 직접 대화를 하든 유의해야 할 점은 명확하게 이해가 안 되는 용어나 문장이 있으면 그것을 명확하게 해야 한다는 것이다. 외국인과의 커뮤니케이션에서 메시지 Encoding과 Decoding이 일치하지 않는다는 현실을 직시하고 대응책을 강구해야 한다.

효과적인 커뮤니케이션은 단순히 상대방에게 메시지를 전하고 상대방 메시지를 받아들이는 것만으로는 충분하지 않다. 상대방 말에 귀를 기울일 뿐만 아니라 다음과 같은 적극적인 경청 자세도 필요하다.

• **상대방이 말할 때 집중한다.**

집중은 귀로만 열심히 듣는 것만으로는 부족하다. 상대방을 향해 자세를 앞으로 굽히고 상대방과의 눈맞춤을 하는 비언어적 행동도 필요하다. 이는 상대방에 대한 커뮤니케이션 에티켓이다. 이렇게 진지한 태도로 상대방이 하는 단어나 문장의 문자적인 의미는 물론이고 행간의 뜻도 놓치지 않도록 그의 표정, 목소리 톤, 제스처를 함께 살펴봐야 한다. 그래야 상대방이 전달하고자 하는 메시지 의미를 정확하게 이해할 수 있고, 그것을 토대로 합리적인 판단과 대응을 할 수 있기 때문이다.

• 열린 마음으로 듣는다.

자신의 관심이나 입장과 다르다고 해서 상대방의 메시지 수신을 거부하는 사람들이 있다. 자신의 관점에서 상대방의 제안이나 의견이 잘못됐다는 식으로 예단하여 귀를 막는 행동은 올바른 커뮤니케이션 행동이 아니다. 설사 비현실적인 제안이라 하더라도 끝까지 듣고 나서 자신의 의견을 제시하는 것이 바람직하다.

• 도중에 말을 끊지 않는다.

간혹 상대방이 말을 하고 있는데 불쑥불쑥 끼어드는 사람이 있다. 특히 서양인들과 대화할 때 상대방 말을 끊지 않도록 각별한 신경을 써야 한다. "미안하지만, 내 말을 끝맺게 해달라"는 식으로 정중하게 말하지만, 속으로는 무척 불쾌하게 생각한다.

• 긍정적인 반응을 보인다.

커뮤니케이션은 기본적으로 쌍방의 상호작용 과정이다. 한쪽이 말을 끝내면 상대방이 반응을 보여야 한다. 바이어가 말을 하면 묵묵히 듣기만 하는 것보다 적당한 시점에 주기적으로 맞장구 또는 공감을 표하는 것이 좋다. 말로써 "아~", "그랬군요"라는 말로 표현할 수도 있고, 고개를 끄덕이거나 표정 변화를 보일 수도 있다. 미국인들은 상대방의 말에 공감을 표현할 때 "Hum!"이라고 한다. 적절한 질문도 경청의 좋은 증명이 된다.

숨은 의미 해석

거래 파트너나 직장동료의 좋지 않은 정보를 전할 때 직설적인 커뮤니케이션 스타일은 상대방의 체면이나 입장에 구애받지 않고 사실 그대로 말한다. 만약 상대방이 그러한 정보를 우회적으로 돌려서 커뮤니케이션을 하는 것에 익숙한 사람이라면 무척 당황하고 모욕을 느끼게 될 수 있다. 메이어(Erin Meyer) 교수가 발표한 주요 국별 부정적인 피드백 평가 성향에 의하면, <표 5>처럼 우리나라를 비롯한 아시아국가들은 간접적인 스타일이 매우 강하다. 직설적인 스타일이 가장 강한 국가는 이스라엘 그 다음이 네덜란드다.

표 5 국별 부정적 평가 피드백 성향

이스라엘 독일 스페인 이탈리아 캐나다 아르헨티나 인도 중국 가나 인니 일본
네덜란드 러시아 프랑스 호주 미국 영국 브라질 멕시코 케냐 사우디 한국 태국
직설적 부정평가 ◄─────────────────────► 간접적 부정평가

이스라엘 유대인들은 일상적인 대화할 때도 매우 직설적이다. 이는 그들의 말투에서도 잘 나타난다. 툭 하면, "Tell me", "Why?", "Why not?"이라고 한다. 이런 말투를 처음 들으면 마치 경찰관으로부터 조사받는 듯한 느낌이 든다. 시카고 거주 유대인 금융인도 이스라엘인들의 행동 특징에 대해 고개를 저으면서 그들은 (미국 유대인과는) 다른 사람들이라고 말했다.

직설법과 간접법은 같은 유럽인간의 언어 표현과 해석을 달리하게 만든다. 직설적으로 표현하는 네덜란드인과 완곡하게 하는 영국인의 해석 차이에 대해 네덜란드 소재 HR 컨설턴트가 비교한 내용을 소개한다.

영국인이 마음에 들지 않다는 의미로 "Very interesting!"이라고 말하는 것을 화란인은 그에게 인상적이었던 것으로 해석하고, 상대방의 아이디어는 좋지 않다는 의미로 "Could you consider some other options?"이라고 말한 것인데 화란인은 이를 그가 아직 결정하지 않은 것으로 생각한다. "I was a bit disappointed that…"에 대해서도 영국인은 정말로 실망하여 화가 났다는 말을 한 것인데, 화란인은 그다지 신경쓰지 않아도 되는 것으로 받아들인다. "Please think about that some more"에 대해서도 영국인은 그것이 좋지 않은 아이디어니까 하지 말라는 뜻으로 한 말인데, 화란인은 괜찮은 아이디어니 계속 진행하라는 것으로 해석한다.

미국인들은 대화 도중에 "That's interesting!"이라는 말을 자주 한다. 이 말의 의미가 진심인지 아니면 위의 영국인처럼 부정적인 의미로 말하는 것인지 가늠하기 어렵다. 이런 것이 이문화 커뮤니케이션의 어려움이기도 하다. 얼마 전 정부 용역사업 수행을 위해 미국 방산기업을 방문한 적이 있는 컨설턴트는 "그들이 우리 중소기업들의 부품에 관심을 표했다"면서 "몇 가지 보완해야 할 사항을 일러주었다"고 말했다. 그는 그들의 코멘트를 긍정적으로 이해하고 있었다. 한 가지 불만이나 문제점을 지적하기 위해 먼저 몇 가지의 긍정적인 코멘트를 하는 미국인들의 커뮤니케이션 방식을 이해하지 못하면, 앞부분에 고무되어 전체적으로 긍정적인 평가를 받은 것으로 잘못 생각하기 쉽다. 미국 방산기업측이 전달하고자 했던 메시지는 뒷부분의 보완사항인데, 그 말을 들은 사람은 앞부분의 수식어에 고무되어 Decoding 오류에 빠져 있었다.

Encoding과 Decoding의 불일치는 개인이나 비즈니스 커뮤니케이션에서만 일어나는 것이 아니라 국가간의 정상외교나 외교협상에서도 수시로 발생한다. 우호적인 분위기 속에 협상이 종결되었지만, 그 결과에 대한 양측의 해석에서 큰 격차가 벌어진다. 서로 자신에게 유리한 방향으로 해석하기 때문이다.

한편, 직설적으로 말하는 서양인들이 간접적으로 말하는 일본인들과의 커뮤니케이션이 어렵다고 한다. 대화 패턴, 대화 속도, 침묵, 비언어적 표현 등등. 표현 중에서도 "검토해보겠다"라는 말을 영어로 "We'll study it"이라고 말하면, 많은 사람들이 긍정적인 메시지로 받아들인다. 상대방 제안을 면전에서 거부하는 것은 결례로 인식하여 완곡하게 검토해보겠다는 표현을 한 것인데 이방인들은 좀처럼 그 속뜻을 이해하지 못한다.

상대방 면전에서 매몰차게 "No"라고 말하기를 꺼리는 문화는 중동이나 중남미도 마찬가지다. 이런 문화권의 바이어 중에는 외국인 세일즈맨이 제품을 소개하면 어느 정도 관심을 보이는 것이 매너로 생각하는 사람들도 있다. 때로는 놀라운 표정과 "Interesting!"이라는 말을 자연스럽게 한다. 그러나 거래를 위한 실질적인 액션은 아무 것도 이루어지지 않고 말과 비언어적 커뮤니케이션만 진행되었다. 허공의 연기 같은 언행이 액션으로 구체화되지 않으면 거래는 일어나지 않는다.

"예스"와 "노"의 의미

① 불안한 "예스"

약자가 강자의 명령을 거역할 수 없는 환경이 오래 지속된 문화권 사람들의 커뮤니케이션 특징 중 하나는 일단 예스 해놓고 보거나 최대한 부정적인 대답은 피한다는 것이다. 섣불리 "노"라고 했다가는 안전이 보장되지 않았거나 않는 사회 분위기 때문이다. 중동이나 아프리카에서는 다른 사람이 무엇을 해달라는 부탁을 받으면, 예스 대신 "No problem"이라는 말을 많이 사용한다. 아무런 문제없다가 없다라고 하니 믿고 맡기게 된다. 그러나 그 일이 기술적인 작업이거나 처리가 어려운 것이라면 상대방의 역량을 꼼꼼하게 체크해봐야 한다. 습관적으로 "No problem"이라고 한 것을 그대로 믿었다가 대가를 치러야 할 상황에 직면할 수 있기 때문이다. 시간이 지나도 해결이 안돼서 중간에 점검해보면 A little problem이라는 답변을 듣게 되고, 그것이 나중에는 A big problem으로 수습하지 못할 단계에 도달할 수도 있다.

② 모호한 "예스"

아랍인들은 예스라는 표현을 "인샬라(Inshallah)"라고 말하기도 한다. 그 의미는 "신의 뜻대로"다. 신에 대한 아랍인들의 마음을 모르는 이방인에게 이 말이 어떤 의미인지 속뜻을 이해하기 어렵다. 이런 표현을 처음 듣는 사람들은 대부분이 긍정적인 표현으로 받아들이지 못한다. 약속을 지키지 못할 때 핑계로 삼을 수 있을 것이라는 우려 때문이다. 가령, 아랍 바이어에게 다음달 말까지 수입대금을 지불할 수 있냐고 물었을 때, "인샬라"라고 한다면 그 의미를 어떻게 해석해야 할까? 긍정적인지 부정적인지 어떻게 해석해야 할지 혼란스럽다.

"인샬라"라고 하는 의미는 신의 이름을 걸고 하는 대답이기 때문에 기본적으로 "예스"라는 것이 무슬림들의 해석이다. 사막생활에서 모래바람이 불면 모든 것이 정지되는데 어떻게 약속 시간을 맞출 수 있겠냐는 식이다. 비즈니스 계약을 체결하는 상황이라면 불가항력 조항에 삽입될 조건에 불과하지만, 일상적인 약속이 모두 계약 체결하는 것이 아니니까 혼란스럽다. 중동 비즈니스 경험이 많은 세일즈맨들은 거꾸로 내키지 않는 대답을 해야 할 때 "인샬라"를 즐겨 사용하기도 한다.

③ 무책임한 "예스"

비즈니스 커뮤니케이션에서 예스는 그것과 돈이 결부되기 때문에 신중해야 한다. 본인은 예스라고 해도 상대방은 그것을 이행할 근거가 담보되지 않으면 믿지 않는다. 그 담보의 대표적인 형태가 계약서다. 국제거래에서 계약조건 불이행은 보상이 요구된다. 간혹 이러한 거래의 원칙을 안이하게 생각하여 예상치 못한 상황에 봉착한다.

사례 5 바이어의 무책임한 예스

한 섬유기업은 파리직물전시회에서 원단 한 컨테이너 수출 계약을 체결하고 생산에 착수했다. 그러나 일감이 밀려서 딜리버리를 맞추기가 어려웠다. 바이어에게 전화를 걸어서 지연 사유를 설명했다. 바이어로부터 늦어도 좋으니 품질에 하자가 없도록 해달라는 당부를 받았다. 마침내 약속기한보다 3주일 늦게 파리에 컨테이너가 도착했다. 바이어는 계약서를 내밀면서 지연 배상금으로 가격할인을 요구했고, 우리 기업은 구두약속을 근거로 바이어 요구를 거절했다. 그러는 사이 창고 보관료가 불어나고 판매 시즌도 넘어가고 있었다. 할 수 없이 미터당 1.5달러였던 원단 가격이 0.99달러로 내려갔다. _____

④ 예스의 전이

협상 베스트 셀러 Getting to Yes의 저자 윌리엄 우리(William Ury) 하버드대 교수는 협상에서 예스와 노의 전이과정을 3A로 설명한다.

첫 번째 A는 순응(Accommodation)의 약자다. 상대방과의 거래관계가 악화 또는 단절될까 봐서 할 수 없이 예스라고 말한다.

두 번째 A는 공격(Attack)의 약자다. 상대방으로부터 예스를 받아내기 위해 공격한다. 이때 상대방과의 관계는 생각하지 않는다. 만약 상대방이 굴복하지 않고 공격한다면, 예스가 아닌 노의 결과를 낳게 된다.

세 번째 A는 회피(Avoidance)의 약자다. 갈등을 회피하기 때문에 예스와 노 중 어느 것도 말하지 않고 애매모호하게 대응한다.

3A의 메커니즘을 다음과 같이 해석할 수 있다. 가령, 한 협상인이 처음에는 상대방과의 관계를 위해 예스의 행동으로 양보를 해줬는데, 상대방이 계속 추가적인 양보를 요구한다고 하면 화가 치밀어서 노의 행동으로 처음 양보했던 것까지도 거부하면서 대립할 수 있다. 그러나 상대방이 무섭게 협박을 가해오자 다시 겁을 먹고 예스의 행동인 양보 요구를 받아들인다는 것이다. 실제로 많은 협상인들이 이 세 가지 A를 상황에 따라 적절한 방식으로 활용한다.

⑤ 무조건 "노"

개인의 특성이나 보직에 따라 습관적으로 "노"라고 대답하는 사람들이 있다. 많은 나라를 방문해야 하는 세일즈맨들은 특히 공항 입국심사나 세관 통관 시 유쾌하지 않는 경험할 가능성이 있다. 이 세상의 모든 나라가 법치국가가 아니라는 사실을 알아야 한다. 부패가 심한 국가는 출입국관리사무소 직원이 외국인 여권을 수거하여 정상 비자대금보다 많은 돈을 요구하고, 세관원은 휴대물품을 풀어헤치게 하여 협상을 시도하기도 한다. 낯선 국가로 출장 갈 때 사전에 체크해야 할 사항 중의 하나가 공항 출입국 절차다. 이 과정에서 대응을 잘못하는 경우 원거리 출장 목적을 달성하지 못하고 귀국해야 한다. 상대방의 노가 무엇을 의미하는지 정확하게 간파하고 어떻게 하는 것이 현명한지 판단을 잘 해야 한다.

05 BIZ 커뮤니케이션

기업인들은 외국 바이어들을 찾는다. 바이어 연락처를 확보했을 때 미팅 약속을 잡기 위해 이메일을 보내거나 전화를 걸어야 한다. 상대방은 수시로 판매자들로부터 오퍼와 미팅 신청 연락을 받는다. 특히 그가 제조분야의 대기업인 경우 그런 이메일이나 전화를 달갑게 생각하지 않는다. 바이어를 접촉하는 세일즈맨은 상대방의 이러한 사정을 감안해서 이메일을 보내거나 전화를 걸어야 한다. 만났을 때도 마찬가지다. 바이어의 관심을 끌어 당기는 이메일 작성 원칙, 콜드콜, 라뽀 그리고 프리젠테이션에 관한 원칙과 주의 사항을 소개한다.

이메일

언어적 커뮤니케이션에서 문자 커뮤니케이션의 이점은 초안을 작성해놓고 마음에 들 때까지 다른 사람에게 보여주고 의견을 들어서 내용을 수정할 수 있다는 점이다. 과거에는 문자적 커뮤니케이션의 수단이 서신이었지만, 인터넷 시대에는 거의 대부분 비즈니스 커뮤니케이션이 이메일로 진행된다. 비즈니스 미팅 약속 만들기와 관련된 이메일 작성 관련 몇 가지 유의해야 할 사항을 알아본다.

① 이메일 구성요소

인사: Dear Sir/Madam, Dear Mr./Ms./Dr. Last name, Hello, Hi

Dear Sir/Madam은 상대방이 누구인지 몰라서 회사로 보낼 때 사용한다.

Dear Mr./Ms./Dr. Last name은 상대방 성명을 알 때 이름은 빼고 호칭 다음에 성을 표기한다. 처음으로 메일을 보낸다면 이름과 성을 모두 사용한다.

비공식적 인사말은 Dear 없이 단순히 Hello 또는 Hi만 사용한다.

본문: 이메일 작성 목적에 따라 용건을 포함하는 첫 문장의 표현이 달라진다. 영문 이메일 작성원칙을 무시하고, 우리 공문양식처럼 "귀사의 일익번창을 기원합니다"라는 문장으로 시작하면 상대방은 어리둥절할 것이다. 그리고 용건을 기술할 때 작성자 입장이 아닌 수신자 입장에서 I 또는 We 보다 You의 사용이 많을 수록 전문성을 보인다.

이메일 첫 문장 형태

일반적으로 많이 사용되는 형태:

(상대방에게 요청할 때) I'm writing to ask …

(좋은 소식을 알릴 때) I'm pleased to announce you that …

(나쁜 소식을 알릴 때) I regret to inform you …

(상대방 이메일에 회신할 때) In reply to your email dated on …

(소개 배경 설명) Your name was given to me by …

(미팅 감사 메일) It was a pleasure meeting with you …

(자료 첨부 송신) Please find attached … 또는

                 I am sending you ____ as a PDF file attachment.

(확인 메일) This is to confirm that …

(전화 후속 메일) Following our telephone conversation,

(감사 인사 메일) Thanks for your quotation for …

(불만 제기 메일) I'm very disappointed that …

(사과 메일) Please accept my sincere apologies for …

본문은 판매자 입장보다는 구매자 입장에서 작성하는 것이 좋다. 말로 하는 커뮤니케이션에서 화자의 메시지가 청자에게 정확하게 해독되도록 노력하는 것과 마찬가지다. 예를 들면, "우리는 어떤 서비스를 제공하는 회사다"라는 표현을 "우리는 기업들에게 필요한 어떤 것들을 도와주는 전문 회사다"라는 식으로 표현한다.

마무리: Sincerely yours, Sincerely, Best regards, All the best

끝맺음 표현은 인사 표현과 다음과 같이 짝지어진다. 이는 인사표현에 Dear Sir/Madam으로 썼으면 맨 마지막에 Sincerely yours, Dear Mr. ○○○는 Sincerely, Hello는 Best regards 또는 All the best로 끝맺는다는 뜻이다.

표 6　인사와 끝맺음의 매칭

인사 표현	끝맺음 표현
Dear Sir/Madam	Sincerely yours
Dear Mr./Ms./Dr. Last name	Sincerely
Hello 또는 Hi	Best regards, All the best

② 이메일 작성 유의사항

첫째, 간결해야 한다.

이메일은 신속하게 교신하는 것이 목적이다. 거추장스러운 표현은 피하고 분량도 PC 스크린을 넘기지 않고 다 읽을 수 있도록 조정한다. 그렇지 않고 장황하다면 수신자는 단순 홍보메일로 생각하고 읽지 않을 수 있다.

둘째, 깨끗해야 한다.

이모티콘, 약자, 농담은 피하고, 문법과 내용상의 오류가 없는지 철저한 확인을 한다. 모국어가 아닌 영어로 작성한 이메일이 원어민만큼 완벽하기는 어렵다. 그렇다고 오·탈자가 있고 이모티콘이나 약자가 들어가 있으면 진지함이 떨어진다.

셋째, 프로다워야 한다.

개인 메일이 아닌 회사 이메일을 이용하고, 하단에 전화번호와 같은 연락처가 있어야 한다. 첨부물이 있는 경우, 누락되지 않았는지 잘 확인한다.

넷째, 신속해야 한다.

문의나 요청을 받았으면 회신은 신속하게 해주는 것이 에티켓이다. 미국인들은 한두 줄짜리 이메일도 많이 보낸다. 회신을 하지 않는 것은 프로 커뮤니케이션이 아니라는 점을 유념해야 한다.

콜드콜(Cold call)

콜드콜은 한번도 만난 적이 없는 모르는 사람에게 비즈니스 목적으로 시도하는 일방적인 통화, 이메일 또는 방문을 의미한다. 콜드콜을 반기는 사람이 없기 때문에 이런 일을 해야 하는 사람들은 많은 스트레스를 받는다. 이는 마케팅 담당 무역관 신입직원들에게 가장 부담되는 일이기도 하다. 어떻게 하면 상대방이 전화기를 매몰차게 내려놓지 않도록 할 것인지에 대해 고민하고 상대방의 관심을 끌어내기 위해 짤막한 원고를 작성한다. 이때 선배들이 사용했던 자료와 동료들의 의견을 들어 자신의 것으로 만든다.

① 통화시간 15초

콜드콜 원고는 광고 문구같이 짧으면서 상대방의 관심을 낚아채는 생생한 표현으로 작성돼야 한다. 분량은 길어야 30초다. 사람들이 주의를 집중할 수 있는 시간이다. 30초 동안 무엇을 이야기할 수 있냐는 의문이 들겠지만, 전문가들은 15초 이내에 끝낼 수 있으면 더욱 좋은 원고라고 한다. 그 중에서도 처음 5초가 콜드콜의 성공여부를 판가름한다. 상대방이 전화를 끊어버리면 장황하게 준비한 원고는 무용지물이기 때문이다. 콜드콜의 목적이 엘리베이터 피치처럼 상담을 하는 것이 아니고 미팅 약속을 잡는 것이다. 상대방이 잠재고객이든 유력인사든 이런 콜드콜을 자주 걸어야 하는 조직은 마케팅 또는 PR담당자의 개인적인 일로 방치하기보다 조직 차원에서 표준을 만들어 놓고 필요할 때 누구나 활용할 수 있도록 공유하는 것이 효과적이다.

② 대본 작성

그 방법은 해당 업무업무를 직·간접적으로 담당하고 있는 대여섯 명이 한자리에 모여 브레인 스토밍으로 다양한 아이디어를 모은다. 이때 포함시킬 정보는 실제 상담에 활용할 수 있는 산업통계, 전문가 코멘트, 연구자료, 고객 평가, 참고인 코멘트, 정부 정책이나 규제 등이다. 상대방에게 말하고자 하는 것을 증명, 설명 또는 지지해주는 표현들을 모두 정리하면, 대본 초안작성에 도움이 된다. 그리고 이는 실제로 첫 미팅을 할 때도 긴요하게 활용할 수 있다. 증명이 좋으면 좋을수록 더 많은 약속을 잡고 더 많은 거래를 종결할 수 있다. 초안을 작성해서 다시 소요 시간, 표현력, 상대방의 이해 관점에서 평가하여 1차 수정과 2차 보완을 거쳐 최종적인 원고를 완성한다.

③ 피해야 할 표현

원고 작성에 피해야 할 용어와 권장되는 표현이 있다. 피해야 할 용어는 Cost, lowest cost, inexpensive, cheap, save money와 같은 단어들이다. 콜드콜 용어로는 너무 진부하고 제품 가격을 깎을 수 있겠다는 뉘앙스를 풍기기 때문이다. 이같이 막연한 말 대신 제품 사용 효과로 '15% 생산비용 감소', '20% 매출 증가', 또는 '거래성공률 두 배 증가'와 같은 용어로 상대방의 귀를 솔깃하게 하는 방법을 모색하는 것이 지혜롭다. 핵심 메시지를 수식용어로는 Strategies 또는 Options과 같은 단어를 미국인들이 좋아한다.

④ 접근 방식

원고의 핵심 내용은 이름과 회사명을 최대한 짧게 밝히고, 곧장 회사 소개와 용건으로 들어간다. 문장은 간단명료해야 한다. 이메일처럼 콜드콜 메시지 내용은 철저하게 상대방 관심사에 초점을 맞춰야 한다. "우리는 비즈니스 컴퓨터 회사다"라는 표현보다 "우리는 고객사에 비즈니스 기술 솔루션을 제공하는 회사다"가 더 고객지향적이다.

성공한 세일즈맨은 고객을 처음 접촉하는 콜드콜 능력이 탁월하다는 공통점을 가지고 있다. 세일즈 경험을 쌓아가고 있는 사람은 얼마나 완벽한 콜드콜 원고를 가지고 있느냐에 따라 영업 실적이 달라진다. 개인의 노력도 필요하지만 회사 전체의 매출증대를 위해 조직적인 대응도 중요하다.

콜드콜을 해야 할 상대방이 큰 조직의 고위직인 경우, 비서를 비롯한 실무자들이 그런 통화를 차단하기 때문에 1차 관문 통과를 위한 전략이 필요하다. 이런 경우 보통 다음과 같이 접근한다.

자신의 이름과 회사명을 밝힌 후, "귀사의 컴퓨터 구매 또는 기술장비를 담당하고 있는 누군가에게 정보를 좀 보내려고 합니다. 누구에게 보내야 할지 말씀 좀 해주실 수 있습니까?"

그런 업무를 임원이 담당하고 있다면 자리에 없다거나 메모를 남기게 하고 끊기 십상이다. 이런 경우 미국의 유능한 세일즈맨은 다음과 같이 직설적으로 접근할 것이다.

"하이! 나는 귀사 영업부사장에게 보낼 자료가 있다. 이것을 누구에게 보내면 됩니까?"

자신의 이름도 밝히지 않고 임의로 설정한 타깃인 영업부사장의 연락처를 얻어내기 위해서다.

라뽀(Rapport)

라뽀는 프랑스어로 "서로 마음이 통한다", "무슨 일이라도 털어놓고 말할 수 있다"고 느끼게 해주는 관계를 의미한다. 사람과 사람 사이에 생기는 상호 신뢰관계를 말해준다. 의사가 환자를 치료할 때, 기자가 취재원을 인터뷰할 때, 수사관이 피의자를 조사할 때 많이 활용한다.

사례 6 수사관의 피의자 라뽀 구축 방식

서울중앙지검의 한 베테랑 수사관은 자신의 라뽀 구축 방식을 다음과 같이 소개했다.

"조사실에 들어온 피의자에게 친절하게 차를 제공하면서 고향이나 가족 관계에 대한 개인적인 이야기로 긴장을 풀어주면, 라뽀가 쉽게 구축된다. 강력범인 경우, 동료와 역할을 분담하여 한 명이 악역을 맡고, 그 다음에 들어간 사람이 피의자에게 담배를 권하면서 동료가 성격이 괴팍하여 조사받느라 힘들었을 텐데 그를 대신해서 사과한다. 그것만으로도 라뽀가 구축되어 원하는 정보를 수월하게 수집할 수 있다."

라뽀는 세일즈맨이 외국의 유력 잠재 바이어나 파트너를 상대로 거래할 때도 필요하다. 낯선 사람끼리 처음 만나자 마자 곧장 비즈니스 이야기를 진지하게 나눌 수 있는 경우는 많지 않다. 사전에 이메일이나 전화로 충분한 정보교환이 있었다면 몰라도 그렇지 않다면, 서로에 대한 이해와 신뢰 또는 관계가 구축되어야 본격적인 거래이야기를 하고자 하는 문화권도 있다. 여기에 아랍문화권도 포함된다. 반면, 미국문화는 반대의 개념이다. 시간은 돈과 같기 때문에 상대방의 시간을 최대한 아낄 수 있도록 대화도 본론으로 바로 들어가는 것이 에티켓이다. 이에 대한 아랍문화와 미국문화의 차이로 인하여 은행영업에 실패한 사례를 소개한다.

중동 오일머니가 막강하던 시기에 한 헝가리 은행이 두바이에 지점을 개설하면서 조직 내에서 가장 유능하다고 평가된 직원 한 명을 지점장으로 파견했다. 그는 하버드MBA 출신이었다. 그런데 6개월이 지나도록 아무런 성과가 없었다. 본점에서는 그의 영업 행동과 커뮤니케이션 방식을 정밀 분석했다. 그의 문제는 라뽀를 무시한 것이었다. 처음 만나서 간단한 인사를 나누고 곧장 본론으로 들어갔다. 아랍인은 상대방에 대해 소속과 이름 정도밖에 알지 못하는데 어떻게 돈을 맡길 수 있냐는 반응이었다. 그러한 상대방 마음을 읽지 못한 젊은 지점장은 열심히 현지 유력인사들을 만나고 다녔던 것이다. ─────────────────

① 비즈니스 라뽀 구축 방법

- 토산품 선물
- 식사 접대
- 대화 중 존경심과 공감 표현
- 대화 중 상대방과 포즈 동일화

② 라뽀의 긍정적인 효과

- 상호 집중(Mutual attentiveness): 한 쪽이 상대방에게 주의를 집중함으로써 다른 쪽도 상대방에게 관심을 집중한다.
- 긍정성(Positivity): 쌍방이 서로 기분이 좋아져 상대방을 친절하게 대한다.
- 조정(Coordination): 상대방의 이해관계와 행동에 맞춘다.

프리젠테이션

생산전량을 해외 OEM 수출하고 있는 한 자동차부품회사의 임원은 미국 빅3(GM, 포드, 크라이슬러)의 입찰에 참가할 때 한 달 전부터 프리젠테이션을 포함하여 전반적인 준비를 한다고 했다. 입찰에서 떨어지면 통상 5년 동안 납품 기회가 없기 때문에 특히 프리젠테이션에 총력을 기울인다는 것이었다. 성공적인 프리젠테이션을 위한 체크포인트를 알아본다.

① 컨텐츠

- 컨텐츠는 청중의 관심사에 초점을 맞추어야 한다. 알맹이가 빠진 프리젠테이션은 상대방의 관심을 사로잡기 어렵게 만든다. 상대방은 제품과 거래조건이 어떠한지 궁금한데 세일즈맨이 회사 자랑에 시간을 보내고 있다면, 커뮤니케이션이 제대로 안 되는 것이다.
- 표현은 간단명료해야 한다. 상대방이 기억하기 쉽도록 청각, 시각, 후각, 미각과 같은 감각기능을 최대한 활용하고, 사람들이 쉽게 잊어버리는 숫자, 이름, 세부적인 사항 또는 일련의 사건 나열과 같은 표현은 자제한다.
- 대화식으로 작성하는 것이 좋다. 상대방과 자연스러운 대화를 하듯이 구어체로 원고를 작성한다.
- PPT 슬라이드 내용과 일치해야 한다. 상대방이 눈으로 보게 될 PPT 슬라이드 컨텐츠와 내용이 다르지 않도록 유의해야 한다.
- 중간 호흡 조절 시점도 고려한다. 시간 조절과 청중과의 라뽀 형성을 고려하여 어느 시점에서 발표를 잠시 쉬어야 할지를 원고에 반영해둔다.

② PPT 슬라이드 작성

- 디자인은 단순하게 한다. 배경은 밝고, 텍스트는 검정 색, 강조문자는 붉은 색이 좋다. 불필요한 장식이나 과다한 이미지 삽입은 주의 집중을 방해한다.
- 슬라이드 구조는 장당 5줄, 한 줄당 최대 7단어, 글자 크기는 18~24폰트가 적당하다. PPT는 발표의 핵심 메시지를 시각적으로 보여주는 것이 주 목적이다.
- 길고 장황한 텍스트는 피한다. 관련 이미지를 적절하게 사용하는 것이 효과적이다.
- 한 슬라이드에 한 가지 토픽을 다룬다.
- 동영상을 활용한다. 제품의 조립이나 작동에 관한 짧은 동영상은 상대방의 관심을 집중시키고 이해를 높여준다.

③ 연습

• 반복적인 연습을 한다. 원고와 PPT 슬라드를 활용하여 전달하고자 하는 메시지를 한정된 시간 동안 자연스럽게 발표할 수 있을 때까지 반복적으로 연습한다. 영어로 발표하는데 사전 연습 부족으로 청중 앞에서 더듬거나 적당한 용어를 기억하지 못해 당황해 하는 발표는 바람직하지 못하다.

④ 발표

• 발표자는 적절한 복장, 서 있는 자세와 몸동작, 표정, 청중과의 눈맞춤에 신경을 쓰면서 라뽀를 형성하도록 노력해야 한다.

• 주의해야 할 사항은 스크린의 슬라이드나 연단 위에 준비한 텍스트에 시선을 고정시키고 그 내용을 읽어 내려가지 않도록 사전에 철저한 준비를 하는 것이다.

⑤ Q&A

• 발표자는 프리젠테이션 이후 상대방이나 청중의 예상 질문에 대한 답변을 준비해야 한다. 신규 거래나 합작 사업을 하기 위해서는 상대방이 알고자 하는 정보를 제공해줘야 하는데, 그러한 질문에 대답하지 못하는 세일즈맨들이 적지 않다.

아리스토텔레스, 박문재 옮김(2020). 아리스토텔레스 수사학. 현대지성.

Ashely, A. (2003). Oxford handbook of commercial correspondence. Oxford.

Baude, D. M. (2007). The executive guide to E−mail. Career Press.

Bierck, R. (2004). How to listen in Face to Face communications. Harvard Business School Press.

Bodie, G. D. (2019). Listening in the handbook of communication skills (Fourth edition). Routledge.

Brown, G., & Edmunds, S. (2019). On explaining in the handbook of com− munication skills (Fourth edition). Routledge.

Carns, L. (2019). Reinforcement in the handbook of communication skills (Fourth edition). Routledge.

Channell, S. (2013). 7 steps to sales scripts for B2B appointment setting. New Mark Press.

Cialdini, R. B. (1994). Influence (Revised edition). Collins Business.

Cialdini, R. B. (2014). The small big. 김은령·김호 옮김(2018). 설득의 심리학 3. 21세기북스.

Frank, M. O. (1986). How to get your point across in 30 seconds or less. Pocket Books.

Harvard Business School Press. (2004). Presentations that persuade and motivate. HBSP.

Kaye. E. A. (2002). Maximize your presentation skills. Prima Publishing.

Mehrabian, A. (1967). Decoding of inconsistent communications. Journal of Personality and Social Psychology. Vol. 6, No. 1, 109－114.

Mehrabian, Albert. (1971). Silent messages: Implicit communication of emo－tions and attitudes. Wadsworth Publishing Company.

Mehrabian, Albert. (1972). Nonverbal communication. Routledge.

Morgan, N. (2003). Give your speech, change the world. Harvard Business School Press.

Nanette Ripmeester (2020). Anglo－Dutch translation guide. Expertise in Mobility사 웹사이트 게시(2020.7.16). https://www.labourmobility.com/an－glo－dutch－translation－guide/

Norton, R. (1983). Communicator style: theory, application and measures. Beverly Hills. CA: Sage.

Rakos, R. (2019). Asserting and confronting in the handbook of communica－tion skills (Fourth edition). Routledge.

Schein, E. H. (2013). Humble inquiry. Brett－Koehler.

Sobczak, A. (2013). Smart calling (second edition). Willey.

Stapleton, K. (2019). Questioning in the Handbook of Communication Skills (4th edition) edited by Hargie, O. New York: Routledge.

Stauffer, D. (1996). Yo, Listen up: A brief hearing on the most neglected communication skill in The Manager's Guide to Effective Communication. Harvard Business School Publishing.

Stivers, T. (2010). An overview of the question－response system in American English conversation. Journal of Pragmatics (Special Issue) 42: 2772－2781.

Ury, W. (2008). The power of a positive No. New York: Bantam Books

Whalen, D. J. (2007). The professional communications. SAGE.

Wreden, N. (2004). How to make your case in 30 seconds or less in Face to Face communications. Harvard Business School Press.

CHAPTER 06 비언어적 커뮤니케이션

비언어적 커뮤니케이션이란 사람들이 언어적 표현 이외의 신체적 움직임, 음성적인 변동, 시간과 공간 개념에 따른 행동, 그리고 외형으로 전하는 일체의 메시지 전달과 이해를 의미한다. 이는 언어적 커뮤니케이션과 서로 의존적인 관계에 있다. 어느 한 쪽이 독립적으로 진행될 때보다 서로 보완적일 때가 인코딩과 디코딩이 훨씬 더 명확해진다.

신체적 움직임은 앉거나 서있는 자세와 같이 몸 전체의 동작 변화, 손과 팔, 발과 다리, 머리와 어깨 같은 신체의 부분적인 동작, 그리고 눈맞춤, 시선, 미소와 같은 미세한 동작이 있다. 상대방에게 전달하고자 하는 의미를 강조 또는 쉽게 전달하기 위해 손으로 허공에 그림을 그리듯이 형상화를 하는 행동, 누구를 손가락으로 가리키는 동작도 포함된다.

음성적인 변화는 말할 때 "어~음~"하면서 더듬거리거나 목소리가 갑자기 올라가는 변화, 말 속도가 빨라지거나 자연스럽게 이어지지 않고 끊어지는 행동 등을 의미한다. 서구인들은 사람들이 거짓말할 때 이런 현상을 발견할 수 있다고 많이 믿는다.

비언어적 커뮤니케이션은 연구가 세분화되어 대화 당사자 간의 악수나 포옹 같은 신체적 접촉, 대화자 간의 거리와 시간에 대한 개념, 복장과 치장까지 확장되었다.

지난 반세기 동안 비언어적인 커뮤니케이션에 대한 연구가 활발하게 진행되면서 다음과 같은 세부 학문으로 발전하고 있다.

- 동작학(Kinesics): 대화할 때 언어 이외에 동원되는 모든 신체적인 동작과 변화로서 제스처, 표정, 거리, 눈맞춤, 신체적 접촉 등을 포함하지만, 최근에는 공간학, 눈동자학, 촉각학으로의 세분화 추세
- 눈동자학(Oculesics): 말을 하거나 들을 때 눈맞춤과 시선 방향, 눈을 깜박이는 박자, 시선 고정의 정도, 쳐다보는 주기 등 연구로서 동작학에서 분리되어 나온 학문분야
- 촉각학(Haptics): 악수, 포옹, 볼인사, 격려 의미로 어깨나 등을 가볍게 두드려 주는 행위, 어깨동무 등에 관한 연구
- 시간개념학(Chronemics): 어떤 일의 진행 순서에 관한 방식으로 한 단위의 시간에 한 가지 일을 하는 단일형(Monochronic)과 동시에 다수의 일을 하는 다원형(Polychronic)으로 구분
- 공간학(Proxemics): 상대방과의 친밀 정도에 따라 30cm, 50cm, 1m와 같은 일정한 거리 유지
- 유사언어(Vocalics/paralanguage): 목소리의 높낮이, 속도, 리듬과 같은 운율적인 요소와 말투 등을 포함

01 신체와 동작의 메시지

언어적 커뮤니케이션은 표현으로 의미가 명확하게 전달되고 이해가 되지만, 비언어적인 행동은 서로 통용할 수 있도록 만들어진 규칙이 없기 때문에 숨어 있는 의미를 알아차리기가 어렵다. 사람들은 직접적인 표현을 하면 상대방이 난처해질까 봐서 조심스럽게 말하지만, 그의 속마음이 무의식적으로 표정이나 몸짓으로 나타나는 경우가 많이 있다. 글로벌 세일즈맨은 문화권이 다른 바이어와 대화할 때 언어적 커뮤니케이션과 함께 상대방의 눈동자, 표정, 제스처, 자세, 음성 및 외형적인 치장에 숨어 있는 메시지를 잘 읽을 수 있어야 한다.

제스처

제스처는 신체의 부분적인 움직임으로 메시지를 전달하는 비언어적 커뮤니케이션이다. 주로 손을 이용하지만, 머리와 얼굴을 비롯한 신체의 다른 부위들도 사용한다. 표현 형태는 말을 할 때 그 내용이나 문맥과 연관하여 보조적인 설명 수단으로 몸 동작을 하는 것과 별개의 동작으로 나뉜다.

말을 설명해주는 제스처는 다양한 형태가 있다. 한 단어나 어구를 강조할 때, 자신의 생각을 몸짓으로 그려내는 동작, 어떤 대상을 손가락으로 가리키는 행위, 두 손으로 간격을 표현하는 행동, 신체적 움직임을 묘사하는 행위 등이 있다. 정치인이 대중연설에서 자신의 정책을 지원해달라는 취지로 청중들에게 두 팔을 앞으로 뻗어내면서 호소하는 동작이나 수업 중인 선생님이 한 학생을 손가락으로 가리키면서 질문하는 것도 모두 제스처다.

언어가 통하지 않는 외국에서 의사소통을 위해 부득이 몸짓을 해야 하는 경우가 있다. 말이 전혀 통하지 않는 외국의 대형 식품매장에서 점원에게 계란이 어디 있는지 물어봐야 할 때, 어떤 제스처로 그 메시지를 전달할 수 있을까? 이 질문을 받은 사람들은 대부분이 양겨드랑이를 몸통에 붙이고 양손을 닭 날개짓하듯이 아래위로 흔들며 "꼬꼬댁~ 꼬꼬댁~"했다. 그렇게 인코딩하면 상대방이 그 메시지를 계란으로 디코딩할까? 이는 저자가 외국 슈퍼마켓에서 실제로 겪었던 이야기다. 점원이 이해하지 못한 것 같아서 엉덩이 아래에서 주먹을 꺼내 보이면서 "꼬꼬댁~ 꼬꼬댁~"해봤다. 고개를 갸우뚱하면서 그가 안내해준 곳은 생닭 판매코너였다.

제스처에 대한 인식과 사용은 문화권별로 차이가 있다. 우리나라에서는 제스처에 대한 시각이 긍정적이지 않다. 영국인들도 마찬가지다. 특히 큰 제스처는 무례한 행동으로 받아들인다. 대신 지중해문화권의 이탈리아인들이나 중남미인들은 일상적으로 말과 함께 제스처를 많이 사용한다. 사람들은 대화 도중에 사용하는 제스처를 그가 처해 있는 문화적 환경에 따라 적응해간다. 이는 해외에서 오래 거주하면 자신도 모르게 현지 제스처를 사용하게 되고, 이민자들이 거주국에서 통용되는 제스처에 익숙해져 가는 것과 마찬가지다.

사례 1　제스처 오해

　　이스라엘에서 17년째 살고 있던 한 미국인 비즈니스문화 전문가는 휴가로 방문했던 뉴욕에서 교통경찰관에게 큰 실수를 했다. 그는 시내도로에서 경찰차가 옆으로 다가와서 정차를 지시하기에 "Just a moment!"라고 말하면서 습관적으로 왼쪽 손가락끝을 하나로 모아 위로 치켜세우는 동작을 취했다. 잠시 후 길가에 정차를 하자 백인 경찰관이 다가왔다. 그의 얼굴은 시뻘겋게 달아올라 있었고 말이 무척 거칠었다. 운전자는 속으로 "왜 저러지?" 하면서 그가 뭘 잘못했는지 자신의 행동을 되돌이켜 봤다. 아뿔싸! 이스라엘에서 일상적으로 사용하던 제스처가 번쩍 떠올랐다. 이스라엘인들은 상대방에게 조금만 기다려 보라는 의미의 메시지를 보낼 때 왼손가락 끝을 모아서 위로 치켜세우는 제스처를 많이 병행한다. 그 행위가 미국에서는 엄청난 욕이라는 사실을 순간적으로 망각했던 것이다. 잔뜩 화가 난 경찰에게 그러한 배경을 설명해주고 정중하게 사과했다.

　　커뮤니케이션 수단으로 제스처가 널리 사용되지만, 문화권마다 혐오하는 몸짓이 있어 그 레드라인을 넘는 일이 없도록 주의를 기울여야 한다. ─────

미소

　　데일 카네기(Dale Carnegie)는 미소가 친구를 얻게 해주고 세상 사람들에게 영향을 줄 수 있게 해준다고 말했다. 우리는 우울한 얼굴보다 미소가 있는 얼굴을 더 좋아한다. 그래서 세일즈맨은 고객에게 미소를 띠고 다가간다. 식당이나 카페 종업원들도 손님들에게 유쾌한 기분을 주기 위해 미소와 함께 밝은 모습을 보이도록 하라고 교육을 받는다.

　　물론 미소를 절제해야 할 상황도 있다. 심각한 이슈를 놓고 상대방과 힘 겨루기 협상을 해야 하는 경우, 강인한 인상을 주기 위해 의도적으로 웃지 않고 무뚝뚝한 모습을 보인다. 그러나 상대방에게 무엇인가를 얻어내야 하는 입장이라면 미소와 함께 밝은 표정이 더 효과적이다. 실제로 여러 학자들의 연구를 통해 재판정의 판사가 재판할 때나 학교 선생님이 커닝한 학생을 처벌할 때, 미소 띤 얼굴을 가진 사람들을 그렇지 않았던 사람들보다 더 관대하게 대우했던 사례를 밝혀냈다.

미소는 사람 얼굴에 있는 43개 근육의 움직임으로 만들어진다. 그 종류는 연구자에 따라 16개 또는 19개로 분류된다. 이 미소들은 대부분이 필요에 의해 조작된다. 글로벌 비즈니스 현장에서 새로운 거래를 위해 만나는 당사자들은 서로 에티켓을 지키면서 얼굴에 미소를 띤 채로 대화하려고 노력한다. 복잡한 전철 안에서 옆 사람과 눈이 마주치면 보통 살짝 미소를 짓는다. 이런 미소를 영혼이 없는 거짓미소라고 부른다.

거짓미소(Fake smile)에 익숙하지 않은 사람은 상대방의 행동을 잘못 이해할 수가 있다. 서로 모르는 사이라도 눈맞춤이 이루어지면 그냥 고개를 돌리기가 어색하니까 미소를 지으면서 "Hello!"하는 것인데, 이러한 행동을 자신에 대한 관심으로 착각한다는 것이다.

사례 2 미소의 오해

시카고대학교 부설어학원에서 영어강사는 미소와 관련한 그의 경험담을 말해주었다. 그가 터키에서 영어 학원강사로 일하기 시작했을 때, 현지인들을 만나면 미국에서처럼 미소와 함께 상냥하게 인사를 했다. 얼마 후 그보다 오래 근무하고 있던 남자 동료로부터 "그런 인사를 하지 말라"는 충고를 받았다. 미소를 지으며 밝은 표정으로 다정스럽게 인사를 건네면, 상대방 남성이 그것을 자신에 대한 호감으로 잘못 받아들일 수 있다고 말했다. 그는 동료의 조언에 따라 그 이후 인사법을 달리했다.

이처럼 미소에 대한 인코딩과 디코딩은 엇박자 나는 경우가 더러 있다. 상대방에 대한 미소도 신경써야 하지만 상대방 미소에 대한 해석도 주의해야 한다.

표정

사람의 표정에는 자신의 감정과 메시지가 담겨있다. 의도적으로 감추고자 해도 좀처럼 그렇게 잘 안 된다. 치열한 심리전이 벌어지는 협상현장에서 자신의 표정관리도 필요하지만 상대방 표정을 읽을 줄 알아야 한다. 표정의 생성과정과 종류에 대해 알아본다.

뇌에서 안면 감정의 표현은 두 가지 경로를 거친다. 한 경로는 자발적으로 안면 근육을 움직이고, 다른 경로는 비자발적으로 움직인다. 이 두 가지 경로로 이동한 안면 근육의 변화가 만들어 내는 다양한 표정은 크게 세 가지로 구분된다.

① 매크로 표정

이는 0.5초에서 4초 동안 얼굴 전체에 나타난다. 혼자 또는 가족이나 친구처럼 친한 관계의 사람들과 함께 있을 때, 몇 초 동안 지속되기 때문에 관심만 가지면 쉽게 식별이 가능하다.

② 마이크로 표정

이는 0.067초부터 0.5초 이내로 무척 짧게 나타나기 때문에 좀처럼 그 표정 변화를 실시간으로 식별하기가 쉽지 않다. 당사자는 감추고 싶지만 비자발적인 근육에 의해 표현되는 것이다. 노출시간은 미묘한 표정보다 길지만, 빈도가 낮고 표현부위도 얼굴의 위 또는 아래쪽에 부분적으로 나타나서 미묘한 표정보다 감지하기가 더 어렵다.

③ 미묘한 표정

0.06초 정도의 순간에 눈, 이마, 입 주변 변화가 스친다. 말을 하고 있는 상대방도 느끼지 못하는 변화를 감지해낼 줄 알아야 진정한 베테랑 세일즈맨이다. 그 이유는 미묘한 표정을 읽을 줄 알면 상대방이 거짓말을 하는지를 알 수 있기 때문이다.

눈맞춤

비언어적 커뮤니케이션에 있어서 문화권별 인식 차이는 눈맞춤에서도 나타난다. 미국에서는 상대방이 말을 할 때 그의 눈을 바라보는 것이 에티켓이다. 그 내용에 대한 관심, 공감, 존경을 나타내기도 한다. 그렇게 하지 않고 시선을 다른 곳으로 돌린다면, 말을 하는 사람은 무시당하는 느낌을 받는다. 눈맞춤을 회피함으로써 손해를 볼 수도 있다.

눈맞춤에 대한 미국인의 인식이 세계적으로 통하는 줄 알고 있던 한 판사는 다른 문화권 출신의 피의자들이 재판정에서 계속 눈맞춤을 피하자 괘씸한 생각이 들어 더 무거운 형량을 선고한 적이 있다. 이와 비슷한 다른 사례도 있다.

사례 3 눈맞춤의 오해

미국 플로리다주의 한 고등학교 교장은 푸에르토리코 출신의 한 여학생이 다른 문제아들과 함께 비행을 저지른 것으로 알고 그를 교장실로 불러 사실여부를 따지고 있었다. 그 학생은 교장이 말하는 동안 단 한번도 그의 눈을 쳐다보지 않았다. 시종일관 고개를 아래로 떨구고 바닥만 쳐다보고 있었다. 교장은 그의 행동이 비행을 인정하는 것을 증명하는 것으로 판단하고 정학시킬 방침을 굳혔다. 이 소식을 들은 푸에르토리코 출신의 한 교사가 교장이 오해하고 있다는 사실을 일깨워줬다. 푸에르토리코에서는 어른이 이야기할 때 아이들은 고개를 숙이고 그의 말을 경청해야 한다고 배우며 자랐다. 그 학생은 교장이 말할 때 그의 눈을 바라보는 행동이 예의에 어긋난다고 생각하여 공경과 복종의 의미로 고개를 숙이고 있었던 것이다.

눈 맞춤과 관련한 서적이나 인터넷에서 검색해보면, 눈맞춤이 어려워서 힘들어 하는 고민도 있고 아버지가 아이에게 훈계하면서 자신의 눈을 똑바로 쳐다보라고 하는 대목도 나온다. 우리는 미국인들처럼 눈맞춤을 강조하지는 않는다. 오히려 부담스럽게 느끼는 사람들도 있다.

저자가 블라디보스톡무역관을 방문했을 때 부산에서 유학했던 여직원으로부터 눈맞춤에 대한 이야기를 들었다. 어느날 한국인 지도교수로부터 대화 도중에 자신의 눈을 바라보는 것이 부담스럽다는 말을 듣고 당황했다고 말했다.

사람들의 눈맞춤 행동에는 다음과 같은 특성이 있다.

첫째, 사람들이 말을 많이 할 때는 눈맞춤을 거의 하지 않지만, 다른 사람의 말을 들을 때는 많이 한다.

둘째, 남자보다는 여자, 내성적인 성격보다는 외향적인 성격 소유자가 더 많은 눈맞춤을 한다.

셋째, 사람들이 말을 할 때 보통 4문장 정도의 말을 시작하거나 끝맺은 직후에 시선을 돌린다. 그 눈길은 상대방 얼굴의 아래 부분에 맞추는 것이 자연스럽다.

눈맞춤으로 인하여 메시지가 다르게 해석될 수 있다. 화자가 말을 할 때 상대방 눈을 쳐다보면 자신의 말에 확신이 있게 보이지만, 상대방과의 눈맞춤을 회피한다면 그 말에 확신이 없는 것으로 보인다. 그리고 청자가 화자의 말을 들을 때 그의 눈을 쳐다본다면 관심과 공감을 표현하게 되지만, 눈맞춤을 피한다면 상대방 말에 관심이 없다는 메시지를 보내는 것이다.

눈은 우리 신체에서 매우 중요하고 비언어적 커뮤니케이션을 활발하게 하는 곳이기도 하다. 비록 동공 그 자체는 변화가 없을지 몰라도 눈가의 피부와 근육의 변화, 시선의 방향, 눈맞춤의 빈도와 시간을 통하여 감정의 메시지를 내보내기도 하고 읽을 수 있다. 연구결과에 의하면, 눈맞춤을 자주 하는 사람이 그렇지 않은 사람보다 더 많은 호감을 산다고 한다. 그래서 서비스업계에서는 종업원들에게 손님들과의 눈맞춤을 강조한다.

한편, 눈맞춤의 강도에 있어서 미국 인류학자 홀(E.T. Hall)은 미국, 일본, 그리고 그가 삶을 체험했던 나바호인디언 사회에서는 다른 사람을 노려보지 말라고 가르치지만, 아랍, 그리스 및 남미에서는 강렬한 눈맞춤을 상대방에 대한 관심과 성의로 인식하여 그것을 강조한다고 대조시켰다.

악수

현대인들에게 신체적 접촉이 더 필요하다는 주장이 제기되고 있다. 접촉은 좋은 감정을 유발하기 때문이다. 미국 연구자들은 대학교 도서관 사서들과 그 도서관 이용 학생들을 대상으로 한 실험연구에서도 그러한 결과를 보였다.

사례 4 신체접촉의 호감도 실험

사서들은 도서관 이용을 마치고 나가는 한 그룹의 학생들에게 도서관 출입증을 건네줄 때 의도적으로 그들의 손이 학생들의 손바닥에 살짝 닿도록 했다. 학생들은 접촉 자체를 인지하지 못할 정도로 순간적으로 진행되었다. 다른 그룹의 학생들은 손이 닿지 않도록 출입증을 건넸다. 그들이 밖으로 나오면 실험자들이 개별 설문조사를 실시했다. 사서와 도서관의 일반적인 서비스가 얼마나 좋았냐는 질문이었다. 사서의 손과 접촉된 학생 그룹의 점수가 그렇지 않았던 그룹보다 더 높게 나타났다. 특히 손이 닿은 여학생 그룹과 손이 닿지 않은 여학생 그룹의 점수 차이는 크게 벌어졌다.

사람들은 상대방으로부터 호감을 사기 위해 다양한 형태의 신체적 접촉을 시도한다. 이 원리를 가장 널리 활용하는 직업군이 정치인과 세일즈맨일 것이다. 사람을 만나면 활짝 웃으면서 손을 내밀고 악수를 청한다. 서로 손을 한번 잡는 것과 그렇지 않은 것과는 호감도에 있어서 차이가 나기 때문이다. 악수는 이제 글로벌 인사법이 되었다. 글로벌 비즈니스 현장에서 낯선 외국인들을 만났을 때 거의 대부분 악수로 인사를 시작한다. 별거 아닌 것 같은 악수에 숨겨진 비언어적 메시지가 있다는 사실을 깊이 있게 생각하는 사람들은 많지 않다. 그 악수에 대한 미국인들의 인식과 행동을 소개해본다.

먼저 악수는 두 가지 측면에서 비언어적 커뮤니케이션 기능이 있다. 하나는 상대방에게 자신의 심적인 상태에 관한 메시지를 보낸다. 다른 하나는 상대방이 보내는 무언의 메시지를 접수한다. 두 사람이 손을 잡는 짧은 순간에 그러한 메시지들이 오가는 것이다. 악수의 비언어적 커뮤니케이션이 결정되는 요인

몇 가지를 살펴보자.

첫째, 상대방 손을 잡는 위치다. 보통 상대방 손바닥과 맞닿도록 잡는 것이 원칙이다. 만약 경쟁상대와의 악수라면 자신의 손을 위로 올려 상대방의 손을 아래로 돌려 내릴 수도 있겠으나, 이런 행동은 비즈니스 세계에서는 어울리지 않는다. 주의해야 할 사항은 상대방의 손끝을 잡거나 자신의 손끝만 내미는 행위다.

둘째, 악수의 강도다. 서구인들은 악수를 자신감과 평등의 표현으로 생각한다. 그래서 악수를 할 때는 손에 힘을 주고 상대방 손을 꽉 쥔다. 그렇다고 상대방이 아플 정도로 너무 세게 잡는 것은 결례다. 한편, 손에 힘이 없는 악수는 물고기 잡는 악수(Fish grip)라고 부른다.

셋째, 악수 시간이다. 비즈니스 악수라면 한두 번 흔들고 손을 놓는다. 친한 사이인 경우라면 얼마든지 손을 잡고 흔들 수 있다.

넷째, 악수하는 자세다. 가슴을 활짝 펴고 몸을 꼿꼿하게 세운다. 상대방에게 예의를 갖추어야 하는 관계라면 처음에 살짝 허리를 굽힐 수 있다. 그렇지 않고 일반적인 비즈니스 관계인 경우 바른 자세와 밝은 표정으로 상대방과 눈맞춤을 하면서 악수를 하면 된다. 머리나 허리를 반복적으로 굽히면서 하는 악수는 상대방에게 복종의 메시지를 보내는 것과 다름없다.

수직사회구조의 문화가 남아 있는 우리나라에서는 윗사람과 악수할 때 악력이 강하면 상대방에 대한 결례가 되지 않을까 하는 생각을 떨치지 못한다. 그러나 수평사회구조인 미국에서는 악수 악력을 오로지 자신감으로만 평가하기 때문에 두 문화권 사람간의 악수에는 오해가 발생하기 십상이다.

사례 5 악수

저자는 한 외국인투자기업을 방문했을 때, 미국인 사장으로부터 그의 비서 채용 과정에 대한 이야기를 들은 적이 있다. 그는 아홉명의 지망자 인터뷰에서 악수로 비서를 선택했다고 말했다. 그게 무슨 말이냐고 물어봤다. 그는 악수할 때 그의 손을 꽉 잡은 사람은 자신감이 있고, 힘없이 잡은 사람은 자신감이 없는 사람으로 생각하고 있었다. 비록 채용 대상이 비서직이지만, 자신감이 없는 사람과는 함께 일하고 싶지 않다고 말했다. 그는 자신의 HR원칙에 따라 아홉 명의 인터뷰 대상자 중 그의 손을 꽉 잡은 한 사람을 선택했다. 인터뷰 대상자들의 이력서 내용보다는 그와의 악수를 어떻게 했느냐가 채용기준이 된 셈이다. _____

02 시간과 공간의 메시지

커뮤니케이션에서 시간과 공간은 문화권별 집단적 인식과 생활방식 그리고 개인별 특성을 반영하는 무언의 메시지 전달 수단이 된다. 시간과 공간이 글로벌 커뮤니케이션과 관련된 이야기들을 소개한다.

시간

① 태양력과 태음력

시간은 인간의 사회생활을 질서정연하게 만들어주는 하나의 중요한 요소다. 그래서 인류는 동서양을 막론하고 오래전부터 시간을 측정하는 방법을 개발해왔다. 이집트인들은 기원전 18세기 1년이 365일이라는 태양력을 만들었다. 그후 로마시대에 365일이 아닌 365.25일로 수정되고 매 4년마다 윤년을 포함시켜 약 0.25일의 차이를 조정하고 있다.

한편 아랍인들과 유대인들은 태음력을 사용했다. 태음력의 1년은 354일로서 태양력 1년 365일보다 11일이 짧다. 유대인들의 히브리력은 매 19년마다 7회의 윤년을 넣어서 태양력과 태음력의 차이를 조정한다. 그러나 이슬람력에는 윤년이 없기 때문에 3년마다 양력보다 한 달 정도가 빨라진다. 가령, 금년에 라마단이 양력 기준으로 6월 1일에 시작한다면, 3년 뒤에는 한 달 앞당겨져 5월 1일에 시작하게 된다.

일상적인 생활이 태음력에 매여 있는 중동에서는 일몰은 하루의 시작점이다. 엄밀하게 따지면 달이 뜨는 시간인 것이다. 라마단 기간 중 해가 졌다고 종교당국이 각 지역의 사원들을 통해 사이렌을 울리면 식사를 할 수 있다. 태양력 기준의 시간으로 보면, 저녁식사인데 달을 기준으로 하는 무슬림들은 그것을 아침식사, 자정 무렵의 중간 식사를 점심, 새벽에 해뜨기 직전에 먹는 식사를 저녁식사라고 한다.

일몰이 하루의 시작인 것은 유대인들에게도 마찬가지다. 그들의 안식일인 샤밧은 금요일 일몰 시점부터 토요일 일몰시점까지다. 샤밧을 철저하게 지키는 유대인들은 해외 출장이나 여행을 가더라도 안식일은 집에서 가족과 함께 보내기를 원한다. 출장일정을 짤 때부터 금요일 오후 귀국을 전제한다. 이 때문에 멀리 출장을 가야 하는 사람들은 토요일 저녁에 샤밧이 끝나자마자 공항으로 달려간다. 그래서 토요일 밤에는 텔아비브공항 출국장이 사람들로 붐빈다.

② 약속 시간

문화권과 개인에 따라 한번 약속했으면 정해진 시간 내에 이행하는 유형의 사람들이 있는 반면, 그 시간의 정확성이 탄력적인 유형의 사람들도 있다. 예를 들면, 미팅 약속시간 정각에 나타나는 사람과 약속시간보다 10분 또는 30분 이상 늦게 도착하는 사람이 있다. 더욱 헷갈리게 하는 것은 "곧" 도착한다는 전화를 해놓고 몇 십분 늦는 경우다. 심지어 한 시간 정도 늦게 나타나도 대수롭지 않게 생각하는 사람들도 있다. 현지 문화권의 시간 개념을 고려하여 미팅 일정 수립단계에 미리 반영해놓고 느긋해져야 한다. 간혹 성미가 급한 세일즈맨은 상담을 포기한 채 바이어와 격한 논쟁을 벌인다. 중동 사막이나 안데스 산맥의 가혹한 자연환경에 순응하며 살아온 현지인들의 시간 개념은 탄력적일 수 있다고 이해하면 그들의 느긋한 행동에 관대해질 것이다.

글로벌 세일즈맨들은 시간과 관련된 커뮤니케이션에서 상대방의 불명확한 미래 약속시간에 대해 해석을 잘 해야 한다. 사람들은 어떤 행동의 실행 시점을 말할 때, '잠시 후'라는 의미로 "Just a minute!"라고 말한다. 브라질의 한 관광지 안내원은 특이하게도 "Just five minutes!"라고도 말했다. 실행 시점이 하루 이상 걸릴 때는 "Tomorrow!" 또는 "Next week!"라 한다. "내일"이라고 해놓고는 그 다음날 되면 다시 "내일"로 반복될 수 있다. 막연하게 다음날, 다음주, 며칠 이내와 같은 표현보다 시행시점을 정확하게 몇 월 며칠과 같이 명확하게 하는 것이 낫다.

③ 조바심

우리는 항상 시간에 쫓기듯이 일을 서두는 특징이 있다. 일을 신속하게 해 낸다는 측면에서는 긍정적이지만, 상대방에게 독촉을 해야 하는 상황이라면 평 가는 달라진다. 해외 무역관 마케팅 담당자들은 우리 세일즈 출장객이 현지를 다녀가면 바이어가 언제 수입하는지 확인을 해달라는 요청을 받는다. 바이어도 수입과 관련된 체크사항이 있어서 검토 시간이 필요하다. 그럴 겨를도 없이 아 직 결정하지 않았느냐는 식으로 오해를 살 수 있는 접촉이 부담스럽다고 애로 를 털어놓곤 한다.

서울대학교에서 정치학 박사 학위를 받고 현지 언론의 패널리스트로도 활 동하고 있는 인도의 한 무역관 현지직원은 한국의 빠른 문화와 인도의 느린 문 화 사이에서 난처한 상황에 많이 몰린다고 말했다. 일본 무역관의 한 현지직원 은 "기업이 어떤 의사결정을 내리는 데에 반년 가까이 검토기간이 걸리기도 하 는데 출장 다녀 간지 일주일 정도 후 바이어에게 수입의사를 확인해달라"는 요 청을 받는다면서 곤혹스러워 했다.

언어적으로 바이어와 교신이 가능한 세일즈맨은 수입을 위한 내부 의사결 정이 어떻게 진행되고 있는지 직접 이메일을 보낸다. 시간은 협상인들에게 유용 한 도구다. 세일즈맨이 바이어와의 상담 이후 어떻게 진행되고 있는지 이메일을 보내는 것은 그만큼 판매에 관심이 많다는 메시지를 보내는 것이다. 일반적으로 구매의사가 없는 바이어에게 독촉 메일을 보낸다고 해서 마음을 돌릴 가능성은 극히 낮다. 어떤 바이어는 세일즈맨의 체면을 생각해서 인사치레로 관심을 보였 을 수도 있다. 설사 제품 구매에 관심이 있어 기술적인 검토를 하고 있는 단계 에서 세일즈맨의 독촉 이메일을 받는다고 가정해보면, 세일즈맨으로부터 더 많 은 양보를 얻어 낼 수 있는 여지가 있다고 해석될 수 있어 신중한 접근전략이 필요하다.

④ 협상도구로서의 시간

시간은 협상에서 중요한 도구로 활용된다. 그래서 협상인들은 상대방과 자신이 시간에 있어서 어느쪽이 유리한지 생각해본다. 자신에게 유리하다고 판단되는 경우, 시간을 지렛대로 사용하기 위해 각종 전술을 구사한다. 수출입 거래에서 바이어는 주문 이후 딜리버리 기간을 단축시켜 지연되는 경우 수출자에게 보상을 요구하려고 시도하는 반면, 수출자는 바이어에게 대금결제기간 단축으로 맞대응하기도 한다. 세일즈맨이 첫미팅 이후 며칠 지나지 않아서 언제 구매 주문할 것인지 이메일을 반복적으로 보내면, 바이어는 대번에 제조기업이 판매가 절실한 것으로 이해하고 가격인하를 시도한다. 이처럼 협상에서 시간을 도구로 활용한 사례 두 가지를 소개한다.

사례 6　트럼프의 마라라고 별장 구입

트럼프는 1981년 그의 현재 플로리다 별장 마라라고를 구입하기 위해 판매자의 요구가격 $2,500만에 대해 $1,500만으로 역제안했다가 판매자로부터 거절당했다. 그는 즉각적인 대응책을 강구했다. 마라라고와 팜비치 사이에 위치해 있는 부지를 $200만에 구입한 후, 그곳에 자신의 집을 지을 계획이라는 정보를 퍼뜨렸다. 만약 그렇게 하는 경우, 마라라고의 해변가 조망이 차단되기 때문에 매력이 크게 떨어져버린다. 실제로 시간이 지나면서 가격은 계속 떨어졌다. 마라라고를 처분해야 하는 측에서는 시간이 갈수록 운영비용만 누적되어 손실이 쌓이지만, 트럼프는 그 상황을 여유 있게 지켜보고 있었다. 마침내 1985년 약 2만 5천평 면적에 룸 58개와 욕실 33개의 주택 $500만과 그 안에 있는 화려한 가구를 $300만에 구입하게 되었다.

사례 7　외국 공무원 퇴근시간 압박으로 클레임 처리

국내 모 대기업의 설비 수출담당 임원은 한 서남아 국가의 철도청 클레임을 수습하기 위해 팀원 두 명과 함께 현지를 방문했다. 상대방측은 다섯 명이 나왔다. 그들은 협상 전에 우리 출장팀의 귀국 일정부터 먼저 확인한 후 느긋하게 대응했다. 우리팀은 상대방이 제기한 클레임을 처리해야 하는 입장이었다. 글로벌 협상

경험이 많은 국내기업 임원은 상대방의 시간끌기 전략을 눈치채고 그도 맞대응했다. 자신의 영어 실력이 부족하여 내용 이해와 문장 작성에 다소 시간이 걸리더라도 양해를 부탁한다고 정중하게 말했다. 그리고는 그들이 제기한 클레임 내용을 한 건 해석과 답변에 두 세 시간씩 보냈다. 상대방의 지연 작전에 아예 드러눕는 작전으로 나갔다. 상대방은 그의 느린 속도에 무척 답답해 하다가 오후 5시경이 되자 안절부절했다. 그날 미팅을 거기서 마치자고 해서 종료했다.

그들이 떠난 후 현지 근무 경험이 있는 본사 직원들에게 전화를 걸어서 철도청 직원들의 반응에 대한 이유를 물어봤다. 마침내 그곳의 대중교통이 오후 6시면 모두 끊긴다는 사실을 알게 되었다. 공무원 신분인 그들은 별도의 교통비가 지급되지 않기 때문에 막차를 놓치면 각자 자비로 비싼 택시를 타고 귀가해야 하는 상황이었다. 임원은 즉시 항공사를 접촉하여 귀국 일정을 여유있게 연장시켰다.

그 다음날 회의 진행 속도는 전날보다 더 느려졌다. 당일 클레임 처리가 끝날 것으로 예상했던 상대방측은 오후 5시가 넘어도 회의가 종료될 기미가 보이지 않자 전날처럼 안절부절하기는 마찬가지였다. 이번에도 그들의 간청을 받아들여서 회의를 마쳤다. 다음날에도 협상 진행속도는 거북이걸음이었다. 마침내 점심 식사 후 상대방측이 두 손 들었다. 그들은 국내 기업이 원하는 것을 다 들어줄 테니 제발 미팅을 빨리 끝내자고 제안했다. 그 덕분에 클레임을 성공적으로 종결할 수 있었다. ━━━━━━━━━━━━━━━━━━━━━━━━━━━━

⑤ 단일형과 다원형

사람들이 시간을 어떻게 사용하는지에 대해 연구하는 시간개념학(Chronemics)에서는 한 난위의 시간에 한 가지 일을 진행하면 단일형(M-time: Monochronic)과 동시에 여러 가지 일을 진행하면 다원형(P-time: Polychronic)이라 부른다. 이슈별로 하나씩 순서대로 커뮤니케이션하고 일하는 단일형 문화권은 유럽의 중부와 북부(독일, 영국, 스웨덴, 핀란드, 노르웨이), 미국과 캐나다가 대표적이다. 반면, 정해진 일정에 얽매이기보다 상황과 상호작용에 더 초점을 맞추고 동시에 다양한 이슈를 함께 검토하거나 이미 합의된 사항도 되돌려 언급하는 다원형 문화권은 우리나라를 포함한 지중해 연안국, 중동 그리고 중남미가 대표적이다.

우리나라 조직에서는 실무자가 한가지 일을 하고 있는 동안에 다른 일이 계속 부과되어도 우선순위를 매겨놓고 순서대로 진행한다. 그러나 단일형 문화권 출신의 해외 사무소 현지직원에게 우리 식으로 같은 날에 여러 가지 일을 맡기면 아무것도 하지 않고 일이 중단되는 경우가 있다. 일을 맡긴 한국인은 상대방을 무능 또는 지시불이행으로 생각하고, 현지인은 상대방이 무엇을 하라고 하는지 지시를 이해하지 못한다. 그래서 경험이 있는 관리자는 서울에서 아무리 여러 가지 지시가 내려와도 현지인에게는 한 가지씩 임무를 부여한다.

⑥ 과거 지향주의와 미래 지향주의

시간에 대한 또 다른 개념은 과거, 현재 그리고 미래의 가치 비중이다. 어떤 문화권에서는 과거에 있었던 일이나 전통을 중요하게 여기는가 하면, 다른 문화권에서는 미래를 더 중요하게 생각한다. 전자는 우리나라를 포함한 동아시아국가들, 후자는 미국이 대표적이다. 한 연구 결과에 의하면, 미국인들은 1%만이 과거 지향적이고, 9%가 현재 지향적인 것으로 밝혀졌다. 나머지 90%는 미래 지향적이었다. 연구자들은 미래 지향적인 사람들의 소득이 다른 그룹보다 더 높다는 사실을 발견하기도 했다.

현재를 중시하는 문화권으로는 중남미, 지중해연안국이 있다. 이들은 현재의 삶을 중요하게 생각한다. 특히 중미인들의 이러한 사고방식은 연구자들의 탐닉절제지수(IVR: Indulgence versus Restraint)에서 잘 나타난다. 인간의 기본적인 욕구 충족 관련 개인의 자유로운 사고 수준을 나타내는 이 지수 평가에서 중미국가들이 최고 그룹을 차지하고 있다. 93개 국가를 대상으로 실시된 조사에서 1위에서부터 7위까지 베네주엘라, 멕시코, 푸에르토리코, 엘살바도르, 나이지리아, 콜롬비아, 트리니다드가 리스트에 올랐다. 미국은 17위, 일본 51위, 한국 65위였다. 중미에 진출했던 우리 봉제기업에서 일하던 현지인 근로자들이 주급이나 월급을 받으면 그 다음 근무일에 결근하는 직원들이 많았다는 배경에는 이러한 사고가 작용한 것이다.

공간

① 파워 차별

예로부터 동·서양 모두 개인의 파워는 그가 차지하는 공간으로 표현돼 왔다. 정치적으로 권력을 잡고 있는 집권자나 돈이 많은 부자가 거주하는 공간 또는 집무실의 크기가 대표적이다. 중국의 황제에 대한 존칭인 폐하는 '섬돌 아래'라는 의미다. 황제가 대신들과 함께 조회를 할 때, 그는 높다란 섬돌 위에 앉아 있는 반면, 신하들은 섬돌 아래에 선 데서 유래된 것이다. 공을 세우면 100보에 접근할 수 있도록 허용되었다고 할 정도로 거리가 멀었다. 우리나라에서는 국왕이 아니면 아무리 돈이 많아도 100칸 이상의 집을 지을 수 없게 하여 주거시설의 크기로 파워를 제한했다.

공간을 파워의 차별 수단으로 활용하는 것은 현대도 마찬가지다. 이는 크고 작은 조직들의 내부 회의에서 쉽게 발견된다. 그것은 가장 큰 파워를 보유하고 있는 조직의 장이 앉는 좌석의 좌우에 두는 여유로운 공간이다. 경직된 조직은 직위에 따라 좌석의 크기를 차별화하기도 한다. 좌석의 크기로 파워를 표현하는 커뮤니케이션은 아랍문화권에서도 마찬가지다.

사례 8 카타르왕족의 공간개념

한번은 우리 민관경제사절단이 카타르를 방문하여 현지 정부인사 및 기업인들과 함께 경제협력 행사를 준비해야 했다. 실무책임을 맡았던 저자는 카타르의 젊은 왕자로부터 도움을 받아 왕족인 그의 아버지와 큰아버지를 초청할 수 있었다. 행사장은 공식 파트너 기관인 카타르 상공회의소의 국제부장이 원형 테이블로 인원수에 맞추어 정리돼 있었다.

그런데 행사 당일 새벽에 왕자가 호텔 행사장에 나타나서 한바탕 소동을 벌였다. 그의 관심사는 왕족인 아버지와 삼촌이 앉을 특별석이었다. 카타르 상의가 행사장 앞쪽의 중앙에 양측 VIP용으로 마련한 테이블로는 부족했다. 그는 호텔측에 직접 요구하여 큼직한 일인용 소파 10개를 빨리 가져오라고 독촉했다. 인부들이 의자들을 들고 들어오자 이번에는 낡고 지저분하다며 당장 깨끗한 걸로 바꿔오라고 불호령을 내렸다. 평소 행동이 무척 느렸던 그가 그날 아침에는 전혀 다른 모습으로 일을 진행시켜 마침내 행사 전까지 귀빈용 의자 10개를 행사장 맨 앞줄에 배치했다. ━━━━━━━━━━

미국인들도 파워에 대한 인식은 개인별로 차이가 있다. 이는 오바마 전 대통령과 트럼프 대통령이 각각 내부 회의 때 앉았던 위치로 비교되었다. 두 사람 모두 합참의장의 군 작전 계획 브리핑을 듣는 상황이었다. 대통령이 너댓 명의 참모들과 함께 정면의 스크린을 바라보는 공간구조여서 좌석 배치는 ㄷ 자형이었다. 오바마 전 대통령은 브리핑하는 합참의장으로 하여금 상석으로 보여지는 ㄷ 자형 끝의 중앙에 서게 했고, 본인은 그 앞에서 다른 참모들과 함께 앉아서 브리핑을 들었다. 이와 대조적으로 트럼프 대통령은 본인이 ㄷ 자형 끝의 중앙을 차지하고 합참의장이 앞에 서서 브리핑하게 했다.

네덜란드 사회심리학자 게흐트 호프스테드(Geert Hofsteded)는 76개국 IBM 직원들을 대상으로 실시한 설문조사를 분석하여 권력간격지수(Power Distance Index)를 개발했다. 이는 조직 내 상사의 결정에 얼마만큼 반대의견을 낼 수 있는지, 상사의 의사결정 스타일에 대한 부하직원의 인식, 상사의 의사결정 스타일에 대한 호감도를 측정한 것이다. 이 지수는 조직 구성원들이 조직 내 권위나 위계질서를 어느 정도 중요하게 여기는지를 나타내는 것이다.

그 인덱스에 의하면, 100점 만점에서 80점(12-14위)에 아랍국가와 중국, 60점(41-42위) 한국과 그리스, 40점(61위) 미국, 13점(75위)에 이스라엘이 포함되어 있다. 점수가 높을수록 권력간격지수가 높고 사회구조의 수직성이 강하다는 의미다. 호프스테드의 분석결과는 한국인의 의사결정 과정이 이스라엘보다는 훨씬 더 경직되어 있지만, 아랍이나 중국보다는 유연함을 보여준다.

이런 분석결과를 비즈니스 협상현장에 응용하면, 아랍인과의 협상에서는 중앙에 앉아 있는 상대방 대표자의 발언과 반응에만 집중하면 되지만, 이스라엘인과의 협상에서는 상대방 대표자 한 사람이 아닌 모든 참여자 반응을 살펴봐야 한다는 것으로 해석할 수 있다. 간혹 다른 문화권 사람들과 대화하면서 누가 실질적인 의사결정권을 가진 사람인지 분간하기 어려운 경우가 있다.

② 비용 인식

유대인들은 공간을 비용관점에서 바라본다. 그래서 사무실이나 책상 크기를 최소화하여 비용을 줄이고자 한다. 이스라엘에서는 물론이고 미국이나 여타의 지역에서 사업하고 있는 유대인 사무실을 방문해보면 사무실 공간에서 사치스러움을 찾기 어렵다. 세계적인 영업망을 가동하고 있는 이스라엘 기업들의 회장실들도 보통 대여섯 평 남짓한 규모다.

사례 9 유대인의 공간개념

공간에 대해 이같은 사고를 가진 이스라엘 기업인이 국내 기업을 인수하기 위해 서울을 방문하여 그 기업의 CEO사무공간 규모에 놀라움을 감추지 못했다. 그를 동행했던 인수대상 한국회사의 임원에게 이렇게 물었다.

"서울같이 임대료가 비싼 도시에서 지금 이 한 층을 CEO 혼자 사용하는 것 같은데, 저 사람 하는 일이 임대료만큼 돈을 버는지요?"

양사의 협상이 원만하게 타결되어 이스라엘 기업이 한국 기업을 인수했다. 회사 운영을 맡은 유대인 사장은 회사 운영 방식을 바꾸어 나갔다. 그 중 하나가 사무공간 재배치였다. 사장 자신의 공간부터 서너평 남짓한 작은 공간으로 최소화했다. 집무실 안에는 조그마한 책상 하나에 4명 정도 앉을 수 있는 작은 의자와 미니 테이블이 전부였다. 아무런 장식도 없고 책상 위에는 데스크탑 컴퓨터와 전화기밖에 없었다. 비서는 사장실을 나오면 데스크탑과 전화기가 설치돼 있는 작은 책상에서 근무했다. 수면을 취할 수 있는 공간은 물론이고 탕비실도 없었다. 더욱 놀라운 점은 사장실의 위치였다. 본관 중앙의 높은 층이 아닌 본관 입구의 부설건축물이었다. 방문자의 눈에는 수위실을 사장실로 개조한 것 같아 보였다. 그럼에도 불구하고 그 사장은 자신의 사무실 위치가 정말로 좋다고 자랑했다. 그 이유는 그의 사무실이 관리부서 사무실과 바로 붙어 있어서 일어서면 안쪽에서 직원들이 일하고 있는 모습들을 볼 수 있기 때문이었다. ─────────────

③ 좌석 의전

비즈니스 관련 공식 회의나 오·만찬을 준비해야 하는 경우가 있다. 양측의 5명씩 참가하는 상황이라면 좌석배치를 어떻게 해야 할까? 이는 테이블 구조에 따라 좌석 배열이 달라진다.

직사각형 구조에서는 호스트가 출입구 쪽의 중앙좌석, 주빈은 그 맞은편의 안쪽 중앙좌석에 앉는 것이 프로토콜 기준이다. 두 번째로 중요한 사람은 호스트와 주빈의 각각 우측, 세 번째는 호스트와 주빈의 각각 좌측, 그 다음도 우측과 좌측에 순서대로 자리를 잡는다. 통역이 필요한 경우나 그 회의나 식사에서 특별한 역할을 해야 하는 사람이 있다면 표준 좌석배치는 조정될 수 있다. 원형 테이블에서는 출입구 반대편 중앙에 호스트가 앉고, 주빈은 그 우측에 앉는다. 그 다음은 호스트 좌측, 주빈 우측 순으로 이어진다. 이러한 좌석배치를 가볍게 생각하는 문화권도 있지만, 격식을 중요하게 따지는 문화권에서는 결코 간과해서는 안 될 사항이다.

좌석 의전은 승용차를 탈 때도 적용된다. 운전을 담당하는 기사가 있는 상황에서의 상석은 기사 좌석의 대각선 뒷자리다. 그 옆이 차석 그리고 세 번째 자리가 조수석이다. 일본, 영국, 영연방국가 및 일부 국가에서는 운전석이 좌측이 아닌 우측이라는 사실을 기억해야 한다. 그리고 초청인이 직접 운전하는 자동차에서는 조수석이 상석이다. 외국의 낯선 기업을 방문했을 때 공항이나 미리 약속한 픽업 장소에 누군가가 자동차로 마중 나오면 그의 신원을 명확하게 할 필요가 있다. 내가 근무했던 이스라엘에서는 중요한 손님은 회장이 직접 자동차로 마중 나오기도 하기 때문이다.

④ 풍수

유대인들이 공간을 비용 관점에서 보듯이 동아시아에서는 건물을 짓거나 사무실 공간을 배치할 때 풍수를 많이 따지는 사람들이 있다. 풍수는 글자 그대로 바람과 물이다. '세찬 바람은 건강을 악화시키니 감추고, 돈을 부르는 물은 모은다'라는 장풍취수(藏風聚水)의 줄임말에서 나온 것이다. 건물이나 주택을 지을 때 뒤에는 바람을 막는 산이나 언덕이 있고, 앞에는 강이나 개울 등 물이 있어야 함을 일컫는 배산임수가 장풍취소의 전형이다.

원래 중국 남부가 풍수설이 유명했는데, 공산주의 치하에서 무속신앙과 풍수설을 미신으로 억압함에 따라 홍콩으로 진입하여 건축물 배치는 물론이고 사무실 책상 배치에서부터 이사날짜까지 풍수사의 조언을 따를 정도로 현지에서 유행한다. 우리나라에서도 건물을 지을 때 풍수를 따지는 사람들이 있다. 요즘은 유럽이나 미국에서도 풍수에 대한 관심이 높아져 빌 클린턴 전대통령이 풍수전문가로부터 조언을 받아 백악관 사무실을 개조했고, 도널드 트럼프도 대통령이 되기 전 뉴욕 부동산 개발 당시 풍수전문가로부터 자문을 받았다.

사례 10 사무실 배치도

풍수전문가 고제희 대동풍수지리학회 이사장은 사무실 배치와 관련하여 다음과 같이 강조했다.

"사무실 배치에 있어서 CEO의 자리가 창보다 벽을 등지는 것이 좋다. 그는 기가 좋지 않거나 기가 빠져나가는 곳에 책상을 두면 건강하던 사람이 쉽게 피로해지고 각종 질병에 시달리는 경우가 종종 있다고 했다. 따라서 책상 배치도 건물배치도처럼 지대가 높은 곳을 등지고, 낮은 곳을 향하도록 하는 것이 원칙이다. 밖이 훤히 내다보이는 창을 등지게 배치해서는 안 된다. 뒤가 든든한 벽을 등져야 정서적으로도 안정감이 생긴다. 책상 뒤쪽에 창이 있으면 늘 불안하다. 생기나 재물이 창을 통해 빠져나갈 염려가 크다. 불가피하게 창을 등지게 될 경우 버티컬이나 커튼을 이용해서 뒤쪽을 보완해야 한다."

⑤ **사회적 거리**

개인간의 공간과 접촉은 상호 개인적인 관계와 연관성이 있다. 여기서 두 사람과의 공간이 없다는 것은 접촉을 의미한다. 사람들은 서로 가까운 감정을 느끼기 위해 접촉이 필요한 것처럼 각자의 프라이버시나 개인적인 공간을 유지하기 위한 공간도 필요하다. 이는 이미 여러 연구에서 인간을 포함한 동물은 각각의 적정한 공간을 가지는 것이 중요하다고 밝혀졌다. 인간 사회나 동물 세계에서 외부인이 어느 선 이상을 넘어 접근해오면 그것을 침입으로 생각하고 방어에 나선다. 이러한 행동의 근본적인 목적은 외부로부터의 물리적 해로움이나 감정적 불편을 떨치기 위함이다.

문제는 개인들이 각자 원하는 공간의 크기를 육안으로 식별할 수 없다는 데 있다. 사람들의 성격, 문화권, 및 주어진 여건에 따라 그 공간의 크기가 다르기 때문이다. 이런 분야에 대한 사람들의 반응이 예민해져 요즘은 적용 범위가 신체와 감정에만 한정되지 않고 청각, 시각 및 후각과 같은 감각으로 확대되고 있다. 지하철에서 큰 소리로 휴대폰 통화하는 행동, 엘리베이터에서 남자가 여자의 위에서부터 발끝까지 훑어보는 행동 그리고 사무실에서 지나치게 진한 향수 냄새를 풍기는 동료의 행동은 그 주변 사람의 개인공간을 침범하는 것으로 인식된다.

이와 관련된 문화적 차이는 유럽 대륙에서 지역별 구분으로 비교하기가 쉽다. 중부와 북부지역 사람들은 남부 지중해 연안 사람들에 비해 말 수가 적고 차갑다. 따라서 개인간의 대화거리가 멀게 느껴지는 대신 남부 사람들은 낙천적이고 대화할 때 가까운 거리에서 서로 신체적 접촉도 빈도가 높은 편이다.

미국인들의 개인공간에 대해서는 인간과 문화적 공간의 관계를 연구하는 공간학(Proxemics)의 개념을 처음으로 소개한 미국인 인류학자 홀(Edward T. Hall)의 저서(The Hidden Dimension)에 잘 나타나 있다. 그는 미국인들이 대화 상대방과의 관계에 따라 유지되기를 선호하는 거리를 <표 1>과 같이 제시했다.

표 1 미국인들의 적정 대화 거리

관계	거리	상황	음성 높낮이
연인	0 ~ 1.5 피트(0.45m)	포옹 거리	속삭임
친구	1.5 ~ 4 피트(1.2m)	악수 거리	낮게
고객	4 ~ 12 피트(3.6m)	상거래/사무실 동료 간의 거리	중간
청중	12 피트 이상	연사와 청중 거리	크게

개인이 선호하는 적정 대화 거리에 대한 문화권별 차이가 있겠지만, 비즈니스 현장에서는 개인의 성격도 잘 살펴봐야 한다. 일반적으로 내성적인 사람이나 여성은 외향적인 사람이나 남성보다 더 넓은 개인공간과 더 먼 대화거리를 선호한다. 외국 바이어와 대화할 때 상대방이 원하는 개인간의 대화거리를 깊게 생각하지 않고 가까이 접근함으로써 상대방을 당황시키거나 짜증나게 하는 실수를 저지르지 않도록 주의해야 한다.

03 시각적 커뮤니케이션

옷차림, 장식, 헤어스타일과 같은 시각적인 요소는 다른 사람들에게 그 자신의 사고와 행동 스타일을 내보이는 커뮤니케이션이다. 상대방에게 전달된 메시지가 정상을 벗어나는 경우, 커뮤니케이션이 오작동한다. 가령, 공식적인 비즈니스 미팅에 반짝이는 패션 버클에 요란한 색상의 셔츠차림으로 나타난다면 상대방은 그 모습을 보는 순간 상대방의 스타일과 태도에 대한 부정적인 이미지부터 가지게 될 것이다. 반대로 골치아팠던 협상을 마치고 홀가분한 마음으로 저녁에 한잔 하는 모임에 다른 사람들의 캐주얼 복장과 달리 혼자 정장차림으로 참석한다면 스스로 이질성에 대한 불편한 마음이 든다.

외모는 첫인상 결정에 80%의 비중을 차지한다. 비즈니스 파트너에게 처음부터 부정적인 인상을 주지 않도록 글로벌 드레스 코드와 로컬 드레스 코드에 대한 이해가 필요하다.

드레스코드(Dress Code)

<표 2>는 영국 기준의 드레스코드 용어에 대한 해설이다.

드레스코드와 관련하여 주의해야 할 사항은 영어 캐주얼 복장에 대한 우리의 해석이다. 정장차림이나 비즈니스 캐주얼까지는 별다른 문제가 없다. 여러 명이 함께 참석하는 모임에 드레스 코드를 캐주얼 또는 자유복장이라는 표현을 잘 한다. 세일즈 사절단을 대사관저 만찬에 초청하면서 한 외교관이 "복장은 간

표 2 드레스코드 용어

용어	해설
공식정장 (Formal wear)	결혼식, 정상들의 공식 만찬, 가든 파티, 사교 댄스 참석 참석 때 주로 입는 검정색 정장.
비공식 정장 (Informal attire)	현대인들의 일반적인 비즈니스 정장 차림으로 인식되고 있으며, 공식정장과의 가장 큰 구분은 색상이 있는 와이셔츠 착용이 가능하다는 것임. 비공식 정장이라고 해서 캐주얼 복장이라는 의미는 아님.
비즈니스 캐주얼 (Business casual)	이 카테고리에 대한 명확한 정의는 정립되어 있지 않음. 양복 정장과 캐주얼의 중간단계로서 보통 정장차림에서 넥타이를 풀거나 노타이 상태에서 상의와 바지가 다른 콤비 복장으로 통함.
캐주얼(Casual)	청바지, 티셔츠
활동복(Active attire)	티셔츠, 반바지, 트레이닝복, 운동화

편한 자유복장입니다"라는 말을 듣고, 글로벌 경험이 부족한 한 참석자는 운동화에 청바지 차림으로 참석했다. 드레스 코드 기준에서 볼 때 그의 복장은 해변가나 공원을 산책하는 복장이었다.

비즈니스 정장차림에서 피해야 할 복장으로 남성은 흰양말, 요란한 버클, 현란한 색상의 의복이고, 여성은 반짝이는 의상이나 모피 코트다. 모피 코트의 경우, 지역에 따라 인식이 다르지만 유럽과 미국에서는 좋은 인상을 주지 못한다.

액세서리

언론이나 대중에게 많이 노출되는 정치인들은 어떤 상징물을 통해 무언의 메시지를 전하기도 한다. 이 부분에서는 올브라이트 전미국무장관의 브로치가 유명하다. 그는 UN안전보장이사회 미국 대표로 일할 때, 이라크의 쿠웨이트 침공에 대한 응징을 주도했다. 이라크가 그를 사악한 뱀이라고 비난하자 그 다음 이라크 관련 회의 때 뱀형상의 브로치를 부착하고 나타났다. 그 후 올브라이트가 TV에 나올 때 사람들은 그의 브로치에 관심을 집중했다. 그는 기쁘고 좋은 이슈로 TV에 노출될 때는 꽃, 나비 또는 풍선과 같은 형상을 이용했지만, 나쁜 이슈에는 벌레나 곤충 같은 형상으로 자신의 심중을 내보였다.

로컬 복장

글로벌 비즈니스 현장에서는 서양식 드레스코드가 통용되고 있지만, 기후 여건과 사람들의 기질에 따라 나라마다 즐겨 입는 복장이 있다. 아랍 남성들은 잘라비야로 불리는 흰색 가운을 입고, 이스라엘 남성들은 좀처럼 양복을 입지 않고 캐주얼 차림으로 비즈니스한다. 이스라엘인들은 각료회의와 같은 공식 모임에도 흰색 와이셔츠 차림으로 참석하는 것을 전혀 이상하게 생각하지 않는다. 그들은 넥타이를 맨 상대방과 상담할 때 속으로 갑갑하게 생각한다. 이러한 복식문화에 따라 현지에 거주하는 외국인들도 노타이 셔츠차림으로 많이 활동한다. 이때 문제는 체구가 작은 사람이다. 스스로 왜소함을 느끼기 때문이다. 이처럼 시각적인 커뮤니케이션에서 우리 세일즈맨들도 실수를 한다.

사례 11 **시각적 커뮤니케이션 실수**

날씨가 무더운 동남아에서도 비즈니스맨들은 좀처럼 정장을 입지 않고 반팔 셔츠차림으로 활동한다. 국내 중소기업인들이 세일즈 사절단 일원으로 인도네시아를 방문하여 호텔에서 미리 예약된 현지 바이어들과 상담하는 도중에 한 기업인이 시각적 커뮤니케이션 실수를 저질렀다. 체구가 작고 피부가 까무잡잡한 바이어의 외모를 보고서 구매력이 없는 것으로 판단했다. 그의 무성의한 상담태도에 화가 치민 바이어는 상담장을 박차고 나갔다. 세일즈맨은 휴식시간에 호텔 입구로 나가서 담배 한대를 피우고 있는데, 그와 마주 앉아 상담했던 바이어가 고급 벤츠를 타고 나가는 광경을 발견했다. 그 순간 자신이 그를 성의있게 대하지 않고 홀대한 것을 후회했다. 몇 개월 후 그 바이어는 국내의 다른 기업으로부터 수입했다.

이와 비슷한 사례는 중국에서도 있었다. 시장개방 초기 한 기업인은 중국 진출을 위해 지방정부 인사들과 회의를 하게 되었다. 그는 마주앉아서 말을 많이 하는 사람이 최고 실권자로 생각하고 기분을 맞추는 데에 열중했다. 뒤에 알고 보니, 그의 비즈니스에 가장 큰 영향력을 행사할 수 있는 실력자는 회의장 한 구석에서 남루한 차림으로 말없이 움츠리고 앉아 있던 그 지역의 당서기였다. ━━━━━

다른 문화권 사람들과 비즈니스를 하면서 복장으로 잘못된 메시지를 전달하지 않도록 노력도 해야 하지만, 상대방 외모로 잘못된 판단을 하지 않도록 주의를 기울여야 한다.

04 거짓말 탐지

우리는 하루에 얼마나 많은 거짓말을 할까? 이 질문을 받으면 많은 사람들이 자신은 거짓말을 하지 않는다고 말할 것이다. 그러나 곰곰이 생각해보면 자연스럽게 거짓말을 하는 경우가 많다. 예를 들어보자. 주말에 여자친구가 남자친구에게 그가 입고 나온 옷이 어떠냐고 물으면, 센스 있는 남친 같은 디자인이나 색상에 대한 특별한 느낌이 없어도 일단 예쁘다고 말한다. 직장 상사가 직접 예약한 중국식당에서 "혹시 중식을 좋아하지 않는 것 아닌가?"라고 물었을 때, "예, 사실은 중국 음식을 싫어합니다"라고 말하는 부하직원은 얼마나 있을까?

거짓말의 정의는 사실이 아닌 것을 사실인 것처럼 꾸며대는 말이다. 이는 동기가 다른 사람에게 해를 주지 않는 선의의 거짓말과 의도적으로 해를 줄 수 있는 악의의 거짓말로 구분된다. 사람들은 선의의 거짓말에 대해서는 나쁘게 생각하지 않는다. 일상적인 생활에서 자신의 느낌, 선호, 태도나 의견을 밝힐 때 대수롭지 않게 거짓말을 하는 것도 이러한 인식 때문이다.

그러면 비즈니스 현장에서는 어떠한가? 사람들은 자신의 이익을 위해 다른 사람에게 해를 끼칠 수 있는 거짓말을 한다. 좀 더 직설적으로 표현하면, 남을 속이는 행동을 서슴지 않는다. 십계명 중의 하나인 "네 이웃의 재물을 탐내지 마라"를 근거로 유대인 지혜서 탈무드에도 "저울을 속이지 마라"라고 기록되어 있는 것을 보면, 남을 속이는 거짓말이 인류사회에 어제 오늘의 이슈만은 아닌 것 같다.

글로벌 세일즈맨이 외국 바이어들을 상대하는 동안 그들의 다양한 속임수에 직면하게 된다. 그들이 제공하는 정보가 정확한지 아니면 부정확한지를 구분하지 못하여 일을 그르치기도 한다. 상대방을 잘 속이는 사람들은 거래협상에서 남을 속이는 행위를 잘못된 것으로 생각하지 않고 자신의 장사술 또는 협상 테크닉으로 가볍게 생각할 수도 있다. 실제로 거래조건에 대한 기대수준이 각자의 목표와 상황에 따라 달라질 수 있기 때문에 어떤 절대적인 공정성이나 기준을 설정하기도 어렵다. 그래서 거래할 때 서로 자신의 이익을 위해 크고 작은 거짓말을 하면서 상대방의 거짓말을 탐지하려고 애를 쓴다.

거짓말 단서

연구자들은 사람들이 거짓말하는 행동의 특징을 찾아내기 위해 많은 시도를 해왔다. 그들은 남을 속일 때 보통 죄의식이나 두려움이 있기 때문에 태연한 척해도 그러한 감정이 신체의 다양한 부위로 표출이 된다고 믿는다.

① 거짓말 행동 단서

- 눈 동작의 변화 대화 도중에 상대방과의 눈맞춤을 회피하거나 동공이 확장되는 변화 또는 눈 깜박임의 속도가 갑자기 빨라지면 뭔가 속이는 행동의 표시로 인식된다.
- 음성 변화 목소리가 갑자기 경직되거나 높아진다. 말의 리듬이 불안정해지면서 도중에 끊어지거나 더듬거려도 거짓말로 인한 심리적 불안으로 이해된다.
- 신체적인 변화 몸이 긴장되고 예민해지는 반응이 나타난다. 애써서 자세를 고치지만 그래도 전반적으로 경직돼 보인다.

어떤 학자는 거짓말할 때 말 속도가 느려지고 말 실수가 더 늘어나는 변화를 발견했지만, 그렇다고 일반화시킬 수 있을 정도는 아니라면서 눈맞춤 회피를 거짓말 행동으로 본다는 것도 과학적인 입증은 하지 못하고 있다고 주장했다. 한 흥미로운 연구는 외향적인 성격 소유자의 거짓말 행동 특징으로 미소를 짓고 고개를 끄떡이며 제스처를 과도하게 많이 사용하는 행동 변화라고 했다. 떳떳하지 못한 거짓말은 무의식적인 신체적 반응을 불러일으키는 것이다.

② 신체적 변화로 거짓말 탐지

우리는 다른 사람이 거짓말을 하고 있다는 사실을 얼마만큼 알아차릴까? 한 연구결과에 의하면, 상대방의 거짓말에 대한 탐지 성공률은 55%였다. 그러면 어떤 단서로 거짓말임을 알아낼까?

미국에서 경험이 많은 세일즈맨들과 자동차 고객들을 대상으로 실시한 한 실험에서 목소리 변화에 대한 감지가 얼굴과 신체의 변화보다 더 높은 거짓말 탐지 성공률을 보인 것으로 밝혀졌다. 많은 사람들이 상대방의 얼굴 표정 변화로 거짓말 단서를 찾으려 하지만, 연구 결과는 오히려 얼굴 이외의 다른 신체적 변화에서 더 많은 단서를 발견하는 것이었다.

비즈니스 현장에서 말하는 거짓말에는 실제보다도 과장된 표현도 포함된다. 신뢰성이 낮은 바이어는 월 한 컨테이너 수입할 수 있는 능력을 세 컨테이너 수입을 장담하면서 수출가격 인하 또는 딜러십을 요구한다. 처음부터 나쁜 의도로 세일즈맨을 속이려고 하는 바이어는 곧장 L/C를 개설할 테니 한 달 이내 판매할 수 있도록 즉각적인 생산을 요청해놓고선 L/C 개설 전에 제품이 먼저 생산되면 딴소리한다. 제조기업이 재고처분을 하고자 할 때 가격을 터무니없이 깎는다. 이런 상황은 언어적 커뮤니케이션으로 상대방의 진실성을 걸러내야 하지만, 그 이전에 상대방의 목소리나 표정에 주의를 기울여 변화 여부를 감지하려는 노력도 병행해야 한다.

거짓말 탐지를 위한 팁

① 당신만의 거짓말 탐지법을 발굴하라.
② 상대방 감정을 자극하라.
③ 무조건 의심하는 편향을 피하라.
④ 상대방 말과 행동의 불일치에 주의하라.
⑤ 상대방의 평소 말과 행동과의 이탈에 주의하라.
⑥ 상대방에게 말을 계속 시켜라.
⑦ 상대방에게 말을 반복하게 하라.

⑧ 상대방의 목소리와 말에 집중하라.
⑨ 당신의 의심을 드러내지 마라.

고제희. CEO 책상위치(한국경제 2010.5.10)

이수. 풍수와 사무공간(DBR 14호. 2008년 8월호)

Burgoon, J. K., Guerrero, L. K., and Floyd, K. (2010). Nonverbal communication. Pearson.

Clayton, P. (2003). Body language at work. Duncan Petersen.

DePaulo, B. M., Lindsay, J. J., Malone, B. E., Muhlenbruck, L., Charlton, K., and Cooper, H. (2003). Cues to deception. Psychology Bulletin. Vol. 129, No. 1, 74−118.

DePaulo, P. J., & DePaulo, B. M. (1989). Can deception by salespersons and customers be detected through nonverbal behavioral cues? Journal of Applied Social Psychology, 19, 18, 1552−1577.

Ekman, P., & Friesen, W. V. (1988). Smiles when lying. Journal of Personality and Social Psychology. Vol. 54. No. 3, 414−420.

Fast, J. (2002). Body language. New York: MJF.

Guerrero, L. K., & Hecht, M. L. (2008). The nonverbal communication reader (3rd edition). Waveland Press.

Hall. E. T. (1963). A system for the notation of proxemics behavior. American Anthropologist, 65, 1003−1026.

Hall. E. T. (1973). The silent language. New York: Doubleday

Hall. E. T. (1976). Beyond culture. New York: Doubleday

Hargie, O. (2019). The handbook of communication skills (4th edition). New York: Routeledg.

Hiemstra. K. M. (1999). Shake my hand: Making the right first impression in business with nonverbal communications. Business Communication Quarterly, 62:4, December.

Hofstede, G., Hofstede, G. J., and Minkov, M. (2010). Cultures and organizations. McGraw Hill.

Jandt. F. E. (2010). An introduction to intercultural communication (6th edi-tion). Sage

Knapp. M. L., & Hall. J. A. (2010). Nonverbal communication in human in-teraction (7th edition). Wadsworth.

LaFrance, M., & Hecht. M. A. (1995). Why smiles generate leniency. PSPB, Vol. 21 No. 3, March, 207−214.

Matsumoto, D., Frank, M.G., and Hwang, H. S. (2013). Nonverbal communication. SAGE.

Mehrabian, A. (1969). Significance of posture and position in the communi-cation of attitude and status relationships. Psychological Bulletin, Vol. 71. No. 5, 359−372.

Post, P., & Post, P. (2005). The etiquette advantage in business (2nd eidition). William Morrow.

Riggio. R. E., & Friedman, H. S. (1983). Journal of Personality and Social Psychology, Vol. 45, No. 4, 899−915.

Sundaram, D. S., & Webster, C. (2000). The role of nonverbal communication in service encounters. Journal of Services Marketing, Vol. 14 No. 5, 378−391.

Vrij, A., & Granhag, P. A. (2012). Eliciting cues to deception and truth: What matters are the questions asked. Journal of Applied Research in Memory and Cognition, 1, 110−117.

Wesson. D. A. (1992). The handshake as non−verbal communication in business. Marketing Intelligence & Planning, Vol, 10 No. 9, 41−46.

Wikipedia(2020.7.23). Mar−a−Lago

PART
03

글로벌 협상

CHAPTER 07 협상 준비

비즈니스 협상의 궁극적인 목적은 거래를 통한 이익을 창출하는 것이다. 그 이익을 주어진 상태에서 분배할 수도 있고 상호협력으로 파이를 키워서 분배할 수도 있다. 이익분배에 있어서도 자신의 이익만 챙길 것인지 장기적인 거래관계를 고려하여 상대방 이익도 배려할 것인지로 구분된다.

이 장은 성공적인 협상을 위해 무엇을 어떻게 준비해야 하는지를 다룬다. 그 내용은 협상 기획서를 중심으로 협상의 핵심 개념과 준비 사항을 먼저 설명하고, 협상 스타일과 성격 구분 기준을 소개한다. 그리고 분배적 협상 전략과 통합적 협상 전략에 대한 설명과 사례도 포함되어 있다.

01 협상 기획

해외무역관에서 중소기업 세일즈 활동을 지원하기 위해 협상 초기단계인 상담현장에 참여하는 기회가 많다. 간혹 세일즈맨의 준비 부족에 당황하게 된다. 제품 설명 컨텐츠, 경쟁동향 그리고 거래조건에 대한 준비가 너무 안 되어 있기 때문이다. 바이어를 만나서 거래를 제의하기 위해서는 여러 가지 준비해야 할 사항이 많이 있다. 외국 바이어와의 상담 경험이 없는 세일즈맨이라면 다음 세 가지 질문을 스스로에게 던져보기를 권한다.

첫째, 나는 제품의 기술적인 특성을 논리적으로 충분하게 설명할 준비가 돼 있는가?

둘째, 나는 제품의 경쟁우위에 대한 설명 준비가 돼 있는가?

셋째, 나는 조직의 기대에 부응하는 합의를 도출하기 위해 충분한 협상준비가 되어 있는가?

거래는 신뢰에서 시작한다. 제품에 대한 신뢰, 세일즈맨에 대한 신뢰 그리고 기업에 대한 신뢰가 확인되지 않으면, 바이어는 경계하게 되고 거래를 꺼린다. 특히 세일즈맨이 신뢰를 얻지 못하면 바이어는 쉽게 상담을 접는다. 세일즈맨이 바이어로부터 신뢰를 얻는 것은 충분한 상담준비와 커뮤니케이션 방식이다.

세일즈맨의 협상 준비와 관련, 한 제약회사 임원은 다음과 같이 말했다.

"세일즈 협상은 준비가 중요하다. 시장성, 가격, 경쟁력과 같은 정보를 수집하여 철저하게 분석해야 한다. 분석된 협상정보를 토대로 진행 시나리오만 있으면, 협상행동은 그것을 따라 가기만 하면 된다."

협상 기획서

세일즈 협상은 가격과 물량을 중심으로 다양한 의제를 다룬다. 이러한 정보를 협상인의 머릿속에 담아두고 현장에서 임기응변식으로 대응하겠다는 준비는 체계적이지 못하다. <표 1>의 협상 기획서 양식에 따라 하나하나씩 정리해 놓는 것이 명확하다. 이 양식은 진 브렛(Jeanne M. Brett) 켈로그 경영대학원 교수가 강의시간에 활용한 것이다. 구성 항목에 대한 설명과 함께 사례를 소개한다.

① 협상 목표

보통 협상 목표를 대수롭지 않게 여긴다. 세일즈맨이 제품 판매가 목적이지 않냐는 식으로 생각하기 쉽다. 그래서인지 바이어를 만나서 상담하는 세일즈맨이 자신의 목표가 무엇인지를 망각하는 경우가 있다. 여기에서 말하는 목표는 구체적인 것이다. 첫 미팅인 경우 인사와 거래제안만 던져 놓고 다음 미팅에서 본격적인 협상을 할 것인지, 첫 미팅에서 딜러십계약에 관한 원칙적 합의를 볼 것인지, 아니면 단 한 번의 미팅으로 세일즈 계약을 체결할 것인지 목표가 명확해야 한다. 목표가 불분명하면 다양한 의제에 관한 대화를 나눌 때 그 방향을

표 1   협상 기획서 양식

구분	자신			상대방		
협상목표						
의제	입장			입장		
	우선순위	관심사		우선순위	관심사	
의제 1						
의제 2						
의제 3						
의제 4						
의제 5						
의제 6						
의제 7						
BATNA						
목표가격						
유보가격						

잃고 표류할 가능성이 높다. 그러한 목표를 협상기획서에 한 줄로 적는다. 머릿속의 생각을 문자로 간결하게 정리하기가 그렇게 쉽지만은 않다.

사례 1   아프리카 장관의 미팅 목표

아프리카 IT프로젝트 시장 발굴을 위해 약 1년 동안 노력한 끝에 남아공 주변의 한 국가 수도에 치안시스템 설치 건으로 그 나라 내무부장관을 만나게 되었다. 미니 사절단은 그 프로젝트와 관련된 S/W기업, H/W기업, 대기업 실무자 각 1명과 저자로 총 4명이었다. 수천만달러의 사업비가 소요되는 프로젝트여서 장관에게 프로젝트 제안 목적, 설치효과 그리고 자금조달 방안을 설명하고 그의 관심을 끌어내는 것이 미팅 목적이었다.

안내에 따라 회의실에서 장관을 기다리고 있는데, 실무국장이 들어와서 이런 말을 했다.

"우리는 외국 사절단이 방문하면, 대표가 먼저 장관을 잠시 독대하는 관례가 있다."

순간, 당황스러웠다. 공개적인 자리에서 말하기가 부담스럽고, 둘이서 은밀하게 나누고자 하는 토픽이 무엇일까 하는 생각이 들었다. 돈 이야기가 아닐까 하는 추측이 들었지만, 확인이 필요했다. 무슨 말을 해야 하는지 그에게 물어봤다. 그는 태연하게 "Everything!"이라고 대답했다. 그 모든 것에는 커미션도 포함되냐는지 되묻자, "바로 그것 때문이다"라면서 활짝 웃었다. 예상하지 못했던 장관과의 일대일 협상목표를 현장에서 급조해서 대응해야 했다. _____

② 의제

협상 목표를 명확하게 하고 상대방과 무엇에 대해 어떻게 대화할 것인지 의제를 설정한다. 브레인 스토밍하듯이 협의해야 할 의제를 모두 리스트화해 놓고 중요도에 따라 우선순위를 매긴다. 그리고 의제별로 자신의 관심사를 적고 그것에 대한 입장을 기록한다. 의제들에 대한 우선순위는 효율적인 목표달성 방안을 고려하여 매긴다. 협상인 자신에게 우선순위가 높은 의제를 관철시키기 위해 상대방에게 양보를 요구하는 반면, 우선순위가 낮은 의제는 상대방에게 양보해줄 대안으로 생각한다. 이러한 우선순위가 없는 상태에서 상대방이 공격적인 태세로 협상에 임하는 경우 상대방에게 양보만 해주고 정작 자신이 원했던 의제는 다루지 못한 채 협상이 종료될 수 있다. 의제설정에 있어서 다른 유의 사항은 협상 시간이다. 만약 상대방이 대기업 회장이나 정부 고위인사인 경우, 20여 분만에 협의를 마쳐야 할 수 있다. 이런 경우 핵심 의제 한두 가지로 국한시켜 원칙적인 합의를 도출하고 나머지는 후속 실무협상으로 넘겨야 한다.

사례 2 미얀마장관 미팅 의제

미얀마 개방화를 보고 미래사업으로 현지 태양광 발전 사업에 들어가고자 하는 중견기업이 있었다. 회장은 현지사회 공헌을 먼저하고 수익사업은 그 뒤에 시작한다는 중장기 전략을 밝혔다. 그는 실제로 농촌마을 태양광 전력화를 위한 실행 계획을 가지고 있었다. 당시 본사에서 해외 프로젝트 진출 지원업무를 맡고 있던 저자는 무역관을 통하여 미얀마 전력부장관과의 미팅 약속을 잡고 기업 경영진과 함께 네피도를 찾아가게 됐다.

기업측은 장관과 협의하고자 하는 구체적인 의제와 입장을 미리 보내달라고 해도 출국전까지 연락이 없었다. 미팅 당일 호텔에서 장관실로 이동하는 차 안에서 5개 의제를 보여줬다. 우리에게 주어진 미팅 시간은 15분이었는데, 다섯 가지 토픽을 거론할 수가 없었다. 가장 우선순위가 높은 핵심 의제 하나만 거론하기로 정리했다. ════════════════════

③ BATNA(최선의 대안)

BATNA(Best Alternative To a Negotiated Agreement)는 협상이 결렬됐을 때 선택할 수 있는 최선의 대안이다. 즉, 선택할 수 있는 여러 대안들 중에서 가장 좋은 것 하나를 의미한다. 이 용어는 1980년대초 하버드대 교수 로저 피셔(Roger Fisher)와 윌리엄 우리(William Ury)의 공동저서(Getting to YES)에서 처음으로 사용했다. 요즘은 협상분야의 보통명사화되었다.

협상은 대안 싸움이라고 해도 과언이 아니다. 강력한 BATNA를 가지고 있는 측이 협상을 주도하기 때문이다. 그래서 협상인들은 BATNA를 확보하기 위해 많은 노력을 한다. 그것이 없으면 상대방에게 끌려가기 때문이다. 협상에서는 자신의 BATNA를 가지는 것으로 끝나는 것이 아니다. 상대방이 어떤 대안을 가지고 있는지도 중요하다.

BATNA를 협상도구로 가장 많이 활용하는 사람이 아랍상인들이다. 그들은 최저가 오퍼를 모은다. 그 방법도 다양하다. 한 가지 예를 들면 다음과 같다. 한국 제조기업에게 수입 관심을 표명하고 시범주문을 할 듯이 하면서 특별할인가의 오퍼를 요청하여 보관한다. 그리고 중국기업으로부터 똑같이 수입할 듯이 하면서 시범주문용으로 특별가격 오퍼를 받는다. 중국산 가격이 매력적이지 않으면 한국 가격표를 언급하면서 추가 가격인하를 요구한다. 그렇게 하여 받은 가격표를 다시 한국기업이나 세일즈 출장객에게 내보이며 그 이하의 가격에 판매할 수 있냐고 묻는다.

바이어들의 이런 수법에 걸려들면 세일즈맨들은 꼼짝없이 당한다. 눈앞에 제시된 경쟁사들의 오퍼가격이 자신의 것보다 턱 없이 낮기 때문이다. 우리 세일즈맨이 품질 우수성을 강조하려 하면, 바이어는 "This is a price market"이라고 하면서 상대방의 주장을 무력화시킨다. 이런 경우 많은 세일즈맨들은 좌절하게 된다. BATNA가 없으면 선택은 두 가지다. 그 가격에 맞추든지 아니면 거래를 포기하는 것이다. 만약 현재 바이어가 원하는 구매조건보다 더 나은 BATNA가 있다면, 협상을 기꺼이 포기할 수 있다. 그런데 그 BATNA가 현재 바이어의 거래조건보다 좋지 않다면, 양보 하한선을 따져보고 수용여부를 최종 결정해야 한다.

④ 목표가격

목표가격(Target price)은 판매자는 판매하고자 하는 가격이고 구매자는 구매하고자 하는 가격이다. 제조기업의 입장에서 보면, 판매 표준가격이다. 해외 영업담장자가 세일즈 출장갈 때 회사로부터 받아가는 공식적인 판매가격을 의미한다. 그 가격을 바이어가 수용해줄지가 미지수이기 때문에 어디까지나 판매자의 목표가격인 셈이다. 미국 대학의 협상 강의나 서적에서는 이를 첫 오퍼가격으로 가르치고 있으나, 이 책에서는 우리 기업의 현실을 고려하여 세일즈맨이 흥정을 유리하게 하기 위해 좀 더 올려 부르는 첫 오퍼 가격과 구분한다.

이 목표가격도 유보가격처럼 생산원가와 경쟁사 가격정보를 고려해서 설정해야 한다. 생산원가에만 집착하여 가격을 터무니 없이 높게 설정하는 경우 바이어로부터 협상을 거절당할 수 있기 때문이다. 수처리 분야의 중소기업들이 동구의 한 국가가 추진한 상·하수 프로젝트에 참여했다가 높은 목표가격으로 실패한 사례를 소개한다.

> **사례 3**　수처리 기업들의 목표가격
>
> 그 프로젝트 발주처는 이탈리아 설비를 이용하고 있었는데, 현지 KOTRA무역관장이 발주처 인사들을 찾아가서 이탈리아산 대비 가격경쟁력이 높은 메이드 인 코리아를 검토해보라고 적극적으로 권유함으로써 커뮤니케이션이 시작됐다. 우리

중소기업들이 사절단 형식으로 몇 차례 오가면서 기술적인 검토에서 통과됐다. 마침내 가격입찰에 돌입했다. EU기금으로 진행되던 그 프로젝트 입찰에는 EU회원국이자 기존의 현지 수처리 프로젝트를 수행해오던 이탈리아의 기업뿐만 아니라 우리 기업들도 분야별로 가격제안서를 제출했다. 가격 심사가 끝나자마자 발주처 인사가 현지 무역관장을 찾았다. 기쁜 소식을 기대하고 800여 킬로미터 떨어진 도시로 부리나케 달려갔다. 그런데 회의실에 앉아 있던 사람들의 안색이 좋지 않았다. 그들은 이탈리아 설비보다 가격이 낮을 것으로 기대했던 한국산이 이탈리아산보다 가격이 40~50% 더 비싸다면서 어떻게 된 셈인지 이유를 설명해달라고 말했다.

그 발주처에게 이탈리아산은 강력한 BATNA였다. 브랜드 인지도가 없고 사용해본 적이 없어 기술적인 확신이 없는 상황에서 가격을 기대했는데, 그들이 가지고 있는 대안보다도 훨씬 거래조건이 나쁘게 결과가 나온 것이다. 판매자가 목표 가격을 설정할 때 항상 경쟁가격을 참고해야 한다는 교훈을 주는 사례다. ─────────

⑤ 유보가격

유보가격(RP: Reservation Price)은 협상에서 판매자와 구매자가 각각 거래할 수 있는 최대양보가격을 의미한다. 즉, 판매자에게는 그가 팔고자 하는 최저가격이고, 구매자에게는 그가 사고자 하는 최대가격이다. 더 이상 양보할 수 없는 선이라는 뜻에서 한계(Limit)라고도 표현한다. 가격협상을 앞둔 세일즈맨은 이 유보가격을 가지고 있어야 한다. 그렇지 않으면 양보의 한계선을 잡을 수 없기 때문이다.

유보가격은 회사의 사정에 따라 차이가 있지만 보통 다음 세 가지 요소를 고려한다.

첫째, 판매 수익률

해당 거래를 통하여 최소한 얼마의 수익률을 원하는지에 대한 기본방침이 있어야 한다. 생산원가에 수익률을 반영하면 판매가격이 산출된다. 이때 많은 기업들이 목표 수익률을 토대로 산출된 표준 가격을 세일즈 출장자에게 제공한다. 일부 기업은 얼마에서부터 얼마까지 판매하라는 가격밴드를 제공한다.

둘째, 경쟁 가격

시장에는 경쟁사가 존재하기 때문에 공급자가 가격을 일방적으로 정하기 어렵다. 바이어가 경쟁사로부터 더 제안을 받을 수 있기 때문이다. 따라서 같은 시장의 경쟁사 공급가격을 참고하지 않을 수 없다. 판매자 입장에서도 BATNA 가 있다면 그 가격 이하로 거래할 이유가 없다. 결국 유보가격은 바이어나 판매자의 BATNA에 의해 크게 영향을 받는다.

셋째, 고객가치

이 세상에 존재하지 않는 제품이나 서비스를 개발했을 때, 그 판매가격과 수익률은 일반적인 공산품과 같은 방식으로 산정할 수 없다. 특히 인터넷으로 매출수익을 올릴 수 있는 IT분야의 창의적인 아이디어 상품은 얼마나 많은 고객이 이용하느냐에 따라 그 가치가 달라진다. 이런 거래의 유보가격은 그 상품의 가치평가를 토대로 총판매액이나 수익률의 상·하한선을 참고하여 정해야 한다.

이 세 가지 요소 중 어떤 것을 이용하든 세일즈맨은 유보가격을 가지고 협상장에 들어가야 한다. 그렇지 않으면 유력 바이어가 공격적으로 가격인하를 요구해올 때 합의를 포기하거나 계속 가격을 깎아주고 빈껍데기 합의점에 도달할 수도 있다.

⑥ 합의가능구간(ZOPA: Zone Of Possible Agreement)

협상에서 합의 가능구간은 판매자가 판매하고자 하는 가격범위와 구매자가 구매하고자 하는 가격범위가 겹치는 구간을 의미한다. 이는 양측의 유보가격이 중복되는 부분이기도 하다. 합리적인 합의는 바로 이 합의가능구간에서 일어난다. 만약 양측의 유보가격이 겹치지 않는다면 그것은 합리적인 합의가능성과 멀어진다. 협상인은 자신의 유보가격이 상대방 유보가격과 겹치는 부분이 있는지를 알아내는 것이 중요하다. 상대방의 유보가격을 미리 알고 있으면 아무런 문제가 없지만 그 정보를 모르기 때문에 판매자는 호가를 높게 부르고, 구매자는 호가를 낮추어놓고 상대방 눈치를 봐가면서 가격을 조정해나간다.

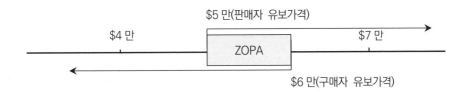

그림 1 합의가능구간(ZOPA)

판매자가 어떤 제품을 팔기 위해 구매자와의 가격협상을 앞두고 판매 목표가격 $7만, 유보가격 $5만을 설정한 반면, 구매자는 구매 유보가격 $6만, 목표가격 $4만을 생각하고 있다고 가정해보자. 이때 양측의 합리적인 합의가능구간은 <그림 1>에서 볼 수 있듯이 $5만~$6만이다. 판매자는 그 제품의 판매가 $7만을 원하지만, 구매자는 $6만 이상의 가격을 지불할 생각이 없다. 따라서 판매가 가능한 최대가격은 $6만이 된다. 이와 반대로 구매자는 구매가 $4만을 원하지만, 판매자가 $5만 이하에는 팔 생각이 없다.

협상 성과관리

세일즈맨은 바이어와 협상을 할 때 개인의 이익이 아닌 기업의 이익을 관리하는 입장이다. 따라서 세일즈맨은 상대방과의 협상 준비와 함께 내부의 방침도 정확하게 받아야 한다. 기업도 글로벌 영업 일선으로 나가는 세일즈맨이 성공적으로 협상할 수 있도록 최대한 지원을 해주어야 한다. 신규 시장개척을 위한 세일즈 출장에 대해 조직 내부적으로 점검해야 할 사항 몇 가지가 있다.

① 해외 출장에 대한 경영인의 태도

CEO 중에는 "제품만 우수하면 바이어들이 찾아오게 돼 있다"는 신념을 가지고 있어 적극적인 마케팅 활동이 필요없다고 생각하는 사람들이 있다. 이런 환경에서 실무자들은 자발적으로 해외 세일즈 출장을 기획할 동기가 약해지게 된다. 한 농기계제조사의 해외 수출담당자는 세일즈협상에 관한 그룹 토의에서 이렇게 말했다. "우리는 특별히 마케팅할 필요가 없습니다. 딜러들에게 가격만 던져주면 됩니다." 이는 그의 CEO 태도와 같은 생각이었다. 그러나 다른 참석자들은 그의 생각에 동의하지 않았다.

② 세일즈 출장 과정에 대한 관리

경영인의 스타일에 따라 사전 준비와 결과에 대한 보고의 엄격한 정도가 차이 난다. 실제로 저자와의 인터뷰에 응한 일부 실무자는 세일즈 출장을 준비할 때 윗사람의 승인이 너무 까다로워 힘들다고 말했다. 세일즈맨의 협상 활동을 제약하는 내부 시스템은 성과에 나쁜 영향을 미친다는 연구 결과도 있다.

협상학자 클랍턴(S.W. Clopton)은 실험 대상자들을 두 개 그룹으로 나누었다. 한 그룹은 협상 성과만 회사에 보고하고, 다른 그룹은 협상 진행 과정과 성과를 세부적으로 회사에 보고해야 하는 환경에서 동일한 조건으로 협상을 하도록 했다. 그 결과는 전자가 후자보다 더 좋은 성과를 보였다. 후자는 협상을 제로섬 게임의 이익분배 경쟁으로 보고 자기 입장만 고수하는 경향을 보여 합의에서 얻은 수익금액이 적었다.

③ 협상인의 권한

기존 수출기업은 지역별로 적용할 수 있는 표준가격이 있지만, 신규 수출시장을 개척해야 하는 중소기업 세일즈맨은 최소주문량, 표준가격과 최대 양보가격, 대금결제조건, 인도조건, A/S 및 기술지원 등에 관한 항목별로 의사결정권을 확실하게 받아야 능동적으로 협상을 진행할 수 있다. 보통 표준가격은 가지고 있지만, 얼마까지 가격을 깎아주어야 할지 그리고 그것을 다른 거래조건과 어떻게 조합할지에 대한 의사결정권은 고려하지 않는 경향이 있다.

일부 바이어는 협상 시작 전에 세일즈맨에게 의사결정권이 있냐고 직설적으로 묻기도 한다. 한번의 미팅으로 계약을 끝내고자 하는 문화권의 바이어들을 만나야 하는 세일즈맨은 반드시 자신의 협상권한을 명확하게 할 필요가 있다.

사전 리허설

양측에서 여러 명이 참여하는 그룹협상의 경우, 각자 역할을 분담하여 주요 의제에 대한 요구와 상대방의 예상되는 요구에 어떻게 대응할지를 미리 예행 연습하는 것이 효과적이다. 역할 분담은 협상 대표의 인사와 팀원 소개, 제안 프리젠테이션, 질문에 대한 분야별 담당자, 악역과 선한 역 그리고 상대방측 역할 담당자로 구분하여 처음부터 끝까지 협상 기획서를 이용하여 진행한다. 리허설 과정에 보완해야 할 사항도 발견하게 되고 현장 대응 능력도 향상시켜 준다.

02 상대방 스타일

문화가 다르고 커뮤니케이션 방식이 다른 외국 바이어와의 협상에서 그의 행동을 예측할 수 있다면 커뮤니케이션이 훨씬 원활하게 진행될 것이다. 그러한 역량을 갖추기 위해서는 협상 스타일과 성격에 대한 기본적인 이해가 필요하다. 처음 만나게 되는 바이어의 그러한 정보를 구하기가 어렵기 때문에 협상 테이블에서 상대방의 언행을 지켜보고 어느 유형에 해당하고 어떻게 행동할 것이라는 예측을 해야 한다. 여기서는 협상 스타일별 행동특징과 성격을 구분하는 세 가지 모델을 소개한다.

협상 스타일

오하이오 주립대 르위키 교수는 동료들과 함께 쓴 책에서 협상인들의 행동 패턴을 <그림 2>와 같이 다섯 가지로 구분했다. 협상인들은 현재 성과와 미래 관계를 놓고 각자 성격과 조직의 입장에 따라 기본 포지션을 정해놓고, 상대방과의 상호작용에서 그 포지션을 달리한다. 그들은 협상인이 성과를 중요하게 생각하게 생각하면 경쟁형과 협력형, 관계를 중시하면 순응형과 협력형, 협상에 관심이 없고 그것을 피하고자 하면 회피형, 그리고 상대방이 누구든 적당히 타협하고 끝내고자 하면 절충형이라고 분류했다.

이 다섯 가지 협상 스타일 중 우리 세일즈맨들은 절충형이 가장 많고 경쟁형이 가장 적은 것으로 나타났다. <표 2>는 2019년 상반기 국내 중소·중견기업 45개사의 451명을 대상으로 저자가 실시한 협상스타일 자가진단 결과다. 각

| 그림 2 | 협상 스타일 |

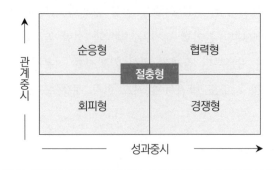

출처: Lewicki, R. J. et al. (2010). Negotiation 6th edition. McGraw Hill.

| 표 2 | 한국인의 협상 스타일 현황 |

	절충형	협력형	순응형	회피형	경쟁형
평균(451 명)	26.53	25.7	25.06	21.17	20.28
남(328 명)	26.87	26.03	25.26	20.60	20.62
여(123 명)	25.63	24.83	24.52	22.67	19.39

유형별 7개 문항에 대한 5등급 측정으로 35점 만점 기준에서 절충형 평균이 26.53으로 가장 높고, 경쟁형은 20.28로 가장 낮다. 여성은 대체로 남성보다 대체로 협상 열의가 낮은데, 그 정도는 회피형에서 남성 20.6보다 2.07이 높은 22.67로 두드러지게 나타났다.

바이어들의 협상 스타일은 어느 정도 문화권의 상관행에 영향을 받는다. 어떤 문화권에서는 그들의 제안이나 요구조건이 합리적이고 커뮤니케이션도 논리적이고 정직한 반면, 전혀 그렇지 않는 문화권도 있다. 세일즈맨이 협력형 바이어를 만나면 별 어려움 없이 협상할 수 있을 것이다. 그러나 현실 세계는 그렇지 않은 바이어들도 많이 있다는 점을 잊지 말아야 한다. 바이어가 상대방과의 관계는 안중에 없고 오로지 자신의 이익만을 추구하는 경우, 거래성사나 관계를 위해 일방적으로 물러서는 대신 상대방과 맞서는 배짱이 필요하다. 그렇지 않으면 상대방 이익을 위해 제품을 생산해서 공급하는 결과를 초래할 수 있다.

① 회피형

회피형은 협상 자체에 흥미가 없는 유형이다. 이는 성격이나 포지션의 영향을 받는다. 개인의 성격에 따라 상대방에게 요구하고 때로는 실랑이도 해야하는 협상에 대해 거부감을 가지는 사람도 있다. 포지션은 신규 거래에 관심이 없거나 상대방 제품이나 제안이 관심이 끌리지 않는다는 것이다. 특히 부품과 같은 중간재인 경우 구매 담당자는 거래선 변경을 회피하는 경향이 강하다. 이런 환경에서는 협상을 할 수 있는 미팅 기회 자체를 얻기가 어렵다.

일반적으로 협상 성향이 회피형인 사람이 같은 회피형 상대방을 만나면 협상 진전도 안되고 관계가 훼손돼도 그것을 방치하게 된다. 경쟁형을 만나면 상호작용을 최소화하고 상대방이 강하게 나오면 도망간다. 협력형 상대방은 성과와 관계를 위해 노력해보지만 결국은 포기하고, 절충형 상대방은 성과와 관계에 대해 약간의 관심을 쏟는다.

② 순응형

순응형은 미래의 거래관계를 위해 현재의 거래성과를 양보하는 스타일이다. 같은 순응형을 만나면 협상은 진전 없고 관계만 긴밀해진다. 경쟁형을 만났을 때 상대방이 만족하도록 자신의 이익을 크게 양보해주기 때문에 성과가 빈약하다. 특히 상대방이 관계는 완전히 무시하고 오로지 자신의 이익만을 위해 온갖 수단을 동원하여 몰아 부치면 계속 양보함으로써 합의를 해도 승자의 저주와 같은 상황에 처하기 쉽다. 따라서 순응형 협상인은 제로섬 게임의 협상을 피하는 것이 좋다. 어떤 기업의 영업담당간부는 그의 CEO가 너무 마음이 부드러워서 협상을 했다고 하면 바이어에게 양보를 많이 해준다고 했다. 그러한 상황을 알고서는 CEO가 바이어 협상을 영업간부에게 위임하는 결정을 내렸다.

③ 경쟁형

경쟁형은 협상을 이익분배의 경쟁으로 간주하고 공격적인 행동을 하는 스타일이다. 이 유형의 협상인은 자신의 이익을 위해서라면 상대방과의 관계가 훼손된다고 해도 신경쓰지 않는다. 만약 순응형 세일즈맨이 공격형 바이어를 상대해야 하는 협상이라면 그 성과가 어떠할지 쉽게 예상된다. 공격형 협상인은 대개 막강한 파워가 있다. 세일즈맨은 이러한 유형의 협상인을 피하고 싶어도 가끔씩 마주 앉게 된다. 현재 세계에서 가장 공격적인 협상인 중의 한 명인 트럼프 미국 대통령 협상 행동으로 공격형의 특징을 알아본다.

자칭 협상의 달인인 사업가 도날드 트럼프는 자신의 부동산 사업 성공담을 토대로 1987년 『거래의 예술(The art of the deal)』을 발간하고, 2017년 미국 대통령에 취임 후 줄곧 힘을 이용한 경쟁적 협상을 하고 있다. 트럼프 대통령의 협상 원칙은 다음과 같이 정리된다.

· 상대방의 취약점을 찾아 최대한 압박하라.
· 상대방에 대한 레버리지를 찾아라.
· 강하게 나가라.
· 자신의 제안을 강력하게 밀어 부쳐라.
· 언제든지 싸울 준비를 해두라.
· 선택안을 제시하여 수용하게 하라.
· 관계는 불필요하다.
· 가격에 초점을 맞추고 기한을 설정하라.

미국 협상학자들은 그들이 경영대학원에서 가르치고 있는 효과적인 협상원칙과 반대 방향으로 트럼프 대통령이 직감적인 윈-루즈협상을 하고 있다고 평가한다. 그들은 그의 저서와 행동을 협상저널의 특집으로 다루면서 미국의 많은 비즈니스맨들이 그의 협상 스타일을 모방하지 않을까 하고 우려했다. 와튼비즈니스스쿨에서 실시된 협상실험에 의하면, 2016년 미국 대선 이후 남학생들의 여성에 대한 협상 공격성이 더욱 강하게 나타났다. 글로벌 세일즈맨들은 경쟁형 스타일의 협상 파트너를 어떻게 대응할 것인지에 대해 좀 더 고민하고 치밀하게 준비해야겠다.

④ 협력형

협력형은 성과와 관계를 모두 중요하게 생각한다. 협상을 문제해결식으로 진행해나가고자 하는 스타일이다. 가장 이상적인 스타일이지만, 경쟁형 스타일을 상대할 때 협상 초기에 밀린다. 그러나 자신의 성과를 포기하지 않기 때문에 일방적인 양보 대신 강경입장으로 변하게 된다. 대신 같은 협력형 스타일과 협상할 때는 서로 신뢰하고 개방적인 태도로 윈윈전략을 향해 공동의 파이를 키워 분배한다.

⑤ 절충형

절충형은 협상이 교착상태에 빠지면 서로의 요구에서 절반씩 양보하여 타결하기를 선호하는 스타일이다. 얼핏 논리적으로 보이지만 주의해야 할 점이 있다. 판매자나 바이어 중 어느 한 쪽이 터무니없이 높게 부른 가격에서 공정성을 내세워 서로 양보하자고 해서 합의할 수 있다는 것이다. 공정이라는 용어는 협상인들이 종종 이용하는 전술이기도 하다. 상대방의 요구나 오퍼에 대해 공정하지 못하다고 하면 그는 자신의 입장에 의문을 가지게 된다. 보통 자신의 입장에서 공정을 생각하지 상대방 입장에서 고려하지 않는다. 따라서 상호 갈등관계에서 상대방이 공정을 내세운다고 해서 무작정 같은 비율로 양보하는 행위를 하지 않도록 주의해야 한다.

리차드 쉘(Richard Shell) 펜실베이니아대 와튼스쿨 교수는 사람들의 협상스타일을 좀 더 흥미롭게 설명한다. 한 회의실에서 직사각형 테이블을 사이에 두고 다섯 명씩 마주보고 앉아 있는데, 한 사람이 들어와서 사람들에게 뜻밖의 제안을 한다. 그것은 마주보고 앉아 있는 사람을 설득하여 자신의 의자 뒤에 서게 하면, 선착순으로 두 사람에게 각각 1,000달러를 지급하겠다는 것이었다. 이때 협상 스타일별로 달리 나타나는 행동 특징을 요약하면 다음과 같다.

- 회피형: 속임수라면서 아무런 대응을 하지 않는다.
- 순응형: 상대방에게 도움이 되기 때문에 신속하게 달려간다.
- 협력형: 서로 신속하게 왔다 갔다 하면서 두 명 모두 1,000달러씩 받는 방안을 모색한다.
- 경쟁형: 온갖 수단과 방법을 동원하여 상대방을 자신의 뒤에 서게 하려고 한다.

• 절충형: 상대방에게 보상금 절반씩 분배하는 조건을 내걸고 신속한 이동을 요구한다.

성격

자신의 이익을 위해 수단과 방법을 가리지 않고 일방적인 양보를 요구하는 바이어와 협상을 해본 세일즈맨은 커뮤니케이션할 때 개인의 성격이 얼마나 중요한지 이해할 것이다. 성격에 대한 기본적인 이해는 세일즈맨뿐만 아니라 누군가와의 커뮤니케이션을 통하여 결정과 행동을 해야 하는 사람에게 필요하다. 그 이유는 어떤 주어진 상황에서 상대방이 어떻게 행동할 것인가를 예측할 수 있기 때문이다.

성격 자체에 대한 연구는 인간의 성격이 본능적인 욕구(Id), 현실적 판단(Ego), 그리고 본능을 조절하는 도덕성(Superego)이 서로 조합되어 결정된다는 프로이드(S. Freud)의 성격발달이론에서 시작하였다. 그 후 칼 융(Carl Jung)이 사람의 성격을 내향성과 외향성으로 구분하는 분석심리학을 주장했고, 카렌 호나이(Karen Horney)는 신경증적인 측면에서 순종형(Compliance), 공격형(Aggression), 회피형(Detachement)으로 CAD성격모델을 제시했다. 현대에 와서는 개인의 특성을 규명하는 성격특성이론이 올포트(Allport)에 의해 처음으로 소개된 후 요즘은 5대 성격요인(The Big Five)이 성격구분의 도구로 널리 활용되고 있다.

성격이 협상의 과정과 결과에 미치는 영향은 연구 방향에 따라 다양하게 진행되었다. 협상연구 활용된 성격 유형은 앞에서 소개한 5대 성격요인과 CAD 모형 이외에 마키아벨리즘(Machiavellism)과 동기지향성(Motivation Orientation)도 있다. 전자는 자신의 이익을 위해 남을 속이거나 통제하려는 욕구의 정도, 후자는 상대방에 대한 신뢰 수준에 따라 협력하고자 하는 동기의 정도를 의미한다.

성격 유형을 구분하는 진단도구들이 있다. 세일즈맨은 주변에서 쉽게 이용할 수 있는 도구가 있으면 그것을 활용하여 평소 자신의 성격 유형을 파악해놓는 것이 좋다. 자신을 알아야 추후 협상 상대방과의 커뮤니케이션에서 상대방 성격 분석이 용이하기 때문이다. 다양한 성격진단 도구들이 있지만, 협상할 때 자신과 상대방의 유사성과 차별성 확인에 참고하기가 용이하다고 판단되는 세 가지를 골랐다.

① CAD모델

독일계 미국의 정신분석학자 카렌 호나이는 사람의 성격을 어린 시절의 안전욕구 충족의 정도로 구분했다. 그의 주장에 의하면, 아이들은 자신의 안전에 대한 불안감을 가지고 있다. 부모로부터 관심과 사랑을 많이 받으면 그러한 불안감이 해소되지만, 사랑을 받지 못하고 방치된다면 불안감이 고조되어 반항의식이 싹튼다. 그는 불안전한 환경으로부터 자신을 보호하기 위한 행동을 10가지 신경증적 욕구로 구분하고, 그것을 다음과 같은 세가지 기준으로 구분하여 특징을 설명했다.

- 순종형은 타인에게 인정받고 보호받고 싶은 강한 욕구에 의해 움직이는 성격 유형이다. 자신은 무력하고 열등하고, 타인은 강하고 우월하다고 판단하여 그로부터 인정과 관심을 받고자 한다. 일상 생활 속에서 자신보다 타인을 먼저 생각한다.
- 공격형은 타인을 통제하고 지배하려는 욕구가 강한 사람들의 유형이다. 승부욕과 경쟁심이 강하고 자신의 이익을 위해서라면 타인을 서슴없이 비난하고 공격도 감행한다. 권력, 부 또는 명예를 얻어서 남들보다 우월하다는 것을 보여주고 그것을 인정받고 싶어한다.
- 은둔형은 자신만의 세계를 만들어놓고 혼자 시간을 보내는 것이 편하게 느끼는 성격 유형이다. 타인과의 잦은 교류는 불편하다. 타인을 특별히 좋아하거나 미워하는 감정 표현을 억누르고 혼자서 논리나 이성적 사고를 중요하게 생각한다.

호나이의 주장을 요약하면, 사람들은 다른 사람에게 잘 보이려고 다가가는 유형, 그들을 적대시하는 유형 그리고 모두 귀찮다고 여기는 유형으로 성격이 구분된다. 실제로는 어린 아이나 성인 할 것 없이 모두 세 가지 성격 유형이 혼재하면서 그 중 어느 한두 가지가 강한 성향을 나타낸다.

② 5대 성격요인

1940년대 올포트가 처음으로 소개한 성격의 특성이론은 여러 명의 연구자들을 거쳐 마침내 Costa & McCrae에 의해 집대성되었다. 현재 전세계 심리학계 및 협상학계에서 가장 널리 인정받고 있는 5대 성격요인 모델의 성격 유형별 특징은 다음과 같다.

- 외향성(Extraversion): 사교적이고 활동적이다. 말을 먼저 걸고 자기 주장이 강한 편이며 말하기를 좋아한다. 다른 사람들과 어울리기를 좋아하지만, 그들로부터 관심을 끌지 못한다 해도 신경 쓰지 않는다.
- 친화성(Agreeableness): 다른 사람들과 잘 지내려고 한다. 대체로 사려가 깊고 친절하며 자상한 편이다. 다른 사람을 편하게 해주고 이해관계에 있어서는 타협하고자 한다. 그리고 그들을 도와주려 하며 신뢰를 받는다.
- 성실성(Conscientiousness): 지켜야 할 것은 잘 준수하고 해야 할 일은 완수하고자 한다. 강한 성실성은 외골수로 인식되기도 한다. 행동특징은 일에 있어서는 정확하고, 일정을 준수하며 세부적인 사항들에 관심을 집중시킨다.
- 신경증(Neuroticism): 분노, 불안 또는 우울증과 같은 부정적인 감정 상태를 의미한다. 정서불안으로도 불린다. 행동 특징은 감정기복이 심하여 쉽게 화를 내고, 스트레스를 받으며 자주 이성을 잃는다.
- 개방성(Openness): 호기심이 많고 새로운 경험에 대해 도전적이다. 상상력과 아이디어가 풍부하고 창의적이며 예술, 감성, 모험적인 일을 좋아한다. 매사에 있어서 이해가 빠르고 환경변화와 혁신을 잘 수용한다.

③ ICRU(I Can Read YoU)

이는 최근 국내 연구진이 칼 융(Carl Jung)의 심리이론과 에리히 프롬(Erich Fromm)의 기질이론을 기반으로 언어·비언어적 행동과 생활 패턴 등을 참고하여 커뮤니케이션 유형을 네 가지로 구분한 것이다. ICRU는 외향과 내향의 기준으로 분류한 서구의 성격특성 진단방식과 달리 호르몬, 커뮤니케이션 및 생활 패턴을 중심으로 유형화했다. 그 구분의 기준이 실용적이어서 유형별 개념과 행동 특징을 소개한다.

- 혁명가(Revolutioner): 이는 창의적인 유형이다. 새로운 것에 대한 도전과 자유로운 환경을 선호한다. 표정은 활기차고 제스처가 활발하다. SNS를 통해 본인의 유니크함을 뽐내려 하거나 다양한 관심사에 대한 정보를 다룬다. 이들의 폭넓은 관심사는 주로 새로움에 대한 자극과 호기심에 기인한다. 틀에 박힌 업무를 싫어하기 때문에 보수적이고 폐쇄적인 직장에 오래 근무하기 어려워하고, 목표나 성과에 대한 분석이나 평가를 가볍게 여기는 경향이 있다. 혼잣말을 자주하고 말이 많으며 "오~", "와~" 등과 같은 감탄사를 자주 사용한다.

- 감성인(Emotioner): 이는 감성적이며 관계지향적인 유형이다. 다른 사람들에게 먼저 다가가서 도와주고 친밀한 관계를 원한다. 표정은 온화하면서 너그럽고 말할 때 잔 손짓이 많다. SNS에는 주로 가족이나 친구, 반려동물과 함께 찍은 관계 중심적인 사진이나 감정에 대한 표현이 많다. 다른 사람들에 대한 칭찬이나 사과를 많이 한다. 결정을 빨리 내리지 못한다. "사랑해!", "좋아", "함께 하자"와 같은 표현을 자주 사용하는데, 이 역시 관계와 감정이 주된 키워드다.

- 활동가(Actioner): 이는 활동적인 유형이다. 목표 달성과 성취욕이 강하고 주도적으로 문제해결을 하는 편이다. 웃음이 적고 강한 눈빛과 뻣뻣한 자세지만 반응은 신속하다. SNS에 자신의 직위나 성취를 강조하거나 활동적인 내용을 주로 다룬다. 영웅적이거나 카리스마적인 성향이 강하다. 자기 업무, 특정 한 분야에 깊이 몰두하는 경향이 있다. "핵심이 뭐야?", "됐어", "OK!"와 같이 직설적이고 단정적인 말을 잘 한다.

- 탐색가(Detector): 이는 분석적인 유형이다. 이런 유형은 매우 현실적이다. 혁명가와 반대되는 유형으로 상대적으로 보수적인 성향을 띤다. 매사 공정과 정확을 원하고 규칙적인 생활환경에서 안정감을 느낀다. 딱딱한 자

세로 제스처가 거의 없고 표정은 통제한다. SNS는 본인을 잘 드러내지 않으려는 성향 탓에 잘 하지 않으나, 하는 경우 반복되는 패턴이나 규칙성, 성실함 등을 엿볼 수 있다. 사무실이나 책상은 심플하게 잘 정돈되어 있다. 쉬는 날에도 무엇을 할지 미리 정해놓고 일정대로 따른다. 변화와 위험을 회피하고 안전과 안정을 추구한다. "그거 봐", "그렇지(내 말 맞지?)"처럼 본인이 예측한 결과에 대해 단언하거나 주로 간단하고 함축적인 단어를 사용한다.

03 협상전략

협상전략은 두 가지로 구분한다. 하나는 주어진 파이를 서로 나누고자 하는 분배적 협상이고, 다른 하나는 주어진 파이를 키워서 나누고자 하는 통합적 협상이 있다. 이 두 가지 전략의 성과는 다음과 같은 유대인 랍비 이야기에 비유할 수 있다.

『랍비가 여행 중 어느 마을을 지나가는데 사람들이 울부짖는 소리가 들렸다. 그곳을 찾아가보니, 사람들이 산해진미가 차려진 테이블 주변에 앉아서 아무리 음식을 먹으려 해도 팔이 굽혀지지 않아서 음식을 자신의 입에 갖다 넣을 수가 없었다. 그래서 모두 화를 내며 울부짖고 있었다.

랍비는 계속 걸었다. 그 이웃마을을 들어서니 이번에는 사람들의 웃음소리가 크게 들렸다. 그곳을 찾아가보니, 주민들이 한자리에 모여 맛있는 음식을 즐겁게 먹고 있었다. 그들도 팔은 굽힐 수가 없었다. 그러나 음식을 집어서 서로 마주앉은 사람의 입에 넣어주었다.』

비즈니스 협상에서는 테이블 위에 돈을 남겨두고 일어서지 않도록 하는 것이 중요하다. 상대방과 협력하면서 상호 문제해결을 위해 노력하면, 두 번째 마을 사람들처럼 맛있는 음식을 모두 먹을 수 있듯이 협상도 마찬가지다. 협상인은 어떻게 하면 식탁 위의 산해진미를 모두 즐겁게 먹을 수 있는지에 대한 방안을 모색해야 한다.

협상인의 딜레마

협상인은 상대방에 대한 신뢰와 불신 중 어느 쪽을 택해야 할지를 놓고 갈등에 빠지곤 한다. 상대방을 믿고 정직한 정보를 제공했을 때, 그가 그것을 악용할 수 있다는 불안감 때문이다. 협상 당사자들이 서로 상대방의 행동에 영향을 미치고 상대방의 행동에 반응하는 행동은 상호작용이다. 이처럼 상호의존적인 관계에 있는 이해 당사자들이 각자 최적의 결과를 얻기 위한 행동 분석을 게임이론이라 한다. 한 참여자가 선택한 전략에 대해 그 상대방이 어떻게 최선의 반응을 하는지에 대한 연구다. 게임이론의 대표적인 모형인 죄수의 딜레마는 자신의 이익을 위한 인간의 본능적인 선택을 잘 설명해준다.

경찰관이 경범죄로 체포한 두 명의 용의자를 조사하는 과정에서 두 사람이 마약 범죄에 연루된 사실을 알게 되었다. 그러나 물증이 없었다. 경찰은 두 용의자를 독방으로 분리하여 가두었다. 그리고 한 명씩 불러서 다음과 같은 상황을 설명해주면서 마약범죄에 대한 자백을 요구한다.

- 조건 1: 한 사람이 다른 친구의 마약범죄 사실을 자백하는 경우, 그 제보자는 무죄석방되는 반면, 함구하고 있는 다른 사람은 10년형을 받는다.
- 조건 2: 두 사람 모두 상대방의 마약범죄 사실을 자백하는 경우, 두 사람 모두 각 5년형을 받는다.
- 조건 3: 두 사람 모두 상대방의 마약범죄를 자백하지 않고 함구하는 경우, 두 사람 모두 각 1년형을 받는다.

이 상황에서는 두 사람이 함구하는 것이 최선의 선택이다. 그러나 한 사람이 배신하여 자백해버리면 다른 사람은 10년형을 살아야 한다. 이런 상황에서 많은 사람들은 서로 상대방을 믿지 못하여 자백한다. 서로 신뢰한다면, 두 사람 모두 1년형만 살 수 있는데도 그렇지 못하여 5년형을 살게 된다.

협상인의 갈등은 상대방에 대한 신뢰 이외에 협상의 동기에서도 발생한다. 상대방과 협력하여 파이를 더 키우는 가치창출을 할 것인지 아니면 주어진 파이를 분배하는 경쟁을 할 것인지를 놓고 고민한다는 것이다. 이와 관련, 락스(Lax, D. A.)와 세비니우스(Sebenius, J. K.)는 『협상인의 딜레마』를 통하여 협상인은 가치 창조자(Value creator)와 가치 요구자(Value claimer) 중 어느 쪽이 될지를 놓고 선택의 딜레마를 겪는다고 주장했다. 이들은 협상인들이 가치를 창출하기 위해서는 개방적인 태도, 선호와 믿음에 관한 정보 공유, 최소 요구조건들에 대한 올바른 안내 등이 필요하고, 가치분배를 요구하기 위해서는 그러한 정보들을 잘 밝히지 않고 오도하며 협박하는 것으로 인식했다. 두 연구자는 협상인들의 딜레마 구도별 개인의 보상을 <표 3>과 같이 제시했다.

표 3 협상인의 보상 매트릭스

	협상인 B			
협상인 A	가치창출		가치요구	
가치창출	만족	만족	대불만	대만족
가치요구	대만족	대불만	불만	불만

주: 표 속의 좌측은 협상인 A, 우측은 협상인 B의 보상 만족도임.

이 보상 매트릭스는 두 협상인 A와 B가 모두 가치창출을 위해 노력하는 경우, 보상 매트릭스의 좌측 상단 두 칸 영역처럼 양측 모두 보상에 대해 만족하지만, 두 협상인이 모두 가치요구를 하는 경우 보상매트릭스의 우측 하단 영역처럼 양측 모두 보상에 불만족한다. 그리고 협상인 A는 가치창출을 하고자 하는데 B가 가치요구를 한다면, A가 제공한 정보와 선의가 B에 의해 악용되어 A는 B에게 이익을 빼앗기고 그 보상은 매트릭스의 우상처럼 대불만이고 B는 대만족한다. 반대로 B가 가치창출을 시도하고 A가 가치요구를 할 때, 표 좌하처럼 A는 보상에 대만족하지만, B는 매우 불만족한다.

협상의 보상구조는 두 가지 관점에서 볼 수 있다. 하나는 각자의 보상 크기고, 다른 하나는 두 사람 보상을 합치는 것이다. 개인적인 보상을 바라보는 것은 가치요구를 하는 것이고, 전체적인 보상을 바라보는 것은 가치창출을 하고자 하는 것이다. 협상인은 상황을 고려하여 가치요구와 가치창출 중 어느 쪽을 택

할지 미리 생각해둘 필요가 있다.

분배적 협상전략

분배적 협상의 정의는 주어진 파이를 분배하는 협상을 의미한다. 이런 마인드로 협상에 참여하는 사람은 파이가 고정되어 있다고 믿기 때문에 자신의 몫을 극대화하는 것이 협상의 목표다. 그래서 상대방을 이익분배의 경쟁자로 간주하고 적대시한다. 그를 믿지 않고 정보 공유나 협력 같은 것은 안중에 없다. 오히려 자신의 이익을 위해서라면 상대방을 속이거나 협박도 서슴지 않는다. 두 협상인이 모두 분배적 협상을 하면 그 결과는 형편없다. 한 쪽만 분배적 협상을 한다면, 합의에 도달하지 못하거나 상대방으로부터 이익을 다 빼앗아 간다. 이는 협상인의 딜레마에서 설명되었고, 협상학자들의 여러 실험에서도 이미 검증되었다.

우리 세일즈맨들이 글로벌 시장에서 만나게 되는 바이어 중에는 판매자 입장은 개의치 않고 오로지 자신의 이익만을 위해 거세게 몰아붙이는 사람들도 있다. 제품 우수성만 믿고 협상 테이블에 앉았다가 상대방의 전방위적 공세에 포지션을 잃게 된다. 모든 바이어가 정직하고 협력적이지 않다는 사실을 알아야 한다. 이기적이고 공격적인 바이어들은 다음과 같은 가격협상의 행동 특징을 보인다.

- 세일즈맨의 첫 제안 가격이 너무 높다고 한다. 어떤 사람은 가격인하를 요구하지만, 다른 사람은 그런 가격 같으면 이야기를 그만두자는 식으로 나온다.
- 세일즈맨이 품질 우수성에 대한 이야기를 끄집어내면, 현지시장은 가격 시장이라면서 말을 자른다.
- 그리고 가격을 심하게 후려친다. 그의 제안을 수용하든지 말든지 알아서 하라고 압박한다.

이 경우 제품의 유보가격이나 BATNA를 판단의 기준점으로 거래 여부를 결정을 해야 한다.

우리 외환위기 직후 한 중소기업 사장이 텔아비브를 방문했는데, 그는 대화 중 유대인 거래처 바이어에게 두 손을 든 적이 있다면서 이런 이야기를 했다.

『외환위기 때 우리 회사가 자금난을 겪고 있다는 사실을 알고 찾아온 그 노인은 달러 현금을 들고 왔다. 나는 그가 요구한 가격이 너무 낮아서 제안 가격을 거부했다. 그러자 자켓 오른쪽 호주머니에서 달러 한 뭉치를 끄집어내더니, 팔을 앞으로 뻗어 마주 앉아있던 내 코 밑에서 "하나, 둘, 셋"하면서 헤아렸다.

코끝에 달러 특유의 냄새가 올라오는데, 정말 미칠 지경이었다. 자금난을 겪어보지 않은 사람은 그 심정을 모른다. 그는 달러를 헤아리고선 테이블 위에 올려놓았다. 그리고 나를 쳐다보며 제안가격을 고집했다. 나는 여전히 그 가격에는 안 된다고 했다.

그러자 이번에는 재킷 왼쪽 호주머니에서 또 달러 한 뭉치를 끄집어냈다. 그 달러들을 보니, 눈이 확 돌 지경이었다. 전번과 마찬가지로 손을 내밀고 내 코밑에서 그 돈을 헤아린 후 첫 번째 다발 옆에 놓았다. 그래도 협상에는 버텼다. 하지만 마음속으로는 '어떻게 하든 저 달러를 내 수중에 넣어야지'하는 생각밖에 없었다. 바이어가 나중엔 바지 양쪽 호주머니에서도 달러뭉치를 차례대로 끄집어냈다. 결국 손들었다.』────────────

냉혹한 글로벌 경쟁사회에서는 약점이 노출되면 즉각적인 공격을 받게 된다. 시장에서 수요와 공급이 균형을 잃으면 가격이 급변하듯이 제조기업이 자금난에 허덕이면 바이어는 가격을 후려친다. 저자는 첫 해외 근무지인 카사블랑카에서도 위와 같은 바이어들의 기민한 움직임을 본 적이 있다.

88올림픽 이후 우리 산업계는 극심한 노사분규에 휩싸였다. 정상적인 생산활동이 안 되서 적지 않은 기업들이 파산했다. 국내 기업들의 그러한 사정을 알게 된 모로코 섬유바이어들은 공동으로 구매에이전트 한 명을 고용하여 자금난에 허덕이는 기업들을 찾아가서 헐값에 제품을 구매하게 했다. 이런 협상환경에서 제조기업의 사정을 이해하고 합리적인 가격에 구입하겠다는 바이어를 만나는 것은 행운일 것이다.

통합적 협상전략

통합적 협상은 주어진 파이를 더 키워서 분배한다는 생각에서 시작된다. 파이를 키우기 위해서는 양측 협상인은 서로 머리를 맞대고 문제해결을 위한 대안을 모색해야 한다. 이는 상대방에 대한 신뢰가 없으면 안 된다. 분배적 협상에서는 상대방을 적대시하지만 통합적 협상에서는 파트너로 생각한다. 생산부서와 R&D부서 또는 본사와 자회사가 어떤 문제를 해결해야 하는 협상을 가정하면 서로 어떤 태도로 커뮤니케이션을 해야 하는지 쉽게 이해가 될 것이다. 판매자와 구매자 간의 협상에서도 쌍방의 입장과 우선순위와 같은 정보를 공유하다보면, 대립적인 관계가 아닌 보완적인 관계가 있다는 사실을 발견할 수 있다.

비즈니스 협상인들은 파이를 키우는 방법을 찾아내야 한다. 협상인이 서로 협력하면 경쟁하는 것보다 더 좋은 성과를 얻는다는 것은 협상인의 딜레마에서 이미 설명되었다. 통합적 협상이 분배적 협상보다 더 큰 파이를 분배하게 된다는 것은 여러 실험에서도 증명되었다. 파이를 키우기 위해서는 무엇보다도 정보공유가 있어야 한다. 자신의 입장, 관심사, 우선순위를 상대방에게 알리고 상대방의 정보를 듣는다. 서로 보완적인 관계에 있는 이슈를 발견하면 서로 우선순위가 낮은 부분에서는 대폭적인 양보를 해주고 우선순위가 높은 부분에 대해서는 상대방에게 과감한 양보를 요구한다. 서로 믿고 패키지 딜을 함으로써 파이를 극대화시켜 테이블 위에 돈을 남김없이 나누어 가질 수 있다.

그런데 현실적으로 많은 사람들이 협상이라고 하면 상대방을 이익분배의 경쟁자로 여긴다. 다행인 것은 협상 도중에 태도가 바뀐다는 점이다. 드러크맨 (D. Druckman) 오스트레일리아 퀸즈랜드대 교수는 협상의 75%가 경쟁적으로 시작하여 협력적으로 끝나고, 25%가 협력적으로 시작하여 경쟁적으로 끝난다고 주장했다.

사례 5 본사와 딜러의 판촉 행사 성공

치과용 기자재제조기업 세일즈맨은 그가 담당하고 있는 동구시장에 저가품이 범람하여 10년째 거래해온 딜러의 영업실적이 날로 악화되고 있어 무언가 대책 마련이 필요했다. 당시 그는 머잖아 수술도구 패키지와 같은 고급제품에 대한 수요가 있을 것으로 예측하고 있었다. 그러나 소득수준이 낮은 시장 특성을 고려할 때, 딜러가 그 제안을 수용할지는 미지수였다. 그는 딜러에게 제안서를 보냈고, 딜러는 선뜻 그것을 받아들였다. 본사와 딜러는 현지 영업 10주년 기념행사 일환으로 치과의사들을 초청하여 세미나 개최와 함께 고급 수술용 패키지 전시회를 병행하기로 했다. 본사는 그 행사 비용을 후원하고 딜러는 행사 준비와 진행을 맡았다. 세미나는 성황리에 개최되고, 전시된 수술용 패키지는 딜러가 수입한 100만 유로의 80%가 현장에서 판매되었다. ━━━━━━━

사례 6 본사-딜러의 판촉행사 실패

한 의료진단기기 제조사와 동남아 딜러는 위의 치과 수술용품 판촉 활동처럼 현지 의사초청 세미나 개최를 기획했다. 평소 딜러가 큰 소리만 치고 결과는 빈약했던 사람이다. 따라서 본사 세일즈 담당자는 그 딜러에게 실제 초청 목표인원 60명보다 두배 반이 많은 150명의 의사를 초청해달라고 요청했다. 그렇게 목표를 부풀려야 1/3 정도인 60명을 모을 것으로 예상했기 때문이다. 그런데 이번에는 어찌된 영문인지 세미나 신청 의사가 200명이 넘었다. 예산이 문제였다. 당초 60명 인원을 가정하여 세미나 장소와 식대 예산을 기안했다. 본사 담당자와 동남아 딜러는 행사 자체보다 초과예산의 분담문제를 놓고 사이가 벌어졌다. ━━━━━

협상을 준비하는 세일즈맨은 협상의 성격을 정확하게 평가하여 분배적 협상을 할지 아니면 통합적 협상을 할지 미리 전략을 정해야 한다. 장기적인 거래가 기대되는 협상인 경우, 상호 윈-윈할 수 있는 내용을 구체적으로 정리하여 상대방을 설득시킬 준비가 중요하다. 통합적 협상에서 공동의 이익을 증대시켜 주는 핵심 요소로는 <표 4>와 같이 창의적 대안, 체계적인 양보, 그리고 정확한 정보의 공유가 있다. 반대로 역효과를 나타내는 요소는 상대방을 압박하거나 허위정보를 제공하는 행위들이다.

표 4 통합적 협상의 공동이익 증대 요소

구분	요소	상관관계
긍정적 요소	창의적인 대안 제시	0.40
	체계적인 양보	0.32
	정확한 정보 공유	0.24
부정적 요소	상대방 압박 전술	−0.57
	허위 정보 제공	−0.26

출처: Pruitt & Lewis(1975)

참고
문헌

Allport. G. W. (1947). Personality. New York: Henry Holt and Company.

Bazerman, M. H., & Neale, M. A. (1992). Negotiating rationally. The Free Press.

Brett, J. M. (2014). Negotiating globally. Jossey−Bass.

Brooks, B. W. & Rose, R. L. (2004). A Contextual model of negotiation orientation. Industrial Marketing Management, 33, 125−133.

Christie, R., & Geis, F. L. (1970). Studies in Machiavellianism. Academic Press.

Clopton, S. W. (1984). Seller and buying firm factors affecting industrial buyers' negotiation behavior and outcomes. Journal of Marketing Research. Vol. XXI(February), 39−53.

Cohen, H. (1982). You can negotiate anything. A Bantam Books.

Costa Jr, P. T., & McMcrae, R. R. (1992). Four ways five factors are basic. Personality and Individual Differences, Vol. 13, Issue 6(June), 653−665.

Currall, S. C., & Judge, T. A. (1995). Measuring Trust between Organizational Boundary Role Persons. Organizational Behavior and Human Decision Processes, Vol. 64, No. 2, November, 151−170.

Deutsch M. (1949). A theory of co−operation and competition. Human Relations, 2(2), 129−152.

Deutsch, M. (1960). The effect of motivational orientation upon trust and suspicion. Human Relations, 13(2), 123−139.

Druckman, D. (2001). Turning points in international negotiations: A com‒parative analysis. Journal of Conflict Resolution, 45: 519‒544.

Fincher, R. D. (2019). Trump's dispute resolution legacy in the workplace. Negotiation Journal, January, 167‒171.

Fisher, R., & Ury, W. (1991). Getting to YES. Penguin Books.

Gilkey, R. W., & Greenhalgh, L. (1986). The role of personality in successful negotiating. Negotiation Journal, 2(3), 245‒256.

Harvard Business Essentials: Negotiation. (2003). Harvard Business School Publishing Corp.

Horney, K. (1992). Our inner conflicts. Norton.

Huang, J., & Low, C. (2017). Trumping norms: Lab evidence on aggressive communication before and after the 2016 US Presidential Election. American Economic Review, 107(5), 120‒124.

ICRU 프로그램(2016). ICRU Institute.

Kogan, E. B. (2019). Art of the power deal: The four negotiation roles of Donald J. Trump. Negotiation Journal, January, 65‒83.

Lax, D. A., & Sebenius, J. K. (1986). The Manager as Negotiator: Bargaining for Cooperation and Competitive Gain. New York: The Free Press.

Lewicki, R. J. (2019). The impact of Trump's approach on business negotia‒tions: "Negligible". Negotiation Journal, January, 157‒159.

Lewicki, R. J., Saunders, D. M., and Barry, B. (2010). Negotiation 6th edition. McGraw Hill.

McCain, R. A. (2014). GAME THEORY: A Nontechnical Introduction to the Analysis of Strategy (3rd Edition). World Scientific Publishing Co. 번역: 이규억, 시그마프레스(2018).

Menkel‒Meadow, C. (2019). The culture of negotiation: Trumpian imprints on the future? Negotiation Journal, January, 221‒225.

Pruitt, D. G. (1981). Negotiation behavior. Academic Press.

Pruitt, D. G. (2019). What have we learned about negotiation from Donald Trump. Negotiation Journal, January, 87−91.

Pruitt, D. G., & Lewis, S. A. (1975). Development of integrative solution in bilateral negotiation. Journal of Personality and Social Psychology, Vol. 31, No. 4, 621−633.

Shell, G. R. (2006). Bargaining for advantage. Pengguin Books.

Shell, G. R. (2019). Transactional man: Teaching negotiation strategy in the age of Trump. Negotiation Journal, January, 31−45.

Singh, J., & Rhoads, G. K. (1991). Boundary Role Ambiguity in Marketing−Oriented Positions: A Multidimensional, Multifaceted Operationalization. Journal of Marketing Research, Vol. XXVIII(August), 328−338.

Thompson, L. L. (2005). The mind and heart of the negotiator (3rd edition). Pearson Prentice Hall.

Thompson, L., & Hastie, R. C. (1990). Social perception in negotiation. Organizational Behavior and Human Decision Processes 47, 98−123.

Walton, R. E., & McKersie, R. B. (1965). A behavioral theory of labor negotiations. New York: McGraw−Hill.

CHAPTER 08 가격협상

　　우리 기업과 거래하던 한 이스라엘 비즈니스맨으로부터 이런 말을 들었다.

　　"장사는 이익을 남기기 위해 하는 것이 아닌가? 그런데 코리안들은 이익보다 매출이 더 중요하다고 한다. 협상에서 가격을 깎으면 계속 내려간다. 끝이 없다. 원가개념이 없어 보인다."

　　이 장은 판매자와 구매자의 가격협상 메커니즘과 행동을 분배적 관점에서 사례와 함께 다루는 내용이다.

01 가격협상 행동

　　판매자와 구매자는 세 가지 기준가격의 틀 속에서 가격협상을 진행한다. 양측 모두 <그림 1>과 같이 첫 제안가격, 목표가격 그리고 유보가격을 준비한다.

협상 메커니즘

　　첫 번째 이슈는 누가 먼저 제안할 것인가다. 개인 성향에 따라 먼저 가격을 오퍼하기도 하고 상대방에게 먼저 가격제안을 요구하기도 한다. 학자들도 먼저 가격을 제안하는 것이 유리하다고 하는 사람이 있는가 하면, 그렇지 않은 사람도 있다. 두 가지 모두 장단점을 가지고 있어 상황과 상대방에 따라 결정한다.

　　먼저 첫 제안을 하는 협상인은 탐색전을 벌인다. 본인의 목표가격을 달성

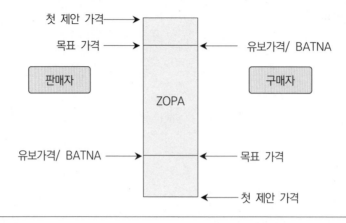

그림 1 가격협상 메커니즘

하기 위해 상대방에게 더 많이 요구하면서 반응을 살핀다. 그 메커니즘을 <그림 1>로 정리했다. 판매자는 더 높게 부르고, 구매자는 더 낮게 부른다. 이러한 탐색전에서 상대방이 요구하는 첫 제안 가격을 그대로 수용하는 협상인은 아마추어다.

한쪽의 첫 제안 가격에 대해 상대방은 세 가지 기준가격 중 하나를 선택한다. 상대방 제안 가격을 완전히 무시한 채 본인의 첫 제안 가격으로 역제안할 수가 있고, 목표가격으로 양보할 수 있으며 급기야는 유보가격으로 대응할 수 있다. 베테랑 협상인 같으면 자신의 첫 제안 가격에서 출발하겠지만, 적지 않은 협상인들이 자신의 목표가격으로 물러선다. 왕초보 협상인은 곧장 유보가격에서 대응할 수도 있다.

대부분의 협상인은 자신의 목표가격에서 합의하기 위해 치열한 흥정을 벌인다.

가격협상에서 중요한 부분이 최대양보선이다. 유보가격은 세일즈맨이 임의적으로 정하는 것이 아니라 회사에서 생산원가 관리시스템으로 명확한 가격을 제공해야 한다. 세일즈맨으로서는 BATNA로 유보가격을 조정할 수 있는 재량권은 가지고 있다.

가격협상은 어찌 보면 상대방의 유보가격을 알아내는 것이 성패를 좌우한다고 해도 과언이 아니다. 세일즈맨 입장에서 바이어가 얼마의 금액까지 지불할 용의가 있는지 유보가격만 안다면 그 수준에 맞추어 공략하면 되는데, 그 정보가 없기 때문에 시행착오과정을 거친다.

협상 방식(설문결과)

우리 세일즈맨들은 어떻게 가격협상을 할까? 세일즈맨들의 가격협상 행동을 연구하기 위해 저자는 연 $100만 이상을 수출하는 중소·중견기업 45개사의 201명을 대상으로 2019년 상반기 동안 개별기업을 방문하여 설문조사를 실시한 적이 있다. 그 결과는 <표 1>의 내용과 같다.

표 1 한국 세일즈맨의 가격협상 행동

설문	응답자 수(%)
상대방보다 먼저 제안한다.	105(52%)
첫 제안가를 목표가격보다 높게 부른다.	190(94.5%)
바이어의 역제안에 대해 부담을 느낀다.	134(66.7%)
바이어 첫제안가에 대한 역제안가의 준거점:	
– 판매 목표가격	76(38%)
– 판매 유보가격	64(32%)
– 경쟁사 가격	41(20%)
– 바이어 제안가	20(10%)
바이어가 유보가격 이하를 요구할 때, 협상을 포기한다.	7(3.5%)
BATNA를 준비한다.	148(74%)
협상성과보다 거래관계를 더 중요하게 생각한다.	122(60.7%)
상대방의 이익을 고려한다.	169(84%)

가격 산정과 흥정

① 목표가격

제품의 판매가격 산정은 이미 2장에서 생산원가와 손익계산서에서 개념과 과정이 소개되었다. 이 장에서는 기업들이 실제 마케팅 현장에서 어떤 기준으로 가격을 정하는지를 사례로 알아본다.

• 광학기기 제조사의 수출가격 산정기준

국내 광학기기 제조기업 A사는 신제품 출시 때 생산원가와 마진을 고려한 판매가격을 결정한 후, 그것을 기준으로 수출가격을 산정한다. 이 가격은 국별 운송·보험료, 관세 및 여타 지불해야 할 각종 현지 준조세를 고려하여 산출된다. 시장별 표준 수출가격이 한번 정해지면, 그것이 거래의 기준점 역할을 한다.

• 반도체 시스템 회사의 수출가격산정 기준

생산 전량을 외주에 의존하고 제품 디자인만 담당하고 있는 한 반도체 시스템 기업은 판매 금액대비 생산원가가 차지하는 비중이 40%를 마지노선으로 설정해놓고 있다. 이 회사는 바이어와 가격을 협상할 때 보통 30~35% 선에서 합의하도록 세일즈맨에게 권장한다.

• 제약사의 딜러 공급가격

글로벌 딜러망을 운영하고 있는 한 제약회사는 신규 딜러에 대한 공급가격을 정할 때, 마진 목표부터 먼저 설정한다. 기존 딜러에 대한 공급가격 조정은 매년 초 딜러들과 함께 제조원가를 재산정하여 조정한다. 세일즈맨의 실적을 개인별 매출실적과 이익률을 반영하기 때문에 그들도 연초 딜러 공급가격 조정에 깊은 관심을 보인다.

사례 1 주먹구구식 가격 산정

반도체장비 제조기업의 한 세일즈맨은 R&D부서에서 영업부로 이동한지 얼마 지나지 않은 시점에 미국 대기업 구매담당과 협상을 해야 했다. 수출업무에 대한 경험이 없던 그는 자신의 아마추어적인 행동을 다음과 같이 말했다.

"당시 회사에 정확한 수출원가 계산이 없어 나는 선배들로부터 조언을 받고, 판매 가격을 책정했다. 산정 기준에 있어서 한 세트의 단가와 50세트의 단가는 달라야 한다고 생각했다. 20세트, 30세트, 40세트, 50세트의 주문에 대한 물량별 단가를 각각 15억원, 14억원, 13억원, 12억원씩 책정했다. 즉, 20세트를 주문하면 한 대당 가격이 15억원이고, 50대를 주문하면 대당 가격을 12억원으로 낮추는 식이었다. 이 가격을 기준으로 협상에서 바이어가 할인을 요구하면 15%씩 팍팍 깎아 줬다. 이같은 대응에 대해 상대방에게 너무 창피했고, 나 자신에게도 실망스러웠다. 다행이 딜은 손해보지 않고 잘 끝났다. 그 일이 있은 후 회사의 원가관리시스템 구축부터 시작했다. 이제는 수출가격을 체계적으로 운영하고 있다." ────

② 첫 제안

가격협상에서 가장 중요한 단계가 첫 제안 가격이다. 세일즈맨은 바이어의 가격인하 요구를 예상하여 어느 정도 가격을 올려서 첫 제안을 한다. 그렇지 않고 표준판매가격을 그대로 제시했을 때 상대방이 가격인하를 요구하면 제값을 받을 수 없게 된다. 대신 첫 제안 가격을 최대한 높게 제시하면 바이어의 가격인하 요구에 대응할 여유가 있다.

이 점에 있어서 헨리 키신저도 "협상 성과는 당신의 요구조건이 얼마나 높았는가로 결정된다"라고 말했다. 첫 제안 가격이 높을수록 협상 성과도 비례적으로 크다는 것은 여러 협상 실험에서도 밝혀졌다. <그림 1>에서 판매자와 구매자 모두 각각의 목표가격과 첫제안 가격의 거리가 클수록 각자의 초기 협상 구간이 넓어지고, 작을수록 운신의 폭이 그만큼 좁아진다.

그렇다고 해서 첫 제안 가격을 무조건 높게 부른다고 해서 능사가 아니다. 협상은 상호작용이기 때문에 한쪽이 너무 과한 요구를 하면 상대방도 그렇게 나올 수 있기 때문이다. 자칫 쌍방의 감정충돌이나 상대방의 협상 포기 사태를 불러올 수도 있다. 상대방 문화권에서의 상관습과 상대방 협상 스타일에 따라 그 부풀림의 정도는 차이가 난다.

우리 세일즈맨들은 상대방에 따라 목표가격 대비 더 올려 부르는 폭이 다르다고 말한다. 바이어가 중동인이나 인도인 같으면 보통 30~40% 정도는 올려 부르는 반면, 미국이나 유럽인에게는 10% 이상 부풀리지 않는다고 했다. 전자의 경우 상대방이 첫 제안 가격에서 절반 가까이 깎기 때문에 흥정에서 손해를 보지 않으려면 첫 출발을 높게 시작해야 한다는 것이다. 대신 미국이나 유럽인은 처음에 올렸다가 나중에 깎으면 처음부터 정직하게 흥정하지 뭐하려고 올렸다가 내리냐는 식으로 반응하기 때문에 그렇게 되면 신뢰만 잃게 된다고 한다. 글로벌 협상인은 상대방의 비즈니스 문화와 협상 스타일에 주의를 기울일 필요가 있다.

③ 유보가격

우리는 2장의 가격전략에서 자동차 머플러 생산단가가 16달러인데, 바이어로부터 15달러 가격에 구매하겠다는 제안을 받았다고 가정할 때 수용하는 것이 이익인지 손해인지를 알아봤다. 고정비를 매몰비용으로 처리해야 하는 상황인 경우, 판매가격이 변동비만 커버하면 예외적으로 수용하는 것이 이익이었다. 경기침체로 공장 가동률이 급격히 떨어져 있는 위기상황의 기업은 바이어가 턱없이 낮은 가격을 요구해올 때 얼마가 최대양보선인지에 대한 판단의 근거가 필요하다. 일반적으로 적용하는 총원가계산법을 비상적으로 증분원가계산법을 사용할 수 있다고 제안하는 목적은 유보가격 산정방식에 대한 이해를 돕기 위함이다.

사례 2　유보가격 하향 조정

절삭공구제조사는 평소 월 50만유로씩 수입해가던 유럽 바이어로부터 300만유로 물량을 수입할 테니 가격을 20% 낮추어줄 수 있냐는 인콰이어리를 받았다. 그의 제안을 수용하지 않는 경우 중국산을 구매할 계획이라는 내용도 있었다. 우리 기업으로서는 손해를 보면서까지 주문을 받아들일 수는 없었다. 그러나 당시 비수기인 겨울철이라 회사에는 공장을 가동할 일감이 부족한 상황이었다. 따라서 그의 제안을 명확하게 "No!"라고 할 입장이 아니었다. 서로 가격을 조정하여 결국 12.5% 낮추는 것으로 합의했다. 일감이 없어 생산라인을 중단시키는 것보다 공장을 돌려서 얼마의 매출이익이라도 챙기기로 한 것이다. _____

④ BATNA

협상에서 복수의 BATNA보다 한 개의 강력한 BATNA가 더 큰 성과를 가져다주는 것으로 협상실험 결과에서 나타났다. 그런데 문제는 중소제조기업이 세일즈협상에서 BATNA를 확보한다는 것이 쉽지 않다는 점이다. 이러한 상황에서 얼마나 확실한 BATNA를 찾아내느냐가 세일즈맨의 역량이다. 가격협상에서는 BATNA확보도 중요하지만 그것을 얼마나 잘 활용하느냐에 따라 성과가 달라진다.

모제약회사 세일즈맨의 BATNA를 활용한 협상성공 사례를 소개한다.

사례 3   제약사의 BATNA 활용

중동 바이어로부터 구매 인콰이어리를 접수한 제약회사의 세일즈맨은 상대방에게 최소주문량과 구매희망 가격을 알려줄 수 있는지를 묻는 이메일을 보냈다. 상대방으로부터 아무런 회신이 없었다. 이는 바이어가 약품가격에 대한 정보가 없다는 의미로 해석됐다. 세일즈맨은 충분한 마진을 붙여서 판매단가 6달러를 제시했다. 바이어는 가격할인을 요구하지 않고 첫제안가격을 그대로 수용했다. 세일즈맨은 더 불러도 됐는데, 괜히 낮게 제안한 것 같은 기분이 들었다.

그 후 그 나라의 다른 바이어로부터 수입 인콰이어리가 또 접수되었다. 세일즈맨은 기존 판매가격의 수준을 체크해볼 겸 해서 수출단가를 10달러로 제안해보았다. 상대방은 그 제안을 그대로 수용했다. 세일즈맨은 기존 바이어와의 본계약을 앞두고 강력한 BATNA를 확보하게 됐다. 이 BATNA를 근거로 본 계약 협상에서 가격을 10달러로 올리는 데에 아무런 문제가 없었다. _____

02 요구 전략

협상은 요구와 양보를 반복하면서 합의점을 찾아간다. 그 시발점인 첫 제안과 역제안은 양측 모두에게 매우 중요하다. 이와 관련, 브렛(Jeanne Brett) 교수는 제안 준비가 돼 있다면 상대방보다 먼저 제안하라고 한다. 그 이유는 닻효과(Anchoring effect) 때문이다. 닻효과는 바다에서 배가 닻을 내리면 아무리 움직여도 그 닻줄의 범위를 벗어나지 못하듯이 사람들도 뇌에 한번 입력된 정보가 닻이 되어 그것으로부터 탈출하지 못하는 인지적 오류다. 즉, 바이어는 100달러 구매가격을 예상하고 있었는데, 세일즈맨이 300달러를 요구하면 터무니없이 비싸다는 생각은 하지만 머릿속에는 그 숫자가 지워지지 않고 있다는 것이다.

그러나 상대방이나 시장에 대한 정보가 부족한 상황인 경우, 상대방에게 먼저 제안하도록 하여 그 정보를 활용하는 것이 효과적이다. 이때 바이어가 터무니없이 낮은 가격을 요구하더라도 닻효과에 걸려들지 않도록 주의하고 즉시 자신의 포지션으로 되돌아가서 반격해야 한다. 결국 자신이 원하는 가격을 요구하고 상대방의 요구가격을 얼마나 적절하게 대응하느냐가 가격협상의 성패를 좌우하게 된다.

바이어가 자신의 첫 제안 가격을 고수해가는 과정을 사례로 알아본다. 이 사례는 저자가 홍콩과기대 기숙사에서 단기 교육을 받을 때, 룸메이트였던 브라질 보석상 유대인의 망원렌즈 구매과정에 대한 이야기다.

사례 4 유대인의 일방적인 요구

브라질 유대인은 홍콩 시내의 한 광학기기 가게에 들어가서 망원렌즈 하나를 고른 후 주인에게 판매가격을 묻자 그가 대답했다.

판매자: "1,000달러!"

구매자: "400달러!"

두 사람은 한참 동안 가격 실랑이를 벌인다. 마침내 주인이 크게 양보했다.

판매자: "500달러! 이게 내가 팔 수 있는 마지노선이다."

유대인은 그 가격을 거부했다. 계속 400달러에 팔라고 주인에게 요구했다. 한 시간 가량의 시간이 지났다. 더 이상 주인이 물러설 기미를 보이지 않자 그는 가게 문을 열고 밖으로 나왔다. 시원한 맥주 한 병을 사 들고 다시 가게 안으로 들어가서 자리를 잡았다. 그리고는 다시 주인을 성가시게 하기 시작했다. 그의 끈질긴 요구에 주인이 고개를 절레절레 흔들며 "OK! Take it."이라고 했다. 유대인은 오케이가 얼마를 의미하는 것이냐고 물었다.

판매자: "400달러!"

유대인은 고개를 좌우로 저었다. 그리고는 다시 역제안을 했다.

구매자: "350달러!"

판매자: "(짜증을 부리면서) 이제껏 당신이 400달러에 달라고 하지 않았느냐?"

구매자: "400달러는 지난 제안가였고, 지금은 새로운 제안가 350달러를 제시하

는 것이다."

마침내 판매자는 두 손을 들었다. 유대인은 1천 달러짜리를 350달러에 구매했다는 승리감에 도취되었다. 그 과정을 정리하면 아래 <그림 2>와 같다. ―――――

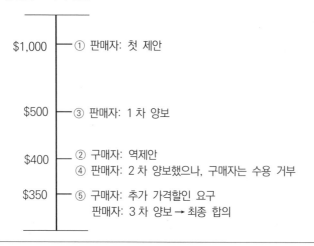

그림 2 망원렌즈 가격 흥정

$1,000 ―― ① 판매자: 첫 제안

$500 ―― ③ 판매자: 1차 양보

$400 ―― ② 구매자: 역제안
④ 판매자: 2차 양보했으나, 구매자는 수용 거부

$350 ―― ⑤ 구매자: 추가 가격할인 요구
판매자: 3차 양보 → 최종 합의

주: 원 속의 숫자는 합의 진행 순서

판매자가 1,000달러를 요구한 망원렌즈를 구매자가 350달러에 산 가격흥정을 분석해본다.

① 협상환경 평가

이 협상 환경에서 판매자와 구매자는 장기적으로 거래할 가능성은 없다. 1회성 거래의 가격협상은 판매자의 양보는 구매자의 이익이고, 그 반대로 구매자의 양보는 판매자에게 이익이 되는 전형적인 제로섬 게임 구조다. 이런 상황에서 협상인은 서로 자신의 이익극대화를 위해 분배적 협상에 매달리게 된다.

② 구매자의 끈질긴 요구

판매자가 요구한 1,000달러를 구매자는 400달러로 역제안했다. 그리고 자신은 일체 양보하지 않고 상대방에게 일방적인 양보를 요구하여 500달러, 400달러 그리고 급기야 350달러까지 낮추어 망원렌즈를 구입했다.

그 상황에서 판매자는 일반적인 가격흥정 원칙에 따라 구매자가 제시한 400달러와 자신의 제안가 1,000달러에서 서로 300달러씩 양보하여 700달러의 절충안을 제시해 놓고 버텨야 했다. 어느 한 쪽의 첫 제안 제시와 상대방의 역제안을 시발점으로 양측이 밀고 당기는 것이 흥정인데, 망원렌즈 매매에서는 판매자가 일방적으로 큰폭의 양보를 해줌으로써 자신이 처음에 제시했던 가격의 35%에 판매하게 되었다. 판매자의 유보가격에 대한 정보는 없지만, 합의성과가 빈약하기 짝이 없다.

③ 니블링(Nibbling) 전술

구매자는 협상에서 더 많은 파이를 차지하기 위해 다양한 전술적 행동을 취했다.

첫 번째 행동은 판매자가 제시한 가격은 아랑곳하지 않고 과감한 역제안을 했다. 두 번째 행동은 판매자가 500달러가 마지노선이라고 선언하자 교착상태를 벗어나기 위해 잠시 가게 밖으로 나섬으로써 분위기를 바꾸어 2라운드를 시작했다. 세 번째 행동은 판매자가 구매자의 제시가격 400달러를 수용하자 그것을 항복으로 간주하여 다시 추가 인하를 요구했다.

구매자는 협상 마무리 단계에서 작은 것을 덤으로 추가요구하여 이익을 챙긴다. 그러한 행동을 니블링이라고 한다. 니블링의 원래 뜻은 야금야금 음식을 먹는 것을 의미한다. 재래시장에서 감자를 살 때 구매자가 판매자에게 덤으로 몇 개 더 얻어가는 것과 마찬가지다. 그 작은 양보 때문에 거래가 취소되지 않을 것이라는 생각으로 구매자는 판매자에게 $400에서 다시 $50의 양보를 더 얻어냈다.

니블링 전술은 노련한 협상인들이 자주 사용하는 협상 테크닉 중의 하나다. 저자와의 인터뷰에 응한 일부 중견기업 세일즈맨들은 외국 딜러의 니블링 전술을 경험하고 있었다. 어떤 나라 딜러는 합의가 다 끝났는데도 계속 뭘 좀 더 달라고 조른다고 말했다. 한 직원이 겪은 최악의 사례는 귀국 비행기 타러 공항으로 가는 내내 요구하더라면서 혀를 내둘렀다. 그렇게 성가신 요청을 받으면 어떻게 대응하는지 물었더니, 그는 자기도 그의 요구를 한 귀로 듣고 한 귀로 흘려버린다고 말했다.

공격적인 협상전술

글로벌 세일즈 활동을 하면서 판매자의 입장을 잘 헤아려주는 바이어만 상대하고 싶지만, 현실은 그렇지 않다. 간혹 상대방은 안중에도 없는 오만한 바이어를 만날 수 있다. 그들은 구매자의 우월적인 지위를 이용하여 판매자에게 일방적인 양보를 요구한다. 그러한 협상 스타일의 바이어를 잘 응대하기 위해서는 협상인들의 다양한 공격적인 행동에 대한 이해가 필요하다.

① 선한 역할과 나쁜 역할 게임

협상 참여자가 복수인 경우, 보다 효과적으로 협상을 진행하기 위해 착한 경찰과 나쁜 경찰(Good cop and bad cop) 역할 게임을 벌인다. 즉, 악역을 맡은 사람이 상대방을 거칠게 몰아 부치면서 많은 요구를 하고, 선한 역을 맡은 사람이 상대방을 달래주면서 원하는 방향으로 협상을 끌고 간다. 경찰관들이 피의자를 다룰 때 널리 활용한다. 이 전술을 모르는 사람이 없을 정도로 알려져 있지만, 막상 그 상황에 직면하게 되면 자신도 모르게 착한 역 협상인의 말에 호감이 느껴진다.

의료기자재를 제조하여 미국으로 수출하고 있는 기업의 협상팀도 이 전술을 효과적으로 활용한 적이 있다. 본사 임원과 LA법인장은 전국 판매독점권을 요구하는 디스트리뷰터와의 협상에서 본사 임원은 강경하게 거부하는 나쁜 역을 맡고, 현지 법인장은 선한 역을 맡아서 진행한 결과 큰 어려움 없이 목표를 달성할 수 있었다.

② "Take it or leave it"

상대방의 결정을 촉구하는 전술이다. 보통 BATNA를 가지고 있는 측이 주로 사용한다. 이처럼 바이어가 강하게 나오면 냉철해져야 한다. 바이어가 요구한 가격이 유보가격 이내인지 또는 자신의 BATNA와 비교해서 수용여부를 결정해야 한다. 이때 BATNA가 없다면 거래 성사를 위해서는 상대방의 요구를 수용하든지 아니면 거래를 포기하지 않을 수 없다.

③ 더블오퍼 요구

보통 협상인이 한번 양보해주면 상대방도 상호주의 원칙에 따라 그에 상응하는 양보를 기대한다. 그러나 베테랑 협상인은 1대1 양보원칙을 거부한다. 상대방이 두 번 양보하면 자신은 한번 양보하는 2대1 양보로 상대방에게 더 많은 양보를 요구한다. 이러한 협상 원칙을 고려하면 앞에서 소개한 망원렌즈의 구매자는 탁월한 협상능력을 발휘한 것이다.

협상에 노련한 바이어는 세일즈맨이 제안을 하면 그것에 대한 역제안을 하지 않고 상대방에게 양보를 요구한다. 한쪽이 양보하면 상대방도 양보하는 것이 순차적인 양보 원칙이다. 자신의 양보차례를 건너뛰고 상대방에게 다시 양보하는 제안을 요구하는 것은 양보 비율을 1 : 2로 설정한다는 의미다. 즉, 상대방이 두 번 양보할 때 자신은 한번 양보한다는 것이다. 만약 상대방이 이같이 상호작용의 원칙을 어기는 전술을 쓰면, 그것에 말려들지 말고 정중하게 상대방이 양보할 차례라고 대응한다.

④ 감정 표출

세일즈맨이 일을 잘못 처리했을 때 그것을 이용하여 자신의 이익을 극대화하고자 하는 바이어들이 있다. 그들의 행동특징은 벌컥 화를 내면서 "사장에게 항의하겠다" 또는 "소송을 걸겠다"는 식으로 협박한 후 자신의 요구를 강하게 주장한다. 그 실수는 대개 인도기일 지연, 품질 불량, 제품 변질 등과 같은 상품 운송과정에서 발생하는 것들이다.

판매자측의 실수로 인하여 발생한 바이어의 피해를 보상해주어야 하는 상황이라면, 상대방의 눈을 직시하면서 정색하여 흥분하지 말고 차분하게 해결책을 함께 모색하자고 하여 분위기를 주도하는 것이 현명하다. 반대로 판매자측의 권리를 바이어가 침해하거나 바이어 의무를 제대로 이행하지 않을 경우, 상대방이 잘못된 행동을 시정하도록 논리적으로 몰고가도록 해야 한다. 협상에서 자신의 감정을 통제하는 것도 중요하지만 그것 못지않게 상대방 감정을 통제하는 것도 중요하다.

⑤ 협박

협상인들은 간혹 협상전술로 협박을 한다. 협박을 하는 쪽은 힘의 우위에 있다는 생각을 가지고 있다. 한쪽이 먼저 상대방을 협박으로 압박한다면, 상대방은 협박으로 맞대응하든지 아니면 순응하든지 둘 중 하나를 선택해야 한다. 상대방이 순응하면 협박한 측이 큰 이익을 가져가는 것으로 합의되지만, 그렇지 않고 상대방이 맞대응한다면 협상은 심각한 국면으로 접어들게 된다. 힘의 대결로 진행되는 협상의 성과는 결코 좋을 수가 없다.

따라서 전략적으로 협박을 협상 수단으로 사용하더라도 커뮤니케이션 방식을 부드럽게 할 필요가 있다. 즉, 일방적인 협박 대신 어떤 가정이나 전제조건을 붙여서 불이행시 부득이 대응조치를 취해야 한다는 식으로 메시지 표현을 완화시키는 것이 저항을 줄이면서 효과적이다.

03 양보전략

협상인들은 왜 양보를 하는 것일까? 우리는 앞에서 브라질 유대인이 망원렌즈 가격협상에서 단 한 번도 양보를 하지 않고도 합의에 성공한 사례를 보았다. 그러면 판매자는 왜 계속 양보를 한 것일까? 그 이유는 더 이상 양보를 하지 않으면 판매기회를 놓칠 수 있겠다는 우려 때문이다. 대부분의 협상인들은 상대방의 요구를 수용하지 않으면 합의가 안 되겠다는 판단이 될 때 양보한다. 일부 협상인은 상대방으로부터 양보를 얻어내기 위해 먼저 양보를 하기도 한다. 상호주의 원칙에 입각하여 주고받는(Give and take) 전략을 구사하는 것이다. 또 다른 협상인은 상대방과의 관계 구축을 위해 현재 이익을 기꺼이 양보한다. 장기거래가 기대되는 상황에서 이런 양보를 볼 수 있다. 결국은 협상인 자신의 이익을 위해 양보하는 것이다.

양보 시점은 언제가 효과적일까? 협상인들은 성향에 따라 협상 초기에 양보하는 사람이 있는가 하면 계속 자신의 입장을 고수하다가 마지막에 양보하기도 한다. 그러한 과정에서 협상인의 행동은 상대방의 반응에 영향을 미친다. 협상학자 프뤼트(Dean Pruitt)는 협상인과 상대방의 상호작용에 있어서 다음과 같은 행동특징을 발견했다.

- 협상인의 입장이 확고하고 행동이 공정하면, 상대방은 양보한다.
- 협상인의 입장은 확고하지만 행동이 공정하지 못하면, 상대방은 그 협상을 회피한다.
- 협상인의 입장이 확고하지 않으면서 행동은 공정하면, 상대방은 공격적으로 변한다.

그러나 현실세계에서 공정의 개념은 어디까지나 주관적이다. 상대방에게 이익 양보를 요구할 때 그럴싸하게 활용할 수 있지만, 베테랑 협상인은 무시한다. 그 배경에는 다양한 이유가 있다. 예를 들면, 처음에 엄청난 요구를 해놓고 서로 몇 차례 양보를 반복한 후 좁혀지지 않은 격차를 서로 공정하게 절반씩 양보하자고 하면 처음에 적게 요구한 측은 그것을 공정한 조치로 보지 않을 것이다. 가격협상과 같은 제로섬게임에서 협상인들은 누구나 자신의 이익극대화를 위해 처음에 많은 요구를 해놓고 양보전술로 대응한다. 요구, 양보 그리고 합의 결과에 대한 상호관계는 다음 <표 2>와 같다.

표 2 요구와 양보의 상호작용

첫 요구	양보	합의 결과
많이	천천히 조금씩	합의 가능성은 낮지만, 성공 시 성과는 크다.
적게	신속하게 많이	합의 가능성은 높지만, 성공 시 성과가 작다.

협상인들은 가격협상에서 대체로 처음에는 큰 폭으로 양보하다가 시간이 지나면서 점점 양보의 폭을 줄여 나간다. 이는 우리 기업 실무자들의 모의 협상 과정에서도 자주 발견되는 협상행동이다. 한쪽이 그가 부를 수 있는 최대이익을 요구하면 다른 쪽도 그에 상응하게 잔뜩 자신의 이익을 요구하다가 갑자기 대폭적인 양보를 하면서 뒤로 물러서면 서로 부풀린 거품을 제거한다. 흥미로운

점은 상대방과 비교했을 때 너무 많은 요구를 했던 측이 협상을 통해 얻은 이익는 상대방보다 적은 경우다. 이런 행동의 주원인은 협상 전략 부재다. 첫 제안 가격을 어느 정도 부르고, 얼마만큼 양보해줄지 그리고 상대방의 행동을 예상하여 한 발자국 앞에서 상대방을 리딩해가야 한다. 그렇게 하기 위해서는 상대방의 요구에 대한 적절한 양보도 필요하다.

협상 전문가들은 합의를 위한 양보가 필요하지만 그렇다고 일방적인 양보가 되지 않도록 주의해야 한다고 강조한다. 그러한 양보행동을 예방하기 위해서는 첫 제안에서 양보할 때마다 그것을 메모하여 수시로 그 진행 상황을 체크해 나갈 필요가 있다. 미국인들은 양측의 부풀린 첫 제안가격에서 시작하여 합의에 도달하기까지의 과정을 통나무 굴리기(Log rolling) 또는 체계적인 양보(Systematic concession)라고 부른다.

가격협상에서의 양보와 관련하여 한국인의 사례를 소개해본다. 카사블랑카 시내의 토산품 가게에 3억년 된 파충류 화석이 관광객들의 인기를 끌었다. 화석으로 변한 파충류가 돋보이도록 가공하여 판매하고 있었는데, 그 가격은 크기와 모양새에 따라 달랐다. 화석마다 가격이 부착되어 있지만 그것에 얽매이는 손님은 드물었다. 손님마다 그 가격을 흥정하고자 한다. 현지 세일즈 출장 온 한국인들도 마찬가지다. 미국 달러 가치의 1/10 수준인 모로코 디람화(DH) 기준으로 한국인들의 일반적인 흥정과정을 정리하여 소개한다.

사례 5 한국인의 절충적인 양보

한국인 출장객이 100디람 가격표가 붙어 있는 화석을 집어 들고 주인에게 얼마에 팔 수 있냐고 물었다.

판매자: (가격표대로) 100디람!

구매자: (고개를 흔들면서) 50디람!

두 사람간의 실랑이가 한 동안 지속되었다. 판매자가 먼저 양보했다.

판매자: 90 디람!

구매자: (상대방이 양보한만큼 10디람 올려서) 60디람!

한번의 가격조정으로 다시 실랑이가 붙었다. 한국인이 협상을 포기하고 가게를 떠나려 하자 판매자는 그를 불렀다. 그리고는 다시 제안했다.

　판매자: 미스터! 우리 서로 반반씩 양보해서 75디람으로 합의합시다.

　이는 모로코 상인들의 전형적인 판매 수법이다. 자신이 불렀던 가격에서 조금 양보하고서는 한참 버티다가 크게 양보하는 것처럼 생색을 내면서 공정하게 양측이 절반씩 양보하자고 한다.

　구매자: OK! —————————————————————

두 사람의 협상과정을 <그림 3>과 같이 표현할 수 있다.

그림 3　모로코 화석 가격협상 구간

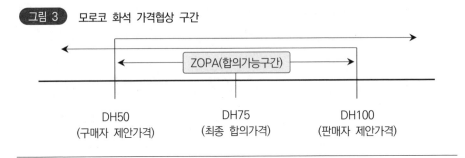

100디람짜리 화석을 협상으로 25디람을 깎았다고 자랑하는 그들은 현지에서 40~50디람 수준에 구입할 수 있다는 사실을 몰랐다. 우리나라 사람들은 협상할 때 대체로 처음에 요구는 잘 하지만, 자신의 입장을 고수하는 힘은 약한 편이다. 그것을 긍정적으로 보면 사람이 좋아서 그런 것이지만, 냉철하게 보면 요구와 양보전략이 부실한 것이다.

세계적인 상인으로 이름난 유대상인, 인도상인, 아랍상인의 공통적인 특징은 자신의 목표 달성을 위해 지나치다 싶을 정도로 끈질기게 상대방에게 양보를 요구한다. 그리고 더 많은 이익을 차지한다. 그들을 상대하기 위해서는 우리 세일즈맨들도 좀 더 고차원적인 전략과 치밀한 전술로 무장할 필요가 있다.

04 납품가격 협상

미국 완성품 제조기업은 부품공급업체들과 협상할 때 문제해결, 경쟁심리 조장 그리고 압박전술을 사용한다. 퍼듀와 서머스(Perdue, B. C. & Summers, J. O., 1991)가 제조기업 구매담당 임직원 240명을 대상으로 실시한 구매협상 행동에 관한 설문조사 결과를 통하여 바이어들의 협상전략과 행동을 엿볼 수 있다.

구매 담당들은 <표 3>의 내용처럼 공급자에게 많은 기업이 해당 계약을 원하고 있는 가운데 일부는 무척 공격적으로 나오고 있다는 식으로 상대방에게 우회적인 압박을 가하고, 회사가 워낙 원가에 민감해서 가격을 크게 낮추지 않으면 거래기회를 놓칠 가능성이 있다고 우아한 협박을 가한다.

표 3 미국 구매담당자들의 가격협상 행동

구분	압박 전술	평균
BATNA 활용	이 계약을 위해 많은 기업들이 공격적으로 참여하고 있다는 인상을 주기 위해 시도한다.	5.35
	몇몇 유력 기업들이 이 계약을 따기 위해 엄청난 노력을 하고 있다.	5.10
	다른 기업이 상대방보다 훨씬 더 좋은 조건을 제시했다고 말한다.	3.82
입장 핑계	최근 구매부서로부터 전체 구매원가 감축 압력을 엄청나게 받고 있다.	5.45
	나는 비용 절감액에 따라 실적 평가를 받는다.	3.89
	공급사가 제시한 가격을 상사가 수용하지 않을 것이라고 말한다.	2.68
협박	공급사가 계약을 놓칠 위험이 있음을 암시해준다.	4.01
	공급 회사의 실적이 자격 미달이라고 한다.	3.20
	공급회사 사장과의 직접적인 담판을 제안한다.	2.65
유보가격 파악	공급회사의 유보기격 파악을 위해 지나치게 낮은 가격을 요구해본다.	2.84

주: 평균 점수는 7점 만점 기준의 산출값임.

설문 내용을 살펴보면 납품을 원하는 기업에게 가격을 낮추라는 압박의 메시지를 전달하면서도 그 표현은 우회적으로 전달되고 있음을 알 수 있다. 상대방이 그 입찰에서 탈락되어도 담당자 탓이 아니고 경쟁자 또는 회사 방침 탓이 된다. 구매자로부터 이런 말을 들으면 공급자들은 납품기회를 놓치더라도 그 바이어를 원망하지 않는다. 상대방에게 나쁜 감정을 유발하지 않으면서 원하는 메시지를 전달할 수 있다면 그 방법이 효과적이다.

사례 6 자동차 부품 OEM 가격협상

자동차부품을 생산하여 전량 OEM 수출하고 있는 국내 기업의 한 임원으로부터 해외 납품 현황에 대한 이야기를 들을 기회가 있었다. 그는 입찰에 참가하기 위해 약 한달 전부터 가격과 기술적인 검토에 집중한다. 프리젠테이션은 신규 개발 차량의 부품을 어떻게 개발하여 어떤 형태로 생산하겠다는 식으로 기술적인 설명과 원가정보를 철저하게 챙긴다면서 다음과 같이 말했다.

"요즘은 저가품 중국산과의 경쟁이 날로 힘들어지고 있다. 과거에는 바이어들이 양질의 제품을 선호했으나, 후발주자들의 품질 개선과 가격 격차에 관심이 기울고 있어 입찰 수주가 더욱 어렵다. 그들은 한국산의 품질 우수성은 인정하지만, 가격이 너무 차이가 나기 때문에 구매담당들도 어쩔 수 없다고 한다.

가격협상 방식은 문화권별로 다르다. 미국기업들은 가격목표를 설정해놓고 그 목표 달성 방안을 협의한다. 이와 달리 프랑스와 중국기업은 그들이 원하는 목표 가격을 제시해놓고, 그것을 수용하는 기업은 남고 나머지는 가라는 식의 'Take it or leave it'전략을 사용한다.

자동차 부품은 보통 5년 단위로 공급계약을 체결하지만, 3년차 또는 계약연장 시점부터 공급가격의 추가 인하 압박을 받는다. 그 방식은 국가별로 조금 다르다. 중국기업은 아예 공급계약 체결시 비용인하(Cost down) 계획을 요구하는 반면, 프랑스 기업은 계약 체결 이후 수시로 납품가격 인하를 요구한다."

그는 인터뷰 내내 중국산과의 가격경쟁에서 이기기 위해서는 기술혁신이 필요하다면서도 바이어 지적대로 가격격차가 너무 크서 한숨만 내쉬었다. ────

세일즈맨의 딜레마

여기서 제품가격을 낮출 수 있는 요소를 한번 살펴보자. 생산원가 기준에서 보면, 고정비(설비와 정규직원 급여), 변동비(원부자재와 노임), 그리고 마진이 있다. 고정비 단가를 낮추기 위해서는 생산을 늘리든지 아니면 인원감축이 필요하다. 인원감축은 최후의 수단이고 생산을 늘리는 것이 현명한 선택이다. 생산 확대를 위해서는 판매가 늘어야 한다. 그러기 위해서는 품질과 가격 경쟁력이 필요하다. 중국산 대비 품질경쟁력은 있다고 해도 가격을 낮추려면 원부자재 가격과 생산직 임금을 함께 낮추어야 한다. 그러나 원부자재 가격은 시장에서 형성되고 임금은 노사합의 사항이라 기업이 주도적으로 처리해 나가기에는 역부족이다. 마지막으로 마진을 어떻게 할 것인가가 기업인들이 고민해야 하는 사항이다.

세일즈맨은 가격협상에서 다음 사항 중 하나를 선택해야 한다.

① 거래를 놓치더라도 일정 비율의 거래마진을 포함시켜 가격을 요구한다.

② 공장가동을 위해 제로마진 가격을 제시한다.

③ 위급상황을 극복하기 위해 변동비용까지 양보한다.

각 기업이 처해 있는 상황에 따라 선택을 달라진다. 시장 수요가 많아서 가격을 낮출 이유가 없는 기업은 거래마진을 포기할 이유가 없는 반면, 공장가동률이 50% 선으로 떨어져 있는 기업은 원부자재 비용과 생산라인 임금과 같은 변동비를 커버하는 가격의 거래도 포기할 이유가 없다. 그 일감이 없어도 인건비와 생산설비 감가상각비는 매몰비용으로 지불되고 있기 때문이다. 이런 사정 때문에 세일즈맨들이 바이어와의 협상에서 유보가격 기준을 어디에 잡아야 할지 확신을 가지기 어렵게 된다.

사례 7 전자부품 납품 가격협상

가전제품의 작동을 통제하는 전자부품 생산기업의 영업담당은 우리나라가 반도체 강국이지만, 미국, 일본, 유럽 가전회사들은 좀처럼 메이드 인 코리아 부품을 구매해주지 않는다고 어려움을 토로했다. 그의 설명에 의하면, 전자부품의 납품가격 인하압박은 숨 쉬기가 힘들 정도로 강했다. 그러한 업계 내부 사정도 모르고, 처음에 저가로 공급한 후 차츰 가격을 올리면 되지 않냐고 마케팅 원론적인 코멘트를 했다가 물정 모르는 사람이 되기도 했다. 그는 가전회사 납품 가격에 대해 다음과 같이 말했다.

"이 시장에서는 가격 상승이란 없다. 어떤 기업은 무조건 매분기 10%씩 가격인하를 요구한다. 가전분야는 연간 10%씩 3년 연속 인하하고 그 이후부터는 가격이 고정되는 것이 관행이다. 납품 단가는 보통 3년간 확정되는데, 구매담당이 10%씩 추가로 가격인하를 해온다. 이를 무시할 수 있는 기업은 없다. 상대방 입장도 살려 줘야 하기 때문에 2~3% 정도 추가 인하로 합의한다. 우리 업종 특성상 가격협상 은 없다고 봐야 한다. 구매처의 요구가격을 맞추느냐 못맞추느냐가 거래지속 여부 를 결정하게 된다." ━━━━━━━━━━━

납품처와의 협력적인 거래

납품기업과 구매기업 간의 모든 협상이 경쟁적이지는 않다. 구매기업의 니 즈에 따라 판매기업과 협력적인 관계에서 공동으로 문제를 해결해나갈 수 있다. 이는 구매자와 판매자가 서로 윈윈할 수 있는 길이다.

> **사례 8** 시제품 개발비 부담으로 장기 공급계약

고유가 시절에 외국의 한 특수차량 제조사가 에너지 비용 절감을 위해 차체 경 량화 프로젝트를 기획했다. 차체의 철강재를 알루미늄 재질로 교체하는 것이 그 핵심이었다. 그 프로젝트 정보를 입수한 국내 중소기업은 구매담당자의 난처한 사 정 이야기를 들었다. 그는 예산과 시간을 투입하여 만든 시제품이 테스트를 통과 하지 못하는 경우, 회사에서 자신의 입장이 어려워진다는 것이었다. 우리 중소기 업 대표는 그 개발비용을 본인이 부담하기로 하고 그의 문제를 해결했다. 그리고 시제품의 테스트 통과로 10년 장기 공급계약을 따냈다. ━━━━━━━━━

> **사례 9** 납품처 인근에 물류센터 진출

미국의 대표적인 농기계제조사에 철구조물 연결에 사용되는 파스너를 공급하고 있던 한 중소기업은 납품처 구매담당자로부터 미국 내 물류회사 설치를 수차례 요청받았다. 마침내 조립라인과 멀지 않은 도시 외곽에 건물을 구입하여 물류 및 서비스 센터를 열었다. 작업장에 선반 몇 대를 설치해놓고 고객사가 급하게 찾는 비정형 사양을 현지에서 제작하여 공급할 수 있는 시스템을 구축한 것이다. 구매 담당자는 무척 만족하여 다른 회사 파스너 조달담당자 친구까지 데려와서 소개시 켜주었다. ━━━━━━━━━

글로벌 판매경쟁이 날이 갈수록 치열해지고 있어 국내외 기업들은 원료나 부품 구매가격을 낮출 수 있는 온갖 방안을 다 찾는다. 기업들의 그러한 니즈를 컨설턴트들이 충족시켜준다. 매킨지로부터 컨설팅을 받은 한 미국 기업은 한국 공급업체에게 부담스러운 메시지를 보내왔다. 그들에게 납품하는 제품의 생산 원가 열람을 요구한 것이다. 이제껏 납품가격이 합의되면 매년 5% 가격인하만 해주면 되었는데, 앞으로는 생산원가까지 보겠다고 해서 어떻게 대응해야 할지 고민이었다.

Clopton, S. W. (1984). Seller and buying firm factors affecting industrial buy-ers' negotiation behavior and outcomes. Journal of Marketing Research, Vol. XXI(February), 39-53.

Deutsch, M. & Krauss, R. M. (1960). The effect of threat upon interpersonal bargaining. Journal of Abnormal and Social Psychology, Vol, 01, No.2, 181-189.

Fisher, R., Ury, W., and Patton, B. (1991). Getting to YES. Penguin Books.

Galinsky, A. D. & Mussweiler, T. (2001). First offers as anchors: The role of perspective-taking and negotiator focus. Journal of Personality and Social Psychology, Vol. 81, No. 4, 657-669.

Harvard Law School Program On Negotiation Daily Blog. (2019.7.1), 10 Hard-bargaining tactics & negotiation skills. Https://www.pon.harvard.edu.

Harvard Law School Program On Negotiation Daily Blog. (2020.1.16), How to deal with threats: 4 Negotiation tips for managing conflict at the bargaining table.

Kim, N. & Park, H. (2017). Making the most of the first-offer advantage: Pre-offer conversation and negotiation outcomes. Negotiation Journal, April. 153-170.

Komorita, S. S., & Esser, J. K. (1975). Frequency of reciprocated concession in bargaining. Journal of Personality and Social Psychology, 32, 699-705.

Krause, D. R., Terpend, R., and Petersen, K. J. (2006). Bargaining stances and outcomes in buyer—seller negotiations: Experimental results. The Journal of Supply Chain Management, Summer.

Kwon, S., & Weingart, L. R. (2004). Unilateral concessions from the other party: Concession behavior, attributions, and negotiation judgement. Journal of Applied Psychology, Vol. 89, No. 2, 263—278.

Maaravi, Y., Ganzach, Y., and Pazy, A. (2011). Negotiation as a form of per—suasion: Arguments in first offers. Journal of Personality and Social Psychology, Vol. 101, No. 2, 245—255.

Mnookin, R., Peppet, S., and Tulumello, A. (2004). Beyond winning: Negotiating to create value in deals and disputes. Belknap Press: An imprint of Harvard University Press.

Perdue, B. C., & Summers, J. O. (1991). Purchasing agents' use of negotiation strategies. Journal of Marketing Research, Vol. XXVIII(May), 175—189.

Pruitt, D. G. (1981). Negotiation behavior. Academic Press.

Schurr, P. H., & Ozanne, J. L. (1985). Influence on exchange processes: Buyers' preconceptions of a seller's trustworthiness and bargaining toughness. Journal of Consumer Research, Vol. 11(March).

Schweinsberg, M., Ku, G., Wang, C. S., and Pillutla, M. M. (2012). Starting high and ending with nothing: The role of anchors and power in negotiations. Journal of Experimental Social Psychology, 48, 226—231.

Siegel, S., & Fouraker, L. E. (1960). Bargaining and group decision making. McGraw—Hill Book Company.

Thompson, L. L. (2005). The mind and heart of the negotiator 3rd edition. Pearson Prentice Hall.

Thompson, L. L. (2005). The mind and heart of the negotiator 3rd edition. Pearson Prentice Hall.

White, S. B. & Neale, M. A. (1991). Reservation prices, resistance points, and BATNAs: Determining the parameters of acceptable negotiated outcome. Negotiation Journal, October, 379—388.

CHAPTER ¦ 09   계약협상

중소기업들은 보통 견적 송장인 프로포마 인보이스(P/I: Proforma Invoice)를 근거로 많이 수출한다. P/I에는 수출자, 수입자, 가격, 물량과 상품 명세서, 운송·보험조건, 대금결제조건, 납기일 정보가 포함되어 있어 바이어가 그 조건들을 수용하면 수출이 이행될 수 있다. P/I의 문제는 분쟁이 발생했을 때 그 처리에 관한 내용이 없고, 상품 거래가 아닌 에이전트나 딜러 계약에는 사용할 수 없는 한계성이다.

계약협상은 거래조건뿐만 아니라 계약조건 자체를 통제해야 할 사항들도 많이 있기 때문에 다루어야 할 이슈가 많고 계약법 자체에 대한 기본적인 이해가 필요하다. 그런데 적지 않은 기업인들이 영미계약서를 부담스럽게만 생각하고, 그 속에 담겨 있는 조건들에 대한 확인 과정을 소홀히 함으로써 되돌이킬 수 없는 상황에 직면하곤 한다.

이 장은 법에 대한 문외한에게 영미계약법의 핵심개념과 계약서에 서명하기 전 반드시 확인해야 할 주요 조항들을 소개한다. 기업인들이 법의 원칙과 독소조항들을 알고 있다면, 그것만 체크해도 결정적인 실수는 피할 수 있기 때문이다. 한편, 계약협상은 이슈가 많기 때문에 매건별 힘겨루식으로 협상하기보다 전체 이슈를 테이블에 올려놓고 요구할 것은 크게 요구하고 양보할 것은 과감하게 양보해주는 통합적 협상이 효과적이다. 이와 관련 우리 한국인의 협상행동 특징과 모의협상 결과를 추가했다. 마지막에는 협상인들의 인지적 오류와 행동 메커니즘에 대한 내용이 설명되어 있다.

01 영미계약법

법 체계는 영미법과 대륙법으로 구분된다. 전자는 판례법, 후자는 성문법이라는 차이가 있다. 우리나라는 영미법보다 대륙법의 영향을 더 많이 받았다. 계약서는 양당사자가 만든 사적인 법이다. 법원은 적법한 요건을 갖춘 계약을 인정하고 집행한다. 소송에서 자신의 권리를 주장하기 위해서는 법원이 인정하는 일정한 요건을 갖추어야 한다. 그 기본적인 요건이 무엇인지 살펴본 후 계약서의 구조를 알아본다. 그리고 계약의 유형과 계약협상의 체크포인트로 구성 조항을 소개한다.

계약성립 요건

① 약인과 상호 동의

영미계약에서 낯선 법률용어 중의 하나가 약인(Consideration)이다. 처음 듣는 사람에게는 적지 않게 생소하다. 영어 단어 Consideration의 사전적 의미는 '숙고, 배려'인데, 계약법에서는 '한 쪽의 약속에 대한 다른 쪽의 반대급부'를 의미한다. 계약서에서 이 단어를 발견하면 '반대급부'로 해석하면 된다. 낯선 용어 몇 가지와 계약서 구조를 이해하면 영어로 쓰여진 계약서도 큰 부담 없이 소화시킬 수 있다.

영미법은 계약서에 이 약인이 꼭 필요하다. 계약 당사자가 각자 상대방의 계약이행에 대한 대가로 가치가 있는 것을 행하거나 주는 것에 동의해야 한다. 만약 한 쪽이 가치가 있는 것을 행하거나 주는 의무가 없거나 그 이행이 자발적이거나 환상이라면, 법적인 효력이 없다. 어느 일방의 약인 가치가 상대방 것보다 현격하게 큰 경우도 대개 법적인 효력을 잃을 수 있다. 가령, 큰 가치의 상품이나 서비스 대가로 1달러 또는 사랑을 제공한다는 계약은 미국의 일부 주에서 통용되지 않을 수 있다.

상호동의(Mutual assent)는 계약 당사자가 정상적인 판단능력을 갖춘 상태에서 서명한 것인지를 따지는 것이다. 영미계약법에서 상호동의는 18세 이상의 연령과 정신상태가 건전한 양당사자가 계약 조건에 따라 각자 어떠한 것들을 행하거나 제공하겠다는 자발적인 동의를 의미한다. 법적인 능력이 부족한 사람이 체결한 계약서는 무효화할 수 있다. 즉, 보호가 필요한 측은 계약상의 책임을 회피할 수 있는 방안을 찾을 수 있는 것이다.

② 청약(Offer)

청약의 의미는 어떤 일을 하기 위해 준비가 되어 있음을 나타내는 것이다. 이 용어도 비즈니스에서 사용하고 있는 오퍼나 제안으로 생각하면 덜 생소하게 느껴질 것이다. 한 쪽의 오퍼를 상대방이 수용하면 계약이 된다. 가령, 폴이 수잔에게 와인 100박스를 1만 달러에 판매하겠다고 제안한다면, 폴은 수잔에게 청약하는 것이다.

이때 구체적인 시한이 명시되지 않았다면, 청약을 한 사람이 그 청약을 철회 또는 취소하기 전에 합리적인 기간 동안 유효하다. 그러나 이러한 잠재적인 분쟁을 회피하려면 청약을 승낙할 수 있는 기한을 명시해야 한다. 이 단계에서 유의해야 할 사항이 한 가지 있다. 청약을 한 사람이 상대방으로부터 아무런 연락을 받지 못했다고 해서 그것을 승낙으로 받아들여서는 안 된다는 점이다. 즉, 청약을 한 사람이 수취인에게 "내가 10일 동안 당신으로부터 아무런 통보를 받은 바가 없다면, 당신이 내 청약을 수용한 것으로 생각할 것이다"라고 말할 수 없다.

③ 승낙(Acceptance)

승낙은 상대방의 제안을 수용한다는 의미다. 청약에 대한 상대방의 승낙을 받지 못하면 계약이 성립되지 않는다. 승낙은 보통 구두(口頭) 또는 문어(文語)로써 이루어진다. 그러나 계약에 승낙과 계약 의무 실행이 동시에 진행되도록 되어 있다면, 승낙의 과정은 실행으로 이루어질 수도 있다. 예를 들면, 한 공급자가 당신이 발송한 수표를 받았을 때, 그는 구두나 문어로 어떠한 통고 없이 당신에게 곧장 물품을 인도해주는 것과 마찬가지다.

계약의 양측 당사자들은 승낙의 방법을 명확하게 구체화하고 합의하는 것이 바람직하다. 만약 승낙의 방법이 청약자에 의해 구체적으로 밝혀지지 않았다면 다음과 같은 룰을 적용할 수도 있다.

- 우송 규칙(Postal Rule): 만약 청약과 승낙의 절차를 위해 우편을 이용하는 것이 합리적인 경우, 계약은 승낙서가 우송되는 시점에 성립된다. 이때 설사 우송 과정에 승낙서가 분실되더라도 계약은 유효하다.
- 접수 규칙(Receipt Rule): 승낙이 팩스로 보내어졌을 때, 청약자가 그 팩스를 즉시 읽지 않았다고 하더라도 그 메시지가 접수된 시점에 이미 승낙이 유효해진다. 이 룰은 이메일 메시지에도 적용된다.

조건부 승낙이나 부분적인 승낙은 역청약(Counter-offer)이 해당되는데, 이는 유효한 계약요건을 충족시키지 못한다. 즉, 만약 청약을 받은 사람이 조건들의 일부만 수용하거나 다른 새로운 조건을 제안한다면, 그 사람은 그 청약을 승낙하는 것이 아니라 상대방에게 새로운 청약을 하는 것으로 된다. 실제 비즈니스 세계에서는 최종 승낙이 나오기까지 수차례 역청약이 오간다.

계약서 구조

일반적인 상거래 계약서의 구조는 제목, 전문, 본문, 그리고 마무리 부분으로 나뉜다. 여기에서는 계약서 구조만 알아보고, 세부 조항에 대한 설명은 다음 글에서 다룬다.

① 제목

Sales Agreement 또는 Dealership agreement 와 같이 계약서 제목이 맨 위에 표기된다.

② 전문

전문은 서두(Headings), 설명조항(Recitals/Premise), 그리고 약인(Consideration)

으로 구성된다.

서두는 제목 아래에 계약의 당사자, 주소, 법인설립 준거법, 약칭 그리고 계약 체결일과 발효시점을 밝힌다. 여기에서 주의해야 할 사항은 상대방 확인이다. 즉, 법인의 실체가 있는지, 주소지가 적법한 주소인지, 법인이 자회사인 경우 모기업과의 관계에 대한 확인이 필요하다. 유령회사 이름으로 계약을 체결해서 수입대금을 지불하지 않는 사례가 발생하고 있기 때문이다. 최근에는 선진국의 파산 기업명을 이용하여 상대방의 의심을 피하려는 시도도 있다. 상대방이 사무실 전화번호가 아닌 휴대폰 번호를 제공하면서 신용거래를 요구하는 경우, 구글어쓰(Google earth)로 주소지를 검색해보거나 현지 기업디렉토리에 등재되어 있는지를 확인하는 것이 안전하다.

설명조항은 서두 아래에 위치해 있는 'WITNESSETH:'에서부터 시작한다. 이 단어의 의미는 '~이하를 증언한다 또는 인지한다'라는 뜻의 영어 고어다. 그 다음에 'WHEREAS,'로 시작되는 계약 배경과 목적이 간결하게 소개된다. 예를 들면, '청약자(Principal)는 딜러 지정을 원하고, 승낙자(Dealer)는 청약자의 지정 제품을 지정된 지역에 판매하는 딜러가 되기를 원한다'는 내용이다.

약인은 'NOW, THEREFORE,'로 시작된다. 그 내용은 대부분이 '이에 여기에 기재된 상호 합의한 약정을 약인하여 다음과 같이 합의한다'라는 의미를 가진다.

위의 내용을 다음과 같은 가상의 딜러십 계약서로 표현할 수 있다.

(샘플) (딜러십 계약서 전문)

(계약서 제목) DEALERSHIP AGREEMENT

(서두) This agreement made and entered into this 1st day of June, 2020 by and between ABC, a company duly organized and existing under the laws of the Republic of Korea, having its principal place of business at 13 Heolleung−ro, Seocho−gu, Seoul, the Republic of Korea, hereinafter referred to as "Principal" and XYZ, a corporation duly organized and existing under the laws of Israel, having its principal office at 10 Shalom St., Tel Aviv, Israel, hereinafter referred to as the "Dealer".

(설명조항)   WITNESSETH:

WHEREAS, Principal desires to appoint the Dealer, and the Dealer desires to be appointed, as Principal's dealer for the sale of the Products as defined hereinafter in the Territory as defined hereinafter.

(약인) NOW, THEREFORE, in consideration of the premises and the mutual covenants and agreements contained herein, the parties hereto agree as follows:

이 내용을 번역하면 다음과 같다.

『이 계약은 대한민국법에 의해 설립되어 서울 서초구 헌릉로 13번지에 본사가 소재하고 있는 ABC(이하 '본사'로 부름)와 이스라엘법에 의해 설립되어 본사가 텔 아비브 샬롬가 10번지에 소재하고 있는 XYZ(이하 '딜러'로 부름)에 의해 2020년 6월 1일 체결되어 동일 발효한다.

본사는 딜러 지정을 원하고, 딜러는 다음과 같이 정의된 시장과 품목들의 판매를 위해 본사의 딜러로 지정되기를 원한다.

양측은 전문 내용과 여기에 포함된 상호 합의를 약인으로 삼고 다음과 같이 합의한다.』

이는 영미계약서의 일반적인 전문 내용이다. 거의 모든 계약서에서 발견할 수 있는 내용이어서 간과하기 쉽지만, 계약의 핵심 정보를 갖추고 있어 결코 소홀히 해서는 안 된다.

③ 본문(Body)

영미계약서 본문은 양측이 협상에서 합의한 내용을 토대로 계약의 적용 범위, 양측의 권리와 의무, 그리고 계약의 관리에 관한 내용이 기술되어 있다.

• 정의(Definitions)

본문 1조는 각종 용어에 대한 설명과 영업범위에 대한 정의를 기술한다. 구체적인 품목명, 영업지역, 독점권 여부 등에 대한 내용이 많은 경우 세부적인 내용을 첨부한다.

이 부분에 주의를 기울이지 않고 간과함으로써 치명적인 피해를 당하는 경우가 있다. 상대방의 무지나 방심을 코치해주는 거래선보다는 그것을 악용하여 자신에게 유리한 쪽으로 끌고 가는 사람들이 더 많기 때문이다.

낚시용품으로 미국시장에 진출하고자 레포츠용품 유통회사를 딜러로 지정한 기업이 매출 성장이 없어 캐나다로 추가 진출하기 위해 뒤늦게 계약서를 살펴보니, 북미시장에 대한 영업권이 부여돼 있었다. 한 자동차 부품제조사는 디트로이트 소재 미국 자동차회사에 더 많이 납품하기 위해 현지의 중소유통회사를 에이전트(미국에서는 'Representative'로 부름)로 지정하는 계약을 체결했는데, 그들은 계약서에 제조사의 모든 해외수출 실적에 대한 커미션을 받는 권한을 삽입함으로써 불로소득을 챙기는 대신 우리 기업은 출혈 비용을 지불하게 되었다.

계약협상에서 가장 주의해서 다루어야 할 의제가 취급 품목과 영업지역 한정이다. 한 기업이 여러 가지 품목을 생산한다면 품목군별로 에이전트나 딜러를 달리 지정할 수도 있고 한 사람에게 모두 맡길 수도 있다. 영업지역은 보통 국가별로 한정하지만, 미국, 중국, 인도와 같이 거대시장은 지역별로 구분하여 독점권을 부여한다. 독점영업권을 전제로 하는 계약협상에서 가장 먼저 챙겨야 할 의제를 명확하게 정의하지 않는 것은 매우 위험스러운 일이다. 이런 의제는 협상에서 합의했다 하더라도 계약서 작성자가 최종 단계에서 단어를 바꿀 수 있기 때문에 계약서 서명 전에 반드시 확인하는 것이 안전하다.

• 권리와 의무

계약서는 청약자와 승낙자가 약인의 원칙에 따라 각자 권리와 의무가 반영되어야 한다. 따라서 계약협상을 해야 하는 세일즈맨은 자신의 권리와 의무, 상대방의 의무와 권리가 무엇인지를 구분해야 한다. 그러한 사항을 리스트화해서

의제를 설정하고 우선순위를 정해서 요구와 양보하는 전술이 필요하다. 일반적인 거래방식을 따르는 이 부분에서는 우리 중소기업도 별 문제가 없다. 세부적인 사항은 다음에서 다룬다.

• 계약 관리

계약을 체결할 때 위반시 어떻게 할 것인지에 대해 깊게 생각해야 한다. 그런데 적지 않은 기업인들이 새로운 비즈니스 기회를 시작한다는 기대감에 부풀어 부정적인 미래상황을 외면한다. 이는 주식투자에서 이익만 생각하는 것과 유사하다. 막연한 낙관주의에 빠져 계약 해지조건에 대한 고려 없이 상호 권리와 의무에 대해서만 집중적으로 협의하여 계약서에 서명하는 경우가 있다.

계약은 초기 일정기간 동안 충실하게 지켜지지만 얼마 후 분쟁이 발생하기 마련이다. 더 이상 거래관계를 지속할 수 없는 상황에서 계약해지를 원하지만, 계약서에 해지조건이 명시되어 있지 않는 경우가 있다. 계약 위반사항에 대한 정의와 해지조건을 명확하게 하지 못해 계약서에 억지로 끌려 다니게 된다.

한 건설자재 제조사는 중동 송유관 시장진출 초기에 계약했던 에이전트가 오랫동안 아무런 실적이 없어서 다른 활동적인 사람으로 교체하려고 해도 계약서에 해지조항이 없어서 어쩌지 못하고 있다. 이 회사의 실무자는 자사와 같은 회사들이 주변에 한두 곳이 아니라면서 에이전트 계약을 체결할 때 해지조건을 포함시키지 못한 피해의 심각성을 말해주었다. 어떠한 사항들을 주의해야 할지에 대한 세부 사항은 다음에서 소개한다.

④ 마무리

계약서의 거래조건과 관리에 대한 전문과 본문 작성이 종결되면 서명이 필요하다. 서명은 CEO가 하는 것이 가장 확실하다. 그러나 현실적으로 대행인이 계약서에 서명하는 경우가 많다. 이 경우 위임장을 요구하여 계약서의 효력을 확실하게 해야 한다. 그렇지 않으면 추후 심각한 분쟁상황에 직면했을 때, CEO가 서명자 개인의 탓으로 돌리고 회사로서는 책임질 이유가 없다고 발뺌할 수 있기 때문이다. 서명 권한 위임을 받은 대행인이 서명할 경우에는 "For and on behalf of principal 또는 dealer"를 추가한다.

계약서 마무리 서명부분은 다음과 같이 표현할 수 있다.

IN WITNESS WHEREOF, the parties hereto have authorized this Agreement to be executed by their respective duly authorized representa－tives(이상 기술된 내용에 대한 증거로서 양측은 각자 정히 위임받은 대표들에 의해 이행되도록 이 계약서를 인가한다).

For and on behalf of Principal

공급 회사명:＿＿＿＿＿＿＿＿＿＿

By:

Name:＿＿＿＿＿＿＿＿＿＿

Title :＿＿＿＿＿＿＿＿＿＿

For and on behalf of Dealer

딜러 회사명:＿＿＿＿＿＿＿＿＿＿

By:

Name:＿＿＿＿＿＿＿＿＿＿

Title:＿＿＿＿＿＿＿＿＿＿

계약서 서명이 끝나면 영국에서는 서명 뒤에 검붉은 작은 원형을 붙이기도 하고, 미국에서는 『Seal』 또는 『L.S.』이라고 기입하기도 한다. 그리고 러시아를 비롯한 다른 국가에서는 회사 직인을 추가로 날인한다. 이런 국가 기업들과의 계약에서 회사 직인이 없는 계약서는 유효하지 않다는 판결을 받을 수 있기 때문에 반드시 그 나라의 계약관행을 정확하게 확인해서 따르는 것이 확실하다.

계약협상 포인트

<표 1>은 기업인이 계약협상에서 계약 유형별로 좀 더 주의를 집중해야 할 항목들을 참고용으로 정리한 것이다.

표 1 계약협상 체크 리스트

구분	이슈	세일즈 계약	에이전시 계약	딜러십 계약
거래 범위	거래품목 한정		O	O
거래 범위	영업지역 한정		O	O
거래 범위	영업주체 한정		O	O
거래 범위	독점권 부여		O	O
거래 조건	가격	O		O
거래 조건	물량	O	O	O
거래 조건	대금결제조건	O		O
거래 조건	딜리버리	O		O
거래 조건	판매촉진비		O	O
구매자 의무	최소 영업실적		O	O
구매자 의무	겸업 금지		O	O
구매자 의무	고객 현지 A/S			O
구매자 의무	보고		O	O
구매자 의무	비밀보호		O	O
판매자 의무	커미션 지급		O	
판매자 의무	제품 보증	O		O
판매자 의무	기술적 지원	O		O
판매자 의무	A/S 지원	O		O
판매자 의무	제품 재매입			O
계약관리	계약서 초안작성	O	O	O
계약관리	계약서 서명	O	O	O
계약관리	해지	O	O	O
계약관리	불가항력 조항	O		O
계약관리	분쟁처리	O	O	O

02 계약협상 의제

일상적인 조건

① 가격과 물량

계약협상의 핵심은 가격과 물량이다. 우선순위는 협상인의 포지션에 따라 다르다. 보통 판매자 입장인 제조기업은 물량, 바이어는 가격에 더 민감하다. 세일즈맨은 최소주문량을 기준으로 물량 증가에 따른 가격인하 계획을 준비해야 한다. 한 건강식품 제조사의 세일즈맨은 동남아시아로 수출하면서 목표 가격보다 25~30% 정도 높게 불러놓고 바이어가 가격인하를 요구하면 어느 정도 양보해주면서 구매물량을 늘리는 전술을 구사한다고 했다.

② 대금결제

대금결제조건 협상에서 종종 세일즈맨을 딜레마에 빠뜨리는 제안들이 있다. 하나는 일부 선불, 잔액 후불 조건이다. 바이어가 수입금액의 절반은 선적 전, 나머지는 물품을 인수한 후 지불한다는 조건을 제시했을 때 그것을 어떻게 매듭짓느냐 하는 문제다. 상대방에 대한 신뢰가 확실하지 않다면, 최대 양보선을 선적서류(B/L) 양도와 대금결제가 동시에 진행되도록 하는 것이 안전하다. 다른 하나는 거래 초기에 몇 차례 L/C방식으로 거래하다가 바이어가 수입 물량을 네다섯 배 늘릴 테니 수수료 부담이 큰 L/C 대신 신용거래를 하자고 제안한다. 이런 경우 세일즈맨은 물량에 관심이 끌리지만 대금결제 리스크가 높아서 어떻게 해야 할지 딜레마에 빠진다. 바이어 출신국의 상관행을 참고하여 신중하게 결정해야 한다.

자신의 이익만 생각하는 바이어들은 환율변동으로 인한 손실을 공급사에 떠넘겨서 보상을 요구한다. 계약서에 대금결제 통화를 못 박으면서 그 변동에 따른 손실을 상대방에게 요구하지 않는다는 조항을 삽입하는 것도 하나의 예방책이다.

③ 딜리버리

제품의 특성에 따라 신속한 딜리버리가 필요한 경우가 있다. 특히 유행이 빨리 변하는 패션계통의 소비재나 크리스마스 또는 혼인시즌에 판매해야 하는 제품을 공급할 때 더욱 그렇다. 촉박한 딜리버리 기간을 고려하지 않고 주문을 수용했다가 납품기일을 못 맞추어 지체산금을 지불하는 사례가 발생한다. 정직하지 않는 바이어 중에는 의도적으로 협상을 질질 끌다가 촉박한 인도기일을 제시하기도 하는데, 이런 제안은 냉철하게 판단하여 현실적인 딜리버리 시점을 조정하는 것이 안전하다. 인도기일 미준수로 인한 피해사례는 다양하다.

한 의류제조 기업은 유럽 바이어와 계약한 인도기일을 맞추기가 어려운 상황이었다. 그는 바이어에게 전화로 회사 내부 설명을 하면서 지연에 대한 양해를 부탁했다. 바이어로부터 "딜리버리가 지체되더라도 제품은 올바르게 만들어 달라"는 답변을 들었다. 그러나 추후 제품 인도기일이 지체된 만큼 보상을 요구받았다. 계약조건 변경에 대한 문서화 작업은 아무것도 없었기 때문에 바이어와의 전화통화는 결과적으로 아무런 의미가 없었다.

외국 조립회사에 부품을 공급하는 계약협상인 경우, 물류계획을 철저하게 준비해야 납품 기회를 얻는 데에 도움된다. 조립회사는 원하는 부품을 협력사가 최대한 빨리 공급해주기를 원하기 때문이다. 완제품 조립 과정에 공급한 부품불량으로 문제가 발생할 경우 어떻게 신속한 대응조치를 취할 수 있다는 설명까지 준비하면 구매담당자로부터 더 많은 신뢰를 얻을 수 있다.

④ 판촉비 지원

본사의 판촉비는 에이전트나 딜러의 관심사다. 어느 정도까지 판촉비를 지원해 줄 것인지에 대해 미리 방침을 가지고 있어야 한다. 그런데 우리 기업은 이들 파트너들의 현지 판촉지원에 대해 그다지 적극적이지 않다는 지적을 많이 받는다. 외국 바이어들은 한국 기업인들이 현지 시장을 장기적인 전략으로 진입하려 하지 않고 단기적인 제품 판매에만 집중하려 한다고 불평한다. 딜러에 대해서는 공동 판촉행사나 광고같은 마케팅 활동을 지원하지만, 에이전트에 대해서는 지원이 인색한 경향이 있다.

한편 에이전트의 요구는 다양하다. 사무실 운영을 위한 기본경비 요청, 성공불 커미션, 본사로부터 제시받은 판매가격보다 높은 가격으로 발생한 차익을 커미션으로 요구한다. 한 제약회사의 아프리카 의약품 에이전트는 아예 매월 정기 급여형식으로 커미션을 요구하기도 했다.

이 같은 협상을 해야 하는 세일즈맨은 상대방의 현지 마케팅을 촉진시키기 위해 필요한 지원 사항에 대한 지원방안과 상대방에게 요구할 내용을 구체적으로 준비하여 명확한 조건으로 합의해야 한다. 본사의 지원범위와 중개인의 의무사항 그리고 운영원칙이 없는 합의는 문제의 불씨를 남겨놓는 것과 마찬가지다.

구매자 의무

새로운 시장에 진입하기 위해 현지 에이전트나 딜러를 원하는 사람들을 만나면 대부분이 독점권을 요구한다. 그들은 한결같이 독점권을 주어야 자신들도 안심하고 마케팅 체제를 구축하고 투자도 할 수 있다는 주장을 펼친다. 독점권은 시장 통제권이다. 영업 역량이나 신뢰성이 떨어지는 사람에게 독점권을 넘기게 되면 그 시장 진입에 실패할 수 있기 때문에 신중하게 대응해야 한다.

상대방으로부터 독점권을 요청받은 기업인은 방어적인 입장에서 스스로 해답을 찾으려고 하는 경향이 있다. 그것과 동시에 상대방에게도 과제를 부여하는 것이 효과적인 대응이다. 즉, 독점권을 부여받았을 때 무엇을 어떻게 할 것인지에 관한 계획을 밝히게 해서 공급자의 기대 수준으로 끌어 올린 후 그 내용을 계약서에 반영하도록 해야 한다.

① 영업 목표

에이전트나 딜러를 원하는 사람들은 대부분이 비즈니스 기회를 얻기 위해 자신의 영업 역량을 한껏 자랑한다. 과장된 표현이 보편화되어 있는 문화권에서는 그들의 말이 그럴싸하게 들린다. 이런 경우 구체적인 수치로 목표 제시를 요구하면 목소리가 작아진다. 독점권을 요구하는 에이전트나 딜러를 상대로 협상할 때 반드시 연간 최저 영업실적을 목표화해서 계약서에 삽입하도록 해야 한다. 일부 문화권 바이어는 큰소리를 치면서도 자신의 주장을 문서화하는 데에는 격한 반응을 보이는 특성이 있다. 예를 들면, "나를 믿어라", "나를 못 믿느냐?", "하늘에 맹세한다", "나중에 별도로 약속하는 메일을 보내겠다" 등과 같은 말을 잘 한다. 계약서에 반영되지 않는 약속은 아무런 의미가 없다는 사실을 기억해야 한다.

② 겸업금지

에이전시 또는 딜러십 계약협상에서 상대방에게 동종분야의 경쟁사 제품을 취급하지 않는다는 약속을 계약서에 삽입하도록 해야 한다. 판매자 입장에서는 상대방이 자사 제품만 취급할 것으로 생각하기 쉽지만, 계약서에 겸업금지조항이 누락되어 있으면, 상대방은 한국산 제품은 홍보용으로 전시해놓고 실제로는 제3국산 저가품을 주력품으로 판매할 수 있다.

③ 고객 A/S

기능이 복잡한 전자제품이나 기계류를 수출하기 위한 협상에서는 고객 A/S를 빠트리면 안 된다. 자사 제품을 구입한 최종 이용자들의 불편을 제대로 대응해주지 않으면 그 시장을 잃기 쉽다. 따라서 계약협상에서 현지 고객 A/S에 대한 제조기업과 딜러간의 역할 분담을 명확하게 해야 한다.

실제로 한 기계제조기업이 태국에 수출하면서 한 회사에 독점판매권을 부여하지 않고 수입을 원하는 바이어들에게 판매했다가 그 시장을 잃게 된 사례가 있다. 그 기계를 수입하여 판매하던 회사들은 모두 고객들에게 자기들이 딜러라고 홍보하면서 판매했는데, 얼마 후 기계가 고장이 났을 때 아무도 수리할 능력이 없었다. 현지의 그러한 사정을 본사가 신속하게 대응하지 않고 무시함으로써 고객들의 불만이 누적되어 몇 년만에 신뢰를 잃고 그 시장에서 퇴출되었다.

고객 A/S는 딜러와 본사의 공동 의무사항이다. 본사는 딜러가 고객들에게 A/S를 제공할 수 있도록 충분한 기술교육과 필요한 사항들을 공급해야 하기 때문이다. 쌍방의 의무사항을 합의하여 계약서에 반영하도록 해야 한다.

④ 보고

에이전트나 딜러에게 현지 시장상황에 대한 자발적인 보고와 본사의 요청사항에 대한 정보를 수집하여 보고하도록 해야 한다. 에이전트의 경우 분기 또는 반기별로 정기보고를 의무화시키고, 딜러는 시장상황이 급변하여 본사가 대응조치가 필요한 경우 지체 없이 그 현황을 보고하도록 할 수 있다. 거래초기에는 본사와의 교신이 활발하다가 세월이 지나면서 영업 실적이 부진해질 때 교신이 뜸해지는 경우가 발생한다. 비즈니스에서 커뮤니케이션이 끊어진다는 것은 좋은 징조가 아니다. 이런 경우를 대비해서라도 보고의무를 계약서에 반영해 두는 것이 바람직하다. 현지 시장정보의 중요성에 대한 저자의 경험 하나를 소개해본다.

시카고에서 근무할 때 미국 유통망은 오프라인에서 온라인으로의 이동이 많이 진행되어 있었다. 월마트나 대형백화점들의 매출이 급격하게 떨어져 영업 실적이 엉망이었다. 주말에 시카고 한인 비즈니스맨들과 골프를 치면서 특정 백화점이 6개월 전부터 납품기업들에게 대금결제를 못하고 있다는 말을 들었다. 그곳에 한 국내 중소기업이 전동공구를 공급하고 있었다. 다음날 우리 기업에게 연락해서 거래처의 상황을 설명해주고 신용거래를 하지 않도록 조치를 취했다.

⑤ 비밀유지

본사가 거래처에 제공하는 제품과 영업기밀을 제 3자와의 공유 금지를 협상에서 명확하게 하고, 계약 기간과 계약 이후에도 그 내용에 대한 비밀을 보장한다는 것을 계약서에 삽입한다. 기술개발이나 제품 도면대로 생산해야 하는 거래에서는 별도의 기밀유지협약(NDA: Non-Disclosure Agreement)을 체결하기도 한다. 특히 미국기업들은 비즈니스 기밀유지를 매우 중요하게 여기기 때문에 그들의 정보 유출 위험성이 있다고 판단되면 미리 NDA 양식을 보내주면서 서명을 요구한다. 이 부분은 우리 기업도 기술이나 영업상의 기밀 유출을 예방하기 위해 보다 적극적으로 활용할 필요가 있다. 민감한 기술정보는 아니더라도 일상적인 계약을 체결할 때 상대방에게 비밀보호의무를 요구해야 한다.

판매자 의무

계약협상을 해야 하는 세일즈맨은 상대방의 예상 요구사항을 미리 정리하여 대안을 마련해야 한다. 본사측이 상대방에게 의무조건을 부여하면 그들도 본사가 이행해주기를 원하는 조건이 있다. 그러한 조건은 상대방의 포지션에 따라 다르다. 판매자 입장의 의무사항 몇 가지를 알아본다.

① 커미션

에이전시 계약협상의 핵심의제는 커미션이다. 본사는 에이전트의 활동 성과에 대한 커미션을 지급할 의무가 있다. 세일즈맨은 커미션 요율과 조건에 대한 체계적인 준비가 필요하다. 해당 업계의 글로벌 표준 요율, 현지의 커미션 수준, 영업 실적과 에이전트의 기여도를 세부적으로 검토하여 다양한 상황을 반영해서 커미션을 산출해야 한다. 치밀한 준비 없이 대충 3~5%의 커미션만 예상하고 협상 테이블에 앉다가는 상대방의 현란한 말재주에 걸려들어 터무니 없는 요율을 지불한다는 계약서에 서명하게 될 수도 있다.

② 제품보증

제조기업이 구매자에게 제품 품질을 보증하는 것은 기본적인 의무사항이다. 품질 보장을 위협하는 가격은 협상에서 차단되어야 한다. 그런데 일부 기업은 무조건 구매주문을 수용한 후, 그 가격에 맞추어 원료를 덜 투입하여 품질을 떨어뜨리는 실수를 범한다. 바이어는 가격을 깎았지 품질을 깎지 않았다면서 반품 또는 소송을 건다. 이와 대조적으로 한 세제 제조사는 저가공급을 원하던 중국 바이어를 공장으로 초청하여 생산공정과 원가구조를 설명해주고 가격을 조정할 수 있었다. 그들은 바이어가 요구한 가격에 맞추려면 부득이 품질을 떨어뜨려야 하는데 그것은 제조사가 원하는 것이 아니라면서 설득했다.

③ 기술적 지원

본사는 딜러가 제품을 현지 고객들에게 판매하고 A/S를 제공할 수 있도록 딜러 엔지니어들에게 기술적인 교육을 제공해야 한다. 그 실행에 필요한 기간, 장소, 기간, 비용 등에 관한 모든 조건을 합의해서 계약에 반영한다. 이 이슈는 회사의 비용이 필요하기 때문에 협상인은 미리 회사의 구체적인 방침을 알아두어야 한다.

고객 중에는 자신들만의 용도에 필요한 맞춤형 제품을 찾는 바이어가 있다. 제조업체의 표준사양과 다른 제품을 요구받을 때, 이는 비용을 수반하지만 한편으로는 틈새시장을 발굴하는 것이기도 하다. 고객제안에 대한 수용여부는 어디까지나 회사의 마케팅 전략에 따라 결정될 사항이다. 휴대용 라벨인쇄기기 제조사는 틈새시장 진출전략을 적극적으로 활용했다.

사례 1 휴대용 라벨인쇄기 입찰 수주

휴대용 라벨인쇄기 제조사의 유럽 판매법인은 주재국 우정국 입찰에 참여한 적이 있다. 현지에 부임한지 얼마 지나지 않았고 입찰 경험이 없던 지점장은 어떻게 대응해야 할지 몰랐다. 대충 가격을 적고 기술해야 할 항목을 적어냈다. 뒤에 알고 보니, 제안가격이 너무 높은 반면, 자사제품의 성능은 경쟁사 제품들에 비해 크게 떨어졌다. 그러나 경쟁사들이 제시하지 않은 한 가지가 있었다. 그는 경쟁사들이 제시하지 않은 솔루션 하나를 제시했다. 발주처는 바로 그 솔루션을 찾고 있었던 것이다. 발주처로부터 연락을 받고 2차 조정단계에서 가격을 낮추고 발주처가 원한 기술적인 문제를 해결해줌으로써 그 입찰을 수주할 수 있었다. _____

④ 재고품 재매입

딜러는 계약이 해지될 때 재고물량에 대한 본사의 재매입을 의무화하려 할 것이다. 이 경우 계약해지의 사유에 따라 책임소재가 달라지기 때문에 상대방 요구를 그대로 수용할 필요는 없다. 본사 귀책사유나 쌍방 합의 하에 계약이 해지되는 경우가 아닌 딜러의 계약위반이나 귀책사유까지 본사가 뒤처리를 모두 떠안을 이유는 없다는 것이다.

계약 관리

계약을 위한 협상에 참가하는 세일즈맨은 거래조건에 대한 합의가 끝나면 계약 이행과 분쟁해결에 관한 부분을 명확하게 정리해야 한다. 이 부분을 소홀히 여기고 세심한 내용 검토 없이 서명함으로써 불행의 씨앗을 뿌려놓는 결과를 맞이하게 된다.

① 계약서 초안작성

영미계약서를 작성할 수 있는 내부 인력이 없는 기업으로서는 계약서 초안 작성을 감당하기 어렵다. 그래서 많은 기업이 상대방에게 초안 작성권을 넘겨주고 그 내용을 검토하는 방식으로 대응한다. 이익분배 과정인 이 단계에서 상대방이 합의 내용을 얼마나 정확하고 공정하게 계약서에 반영할까? 특히 계약서는 변호사에게 작성을 맡기는 문화권의 기업과 거래하고자 하는 경우, 초안의 내용과 수정 과정을 철저하게 살펴봐야 한다. 이를 위해 다음과 같은 몇 가지 팁을 제시한다.

첫째, 협상에서의 합의내용 작성

계약조건과 이행에 필요한 조건들에 대한 합의사항을 협상 후 양측 대표가 서명하여 그러한 내용이 계약서에 포함되도록 한다. 이 과정을 효과적으로 진행하기 위해서는 협상 기획서 양식을 활용한다. 의제들을 우선순위대로 나열해놓고, 협상 도중에 당초 자신의 입장을 메모해둔 우측 칸에 합의 내용을 간략하게 결론만 적어둔다. 협상인은 커뮤니케이션에 집중해야 하기 때문에 이 작업은 제3자에게 맡기도록 한다. 그렇게 정리한 내용을 양측이 다시 검토하여 이견이 없으면 합의가 종결되고 그것을 토대로 계약서가 만들어진다.

의제가 몇 가지 안 되는 협상인 경우 합의사항을 회의실 화이트보드에 나열해놓고 그것을 중심으로 양측 대표가 각각 좌우 끝에 서있는 상태에서 휴대폰으로 사진을 찍을 수 있다.

둘째, 초안 작성권

계약서 초안은 합의내용을 포함하면서도 전문적인 표현으로 자신에게 유리하고 상대방에게 불리하게 만들 수 있다. 영미계약서에 익숙하지 않다고 해서 반드시 상대방에게 그러한 초안 작성권을 넘긴다는 생각을 가진다는 것은 현명하지 않다. 어느 정도 규모를 갖춘 기업이라면 협상 진행 단계에 자문변호사를 동석시켜 계약서 초안 작성을 맡기도록 한다. 저자는 미국으로 진출하고자 하는 국내 기업인들에게 현지 변호사의 전문적인 법률적인 가이드를 받도록 권유했다.

직접 변호사를 활용하기가 부담스러운 기업은 상대방이 작성한 초안에 대한 검토를 의뢰하는 것이 좋다. 변호사는 투입된 시간을 기준으로 비용을 청구하기 때문에 경제적으로 독소조항을 발견해낼 수 있다. 그 비용마저 아깝게 생각한다면 미래위험에 크게 노출되는 것이다.

셋째, 수정 과정 모니터링

신뢰성이 떨어지는 상대방이나 그의 변호사는 계약서 작성 과정에서 끊임없는 술수를 부리기 때문에 처음부터 끝까지 주의를 기울여야 한다. 체크 포인트는 협상에서 합의한 내용이 계약서에 제대로 반영되었는지, 보완요청 사항이 정확하게 수정되었는지, 그리고 서명하기 직전의 최종안에 문제의 내용이 없는지를 살피는 것이다. 계약서에 어떤 내용이 포함되어 있는지도 모른채 상대방을 믿고 서명했다가 낭패를 당한 기업이 한두 곳이 아니라는 사실에 유의해야 한다.

② **불가항력 조항(Force majeure)**

이는 계약자가 불가항력적인 상황에 처했을 때 계약의무 불이행에 따른 책임을 면하게 해주는 조항이다. 이 개념은 당초 신의 영역(Act of God)으로 생각되어 온 천재지변에 한정했으나, 전쟁이나 파업과 같은 인간의 행위로 확대되고 다시 최근에는 정상적인 생산활동과 운송이 불가능한 상황까지 포함시키고 있다. 제품이나 서비스를 공급해야 하는 판매자로서는 언제 무슨 일이 발생할지 모르기 때문에 불가항력적인 상황을 최대한 많이 추가하는 것이 유리하다. 계약서에 의례적으로 포함되는 디폴트 조항으로 여기고 세부적인 내용을 살펴보지 않는다든지 상대방이 의도적으로 제외시키는 것을 확인하지 못하면 문제가 발생했을 때 책임을 면제받을 근거가 사라진다.

세일즈맨은 이 조항이 계약서의 디폴트로 여기고 협상에서 다루지 않더라도 계약서 초안 작성이나 확인할 때, 신의 영역인 홍수, 지진, 화재, 인간의 행위인 전쟁, 소요사태, 전염병, 그리고 경제활동의 불가항력인 파업, 공장폐쇄, 불의의 사고(Casualty), 생산시설 파괴, 원자재 조달 불가 등이 포함됐는지 확인해야 한다.

이 조항이 효력을 발휘하기 위해서는 의무불이행 당사자는 그러한 결과를 완화하기 위해 상업적으로 합리적인 노력을 해야 하고, 상대방에게 그러한 사유로 인하여 의무 수행 불가 또는 인도기일 연장 요청을 신속하게 해야 한다. 만약 판매자가 그러한 일이 발생한지 일정 기간 이내에 의무를 실행할 수가 없다면, 구매자는 불가항력조항과 관계 없이 계약을 종료할 수 있다라고 계약서에 삽입할 수 있다.

③ 분쟁처리

분쟁처리와 관련하여 준거법, 재판관할 그리고 중재조항은 계약협상에서 중요하게 다루어진다. 이 부분의 합의 실패로 계약 자체가 날아가기도 한다. 용어들의 의미를 하나씩 알아본다.

• 준거법

준거법은 계약의 성립, 이행 및 해석의 기준법을 의미한다. 가령, 준거법을 한국법으로 정해놓으면 재판관할법원이 외국에 소재한다고 해도 그 계약의 이행을 한국법 해석 기준에 따른다. 미국의 경우, 주법을 따르기 때문에 뉴욕주법 또는 캘리포니아주법과 같이 구체적으로 정해야 한다.

준거법은 소송 이전의 해석 기준이 되지만, 소송이 진행되는 경우 그 소송을 맡은 법원이 적용되는 법을 따른다. 즉, 준거법과 소송법이 반드시 일치되지 않을 수 있다.

• 재판관할법원

계약의 양당사자가 분쟁해결 방법으로 특정 중재원을 지정했다고 해도 재판관할은 필요하다. 양측의 모든 분쟁을 중재원이 처리할 수 없을 수 있기 때문이다. 재판관할법원은 구체적인 대상을 지정해야 한다. 미국이나 중국법원이 아닌 미국의 뉴욕법원, 중국의 상해법원과 같이 지정해둬야 이로 인한 혼란을 피할 수 있다.

• 중재조항

중재조항은 분쟁해결 방법으로 중재를 선택한다는 것이 핵심이다. 대부분의 국제 비즈니스 거래는 시간과 비용이 많이 드는 소송 대신 단심으로 신속하게 종료되는 중재를 분쟁해결책으로 선택한다. 이때 어느 중재원을 이용할 것인가가 양측이 합의해야 할 사항이다.

계약 당사자는 서로 자기 나라 소재 중재원을 원한다. 자국에서의 중재는 언어, 경비, 시간, 심리적 안정감 측면에서 유리하기 때문이다. 절충안으로 파리 국제상사중재원이나 싱가폴상사중재원을 정하기도 하지만, 보통 협상에서 우세한 측이 일방적으로 정하는 경우가 많다. 국내 기업 중에도 외국 바이어와의 딜러십 계약을 체결할 때, 대한상사중재원을 분쟁 해결처로 지정해놓고 그것을 표준계약 양식으로 사용하는 회사들이 있다. 해외 중재원 지정에 있어서 주의해야 할 점은 그 중재원의 소재지를 포함하여 구체적으로 특정지어야 한다는 것이다. 그렇지 않으면, 미국이나 중국처럼 큰 나라에서는 어떤 지역소재 중재원이냐를 놓고 또 다른 다툼이 일어날 수 있다.

④ 조기 계약해지

에이전트나 딜러에게 독점권을 부여하는 계약서에 상대방의 의무사항을 구체적으로 명기해두는 목적은 원활한 거래를 위함이기도 하지만 계약해지를 위한 근거를 만들어 놓기 위함이기도 하다. 거래 양측이 지켜야 할 계약조건을 위반하면 일정한 절차에 따라 계약을 해지할 수 있다는 조항을 계약서에 넣어야 한다. 무엇을 어떻게 해야 한다는 내용은 자세하게 제시해놓고 그것을 이행하지 않는 경우 벌칙조항이 없다면 무용지물이 된다.

우리나라 사람들은 대체로 이 같은 벌칙조항이나 계약해지조건과 같이 상대방에게 유쾌하지 않는 의제를 끄집어내는 것에 대해 부담을 가진다. 그래서 이 부분에 대한 명확한 매듭을 짓지 않고 적당히 넘어가고자 하는 경향이 있다. 그 여파는 계약을 해지해야 할 때 해지하지 못하는 폐해로 나타난다.

⑤ 공식통보 연락처

상대방에게 계약해지와 같은 중대한 통보를 해야 할 때, 어떤 주소로 누구에게 보내야 하는지 그 공식 연락처를 계약서에 명시해놓는 것이 좋다. 지리적으로 멀리 떨어져 있는 국제 거래에서 상대방이 계약기간 중에 주소지를 옮겼을 수도 있고 기존 접촉창구가 변경될 수가 있다. 계약 초기에는 거래가 활발해지다가 양측 또는 한쪽의 사정으로 인해 거래량이 줄어들면서 커뮤니케이션도

덩달아 줄어들 수가 있다. 마침내 계약해지를 통보하고자 하는데, 미리 공식적인 통보처를 계약서에 명기해두지 않았다면 어떻게 처리할 방법이 없다. 실제로 한 요식업체는 해외 도처에 그들의 브랜드를 사용하는 프랜차이즈 식당들이 있지만, 몇 년 후 영업이 끊겼음에도 불구하고 연락할 방법이 없어 공식적으로 계약을 해지하지 못하고 있는 상황이다.

03 한국인의 협상행동

협상이 대학에서 정식 교과 과정으로 강의되기 시작한 시기는 1980년대다. 하버드 비즈니스스쿨을 중심으로 본격적인 연구와 강의가 확산되었다. 이제는 웬만한 글로벌 MBA 커리큘럼에 협상이 빠지지 않을 정도로 비중있는 과목으로 자리를 잡았다.

글로벌 시장 의존도가 높은 우리 경제를 시장에서 끌고 가는 세일즈맨들에게 협상에 대한 이해와 스킬은 선택사항이 아닌 필수적으로 갖추어야 할 역량이다. 협상인이 협상용어나 룰을 모르고 상대방 전략과 전술을 간파하지 못한 채 자신의 입장만 고집한다면, 상대방으로부터 존중받기가 어려울 것이다. 이런 경우 십중팔구 그 협상은 만족스럽지 않는 성과로 끝난다.

여기에서는 미국의 협상연구사, 한국인의 협상행동 특성과 실수, 모의협상 행동 분석, 그리고 그 결과를 미국인 모의협상 성과와 비교한다.

협상연구 발전사

협상 전략에 대한 연구는 심리학과 게임이론에 뿌리를 두고 있다. 협상인들의 동기에 대한 심리학적 접근은 협상인과 상대방의 성과에 대한 관심과 협상인의 동기가 어떻게 협력 또는 경쟁으로 나타나는지에 대한 연구로 구분되었다. 게임이론에서의 협상인 행동연구는 협상인이 자신의 이익 극대화만을 추구하는 분배적 전략과 쌍방의 공동이익 극대화를 시도하는 통합적 전략에서 상대방이 양보하도록 어떻게 영향력을 행사하는지에 집중했다.

분배적 전략의 협상 행동에는 상대방에게 양보를 요구하는 설득, 감정표출, 거짓말, 협박도 포함된다. 협상행동 특징은 상대방의 최대양보선을 파악해나가면서 상대방이 수용하기 어려울 정도의 큰 양보를 요구한 후, 『수용할 테면 하고, 아니면 말고(Take-it-or-leave-it)』라는 식으로 대응한다.

통합적 전략의 협상 행동은 공동의 이익을 키우기 위해 상대방에 대한 신뢰와 협력, 우선순위와 관심사에 관한 정확한 정보교환, 창의적인 대안 모색 그리고 휴리스틱 시행착오를 통해 문제를 해결해나간다. 공동이익을 키울 수 있는 지름길은 각자의 우선순위에 관한 정보공유와 패키지 딜을 하는 것이다. 즉, 한쪽에게 중요한 것이 다른 쪽에는 그다지 중요하지 않는 것들이 있다면 서로 후순위에 대해 과감하게 양보하고 선순위에 대해서는 상대방에게 과감한 양보를 요구하는 패키지 딜이 효과적이다.

미국 유수 비즈니스 스쿨의 협상강의는 대부분이 분배적 전략과 통합적 전략을 협상인의 행동연구 주제로 다루고 있다. 죄수의 딜레마나 협상인의 딜레마에서 협상인의 경쟁적 행동보다 협력적 행동이 더 큰 성과를 창출한다고 이미 설명했다. 그래서 협상학 교수들도 경영인들에게 통합적 협상전략의 효과 극대화를 강조한다.

한국인 협상행동 특성

협상은 이해당사자가 서로 자신의 이익을 위해 상대방에게 요구와 양보를 해나가는 커뮤니케이션 과정인데, 우리나라 사람들은 요구한다는 것에 익숙하지 않다. 협상을 거북하게 여기는 우리나라 사람들의 인식에 대해 황상민 교수는 다음과 같이 설명한다.

"서구인들은 협상을 게임하듯이 문제를 해결해나가는 과정으로 여기지만, 한국인들은 힘의 논리 속에서 약자가 강자에게 자신의 요구를 수용하도록 설득하거나 강자가 약자에게 자신의 요구를 수용하도록 압력을 가하는 과정이라는 인식의 틀을 가지고 있다. 이 같은 인식은 문제해결에 대한 접근도 창의적인 대안모색보다 인간적인 관계에 더 초점을 맞추게 한다."

이 같은 인식은 해외 비즈니스 현장에서 행동으로 나타난다. 협상을 통해 파이를 키우려는 노력보다 분배에서 더 많은 이익을 차지하려는 시도가 대표적인 행동이다. 여러 나라를 방문해보면 우리 기업과 거래하는 외국 바이어들이 한국인들은 현지 시장을 공 들여서 키울 생각은 하지 않고 오로지 제품 판매만 하려고 한다는 말을 종종 듣는다. 이런 사고는 에이전트나 딜러와의 관계에서도 마찬가지다. 에이전시 계약 또는 딜러십 계약으로 상대방에게 돈을 벌 수 있는 기회를 줬기 때문에 그 이후부터는 그가 알아서 해야 한다고 생각한다. 즉, 본사에서 그들의 영업 활동에 필요한 재정지원의 필요성을 느끼지 않는다. 그러나 상대방은 에이전트나 딜러로서의 판촉활동에 본사의 다양한 지원을 기대한다. 양측의 기대 차이가 벌어질수록 파이를 키울 수 있는 가능성은 작아지게 된다.

한국인 협상행동 문제점

① 협상준비 소홀

중소기업 기업인들의 가장 일반적인 실수가 준비 부족이다. 예상 의제를 정리해서 각 의제별 입장을 정하고 요구와 양보 전술로 대응하면서 파이를 키울 수 있는 방안을 모색해야 하는데, 그러한 내용을 협상인의 머릿속에 담아온다. 이는 협상 테이블에서 자신의 포지션을 안정적으로 유지하기 어렵게 만든다.

② 분배적 협상 행동

우리 기업인들은 협상을 제로섬게임으로 보는 인식이 강하고, 한정된 파이를 분배하는 과정에서 거래기회를 놓치지 않기 위해 비교적 양보에 관대하다. 양보를 해주더라도 그 방식과 시점에 있어서 분배적 협상이 아닌 통합적 협상으로 파이를 키운 이후의 분배과정으로 전략을 수정할 필요가 있다.

③ 자기 중심주의 행동

협상에서 상대방과의 상호작용을 무시하고 자신의 입장과 이익에만 집중한다. 이는 상대방에 대한 정보수집 노력을 차단하기 때문에 그의 숨은 관심사를 파악할 수 없게 만든다. 따라서 상대방이 전술적으로 던진 첫 오퍼에 감정적인 대응을 하게 된다.

④ 자기과신

협상인이 어떤 판단에 있어서 가장 경계해야 할 것이 자기과신이다. 상황과 대상을 평가할 때 객관적인 정보에 근거하지 않고 자신의 경험, 직관, 그리고 감정을 토대로 즉흥적인 판단을 하는 것이다. 자기과신에 빠진 사람은 자신의 모든 판단이 옳다고 믿기 때문에 주변사람들에게 의견을 구하지 않는 특징이 있다.

⑤ 성급한 결정

성미가 급하거나 시간에 쫓기는 협상인은 합의를 빨리 마치고 싶어 한다. 상대방이 신속하게 의사결정을 하지 않고 시간을 끌면 감정을 표출하기도 하고 급기야 협상장을 뛰쳐나가는 행동을 보인다. 이런 협상인은 나쁜 선택을 하고나서 종종 합의 번복을 원하지만, 그 시점이 계약서에 서명한 이후라면 문제 해결이 쉽지 않다. 계약협상에서는 항상 신중한 커뮤니케이션과 결정이 필요하다.

모의협상

저자는 한국인의 협상행동을 연구하기 위해 2019년 6월과 7월 협상 강의시간에 다음과 같은 판매자와 구매자 역할의 1 대 1 모의협상을 2회 실시했다.

① 대상자: 60명
- 글로벌 비즈니스 컨설턴트 1급자격증 과정 2기 수강생 24명
- 2019년 하반기 KOTRA의 해외 발령자 36명

② 방법
- 짝 구성: 임의로 판매자와 구매자 역할 지정
- 거래 대상: TV, 냉장고, 세탁기
- 협상 배경: 판매자는 세 가지 가전제품 각 1만개의 재고 처분, 구매자는 세 가지 가전제품 각 1만 개를 지급 구매해야 하는 상황에서 양측은 상대방

이외의 다른 협상처가 없기 때문에 각자 회사의 요구에 따라 거래를 성사시켜야 함.

③ 협상이익 정보

• 거래 이익표: 품목당 9등급 가격(알파벳으로 표기)과 가격대별로 발생하는 이익 정보가 양측에 제공

• 이익표 구조: A부터 I까지 9등급의 가격으로 표시된 알파벳은 판매자와 구매자 모두에게 적용되지만, 거래이익 크기는 서로 반대순으로 정리되어 있어 A쪽으로 올라갈수록 구매자의 이익은 커지는 반면 판매자의 이익은 적어짐. 반대로 합의가격이 I쪽으로 내려갈수록 판매자의 이익은 증가하는 반면, 구매자 이익은 감소함. 이런 구조 속에서 알파벳 아무거나 하나를 골라서 세품목의 거래를 합의하면 양측의 이익 합계는 4,000이 됨.

• 거래 이익: 각자 세 품목의 거래에서 얻을 수 있는 최대 이익은 4,000(상대방 이익 제로 상태)인데, 이는 품목당 얻을 수 있는 최대이익 2,000, 1,200, 800을 합친 것임. 판매자와 구매자의 품목당 최대이익은 서로 엇갈리게 구조되어 있음. 즉, TV 거래의 판매자 최대이익 2,000과 구매자 최대이익 800, 세탁기 거래의 구매자 최대이익 2,000과 판매자 최대이익 800이고, 냉장고는 양측이 얻을 수 있는 최대이익이 1,200으로 똑같음. 양측은 각자 2,000의 최대거래이익을 얻기 위해서는 상대방에게 그 품목에 대한 이익을 완전하게 포기하도록 설득함과 동시에 자신도 상대방이 최대이익 2,000을 가져갈 수 있도록 그 품목에서의 이익을 완전하게 포기해야 함. 양측이 최대이익이 되는 품목에서 2,000씩 가져가는 경우, 이 거래에서 두 사람이 얻을 수 있는 최대이익 5,200을 달성할 수 있음.

④ 진행 규칙

• 협상 진행 시간: 한정된 시간 부여

• 정보 제공: 상대방에게 거래이익표를 보여주는 행위는 허락되지 않는 반면, 말로는 무엇이든 정보 공유 가능

협상 결과

30짝의 협상 성과는 <표 2>와 같이 판매자 평균 이익 1,845, 구매자 2,662, 그리고 양측의 이익 합계는 4,507이다. 양측이 최대 거래이익을 창출할 수 있는 5,200에 비해 693가 부족하다. 이는 양측이 테이블 위에 그만큼 돈을 남겨두고 자리에서 일어선 것과 같은 의미다. 오로지 4짝만이 테이블에 쌓여있는 돈을 한 푼도 남김없이 모두 나누어 가졌다.

판매자와 구매자의 이익분배에 있어서는 판매자가 구매자보다 이익이 817이나 적었다. 협상배경에서 양측에게 거래 필요성은 비슷한 수준으로 기술되어 있음에도 이 같은 격차를 보이는 것은 판매자가 스스로 세일즈 협상의 약자로 인식하고 거래성사를 위해 구매자에게 일방적인 양보를 많이 해준 것으로 평가된다.

개별 합의성과표를 보면, 구매자와 판매자의 이익 격차가 가장 큰 짝은 19, 20, 21, 22번이다. 이 네 짝의 합의 결과는 구매자 이익 3,250은 판매자 이익 900보다 무려 2,350이나 많다. 그러나 이들 짝의 양측 이익합계는 4,150으로 전체 평균실적 대비 크게 낮다. 구매자가 파이를 키우는 것과 상대방의 이익은 전혀 고려하지 않고, 오로지 자신의 이익만을 위해 제로섬 게임에서 상대방 이익을 착취한 결과다. 이와 대조적으로 양측의 최대이익 값인 5,200을 실현한 1번과 2번짝은 구매자 이익 3,050, 판매자 이익 2,150에 합의했다. 이 구매자들은 파이를 키워 자신의 이익을 충분히 챙기면서 판매자 이익도 고려한 결과다. 전자와 후자의 차이는 지속적인 거래관계에 나타난다. 전자의 판매자들은 그 구매자들과의 거래를 피하는 반면, 후자의 판매자들은 상대방과의 거래를 원할 것이다. 기업간의 거래는 단기적 성과못지 않게 미래관계도 중요하기 때문에 일방적인 이익극대화를 성공적인 협상성과로만 볼 수 없다.

표 2   모의협상 결과

① 평균 합의성과

판매자 이익	구매자 이익	공동이익
1,845	2,662	4,507

② 개별 합의성과

번호	판매자 이익	구매자 이익	공동이익	번호	판매자 이익	구매자 이익	공동이익
1	2,150	3,050	5,200	16	1,500	2,800	4,300
2	2,150	3,050	5,200	17	1,700	2,600	4,300
3	2,450	2,750	5,200	18	2,300	2,000	4,300
4	2,600	2,600	5,200	19	900	3,250	4,150
5	2,050	3,000	5,050	20	900	3,250	4,150
6	2,200	2,850	5,050	21	900	3,250	4,150
7	2,000	3,000	5,000	22	900	3,250	4,150
8	2,150	2,750	4,900	23	1,250	2,900	4,150
9	2,300	2,600	4,900	24	1,400	2,750	4,150
10	2,500	2,400	4,900	25	1,750	2,400	4,150
11	2,150	2,600	4,750	26	1,900	2,250	4,150
12	1,900	2,700	4,600	27	1,900	2,250	4,150
13	1,800	2,650	4,450	28	1,000	3,000	4,000
14	2,200	2,250	4,450	29	1,500	2,500	4,000
15	1,950	2,450	4,400	30	3,000	700	3,700

이 모의협상은 거래당사자들이 파이를 효과적으로 키울 수 있는 방법을 설명하기 위해 기획된 것이다. 세 가지 이슈 중 자신과 상대방의 주관심사가 무엇인지를 알아보고, 그 우선순위에 따라 자기에게 유리한 것은 상대방에게 최대한 요구하고 덜 중요한 것은 과감하게 양보하면 양측의 이익을 극대화시킬 수 있다. 한쪽이 덜 요구하거나 덜 양보하면 결코 파이를 최대화할 수가 없다.

이 협상모형은 미국에서 개발되어 학자들의 연구와 강의에 널리 사용되어 오고 있다. 한국인과 미국인의 협상성과를 비교하기 위해 1970년대와 80년대 작성된 두 편의 논문에서 데이터를 인용하여 <표 3>에 포함시켰다. 세 모의협상에 사용된 협상모형은 동일한 것이지만, 진행자마다 설정한 협상 배경과 정보의 제공 폭이 다르기 때문에 합의 결과를 동일선상에서 비교는 무리가 있고 참고용으로 소개한다.

표 3	1대1 양자협상 성과 비교		
모의협상	공동이익(평균)	미실현 이익
한국인(직장인 60 명)	4,507	693
미국인(Wayne 대 학생 90 명)*	4,595	605
미국인(뉴욕대 학생 80 명)**	4,642	558

출처: *(Lewis., & Fry, 1977), **(Ben－Yoab., & Pruitt, 1984)

협상의 방향

비즈니스 협상의 바람직한 진행 방향은 양측 협상인이 파이 크기를 극대화 시켜 남김없이 공정하게 나누어 갖는 것이다. 그 목적을 달성하는 데에 통합적 협상전략이 필요하다. 이슈가 많은 계약협상도 거래조건과 계약조항들에 대한 이해를 토대로 상호 관심사의 우선순위에 따라 요구와 양보를 체계적으로 해나 간다면 서로 만족하는 합의에 도달할 수 있을 텐데, 그러한 행동이 어려운 것이 협상 현실이다.

04 인지적 오류

협상은 협상인의 의사결정에 의해 진행된다. 상대방에 대한 제안과 상대방 제안에 대한 대응이 모두 의사결정에 관한 사항들이다. 이 같은 의사결정에는 오류가 없는걸까? 사람은 아무리 정확한 판단과 올바른 결정을 위해 노력해도 인지적 오류로 인하여 어쩔 수 없이 크고 작은 실수를 하기 마련이다. 자기자신 도 모르게 살짝살짝 사고시스템의 오작동에 속아넘어가기 때문이다. 문제는 협 상인이 자신의 그러한 인지적 오류를 지각하지 못하는 데에 심각성이 있다. 여 기에서는 사람들의 행동에 영향을 미치는 사고시스템과 행동의 진행 메커니즘 에 대해 알아본다.

사고 시스템

심리학자들은 이러한 문제를 뇌의 구조적인 이슈로 설명한다. 인간의 사고

구조는 시스템 1과 시스템 2로 구성되어 있다. 전자는 어떤 상황에 대해 자동적이고 신속한 반응을 일으키고, 후자는 주어진 상황에서 판단과 결정을 내리기까지 사고하는 노력과 시간이 걸린다. 예를 들면, 사고시스템 1은 아기가 엄마의 목소리를 들으면 말하는 사람이 엄마임을 알아차리게 하고, 사고시스템 2는 아기의 건강을 위해 엄마가 어떤 이유식을 준비하는 것이 좋을지 고심할 때 작동한다.

사고 시스템은 의사결정 대상에 따라 그 역할이 구분되어야 하는데, 그렇지 못하면 판단착오로 잘못된 결정을 내리기 쉽다. 가령, 바이어가 제안한 가격에 대해 기업인이 제대로 검토하지 않고 직관적으로 성급하게 결정한다면, 사고시스템 2 대신 사고시스템 1에 의존하는 행동이다.

항상 시간에 쫓기는 기업인들은 상황 판단을 할 때, 시스템 1의 직관에 의존하는 경향이 있다. 이는 신속한 결정에는 도움이 되지만, 계약협상과 같이 복잡한 상황에서는 잘못된 결정을 내릴 수 있기 때문에 시스템 2를 사용해야 한다. 뇌의 사고구조를 시스템 1과 2로 처음 구분한 심리학자 트버스키(Amos Tversky)와 카너먼(Daniel Kahneman)은 시스템 2를 게으르다고 표현했다. 깊이 있게 생각하는 시스템 2가 잠자고 있다고 해서 그를 내버려두고, 시스템 1에 의존하면, 어림짐작과 편향에 의해 자신도 모르게 판단의 인지적 오류를 범하기 된다.

휴리스틱(Heuristic)

휴리스틱은 시간이나 정보가 불충분하여 합리적인 판단을 할 수 없거나 굳이 체계적이고 합리적인 판단을 할 필요가 없는 상황에서 신속하게 사용하는 어림짐작 기술이다.

오랫동안 사람들의 합리성을 연구해온 트버스키와 카너먼은 1970년대 휴리스틱 개념을 정리했다. 그 후 휴리스틱은 행동경제학의 핵심이 되었다. 사람들의 인지적 오류를 유발시키는 휴리스틱에는 다음과 같은 네 가지 대표적인 유형이 있다.

① 가용성 휴리스틱(Availability heuristic)

사람들은 다른 사람이나 상품을 평가할 때 그 대상이 얼마나 쉽게 기억에 떠오르는가에 따라 영향을 받는다. 눈에 자주 보였거나 기억에 생생하게 남아 있는 대상과 그렇지 않은 대상과의 평가가 휴리스틱에 의해 달라진다. 예를 들면, 똑같은 품질의 두 제품 중 하나는 TV광고에 자주 노출되고 다른 것은 광고를 하지 않는다면, 사람들은 가용성 휴리스틱에 의해 전자에 더욱 친숙감을 느끼게 된다.

② 대표성 휴리스틱(Representativeness heuristic)

이는 새로운 사건이나 상황이 자신이 경험했던 고정관념과 얼마나 유사한지 또는 자신의 기억 속에 있는 원형을 얼마나 대표하는지를 기초로 주관적인 판단을 내리는 휴리스틱이다. 한 세일즈맨이 자사의 인도 딜러로부터 연중 내내 끈질기게 가격 인하를 요구받고 있는 상태에서 제3국의 신규 딜러가 인도계라는 사실을 알게 된다면, 그도 인도 딜러와 비슷한 행동을 할 것이라고 생각한다.

③ 확증 휴리스틱

이는 자신의 입장이나 생각과 일치하는 정보만 선택적으로 받아들이는 휴리스틱이다. 즉, 자신이 듣고자 하는 말에만 주의를 기울이고, 자신의 믿음과 같은 정보만 수집하려 한다. 자기과신이 강한 기업인들이 자신의 판단과 결정을 합리화시키고자 할 때 많이 나타나는 행동이다. 확증 휴리스틱이 일반화되면 확증 편향으로 진전되고, 이는 경영리스크를 높인다. 특히 최고의사결정권자들이 스스로 경계해야 할 것이 바로 자기과신과 확증 휴리스틱이다.

④ 감정 휴리스틱

감정휴리스틱은 어떤 상황이나 대상에 대한 판단을 내릴 때 그것과 관련된 과거 경험에서 형성된 감정의 영향을 받는다는 것이다. 사람들의 많은 판단이 인지적 사고의 과정을 거치기 전에 감정적인 평가로부터 시작된다. 이러한 감정적 평가가 흔히 무의식적으로 이루어짐에도 불구하고, 사람들은 그것을 토대로 결정을 해버리고 마는 경향이 있다. 협상인이 자신의 감정 통제에 실패하면 앞을 보지 못하고 판단 착오와 잘못된 결정을 내리기 쉽다.

행동경제학

우리는 협상이나 생활 속에서 얼마나 합리적으로 판단할까? 기존 경제학에서는 사람들이 합리적인 판단을 한다고 주장해왔는데, 이에 대해 행동경제학이 이의를 제기했다. 사이먼(Hebert A. Simon) 전 카네기 멜론대 교수는 사람들이 판단에 필요한 정보가 부족하기 때문에 합리성에 한계가 있다고 하는 주장했다. 정보 수집에는 시간과 돈이 필요하다. 이 두 가지의 제약요인 때문에 사람들은 한정적인 정보, 자신의 경험과 기억에 의존하여 결정하게 된다. 비록 완벽한 검토과정을 거치지 않았다고 해도 주어진 상황에서 그 결정에 적당히 만족한다는 것이다. 그는 이러한 행동 특성을 제한된 합리성(Bounded rationality)으로 불렀다. 이는 기존경제학에서 "사람들이 불확실한 상황에서도 합리적인 판단과 결정을 내린다"고 하는 주장을 반박한 것이다. 사람들이 항상 합리적으로 판단하는 것이 아니라는 그의 주장은 널리 인정받아 그에게 1978년 노벨경제학상이 수여되었다.

사이먼의 제한된 합리성은 행동경제학의 모태가 되었다. 행동경제학이란 사람들의 실제 행동을 심리학, 사회학, 생리학적 관점에서 바라보고 그로 인한 결과를 규명하는 학문이다. 사이먼 이후 행동경제학을 이어받은 이스라엘 출신의 학자 트버스키와 카너먼은 사람들이 불확실하거나 위험한 상황에서 의사결정을 할 때 합리적이지 않는 행동들을 발견했다. 그것은 사람들이 이익보다 손해에 더 민감하고, 이익과 손해는 준거점을 기준으로 평가되며, 이익과 손해 모두 효용은 민감성이 체감한다는 것이다. 이러한 행동의 특징을 로또 당첨의 행운에 비유하여 전망이론(Prospect theory)이라 불렀다.

① 손실회피성(Loss aversion)

사람들은 같은 크기의 이익과 손실이라 해도 이익에서 얻는 기쁨보다 손실에서 느끼는 고통이 더 크게 느끼기 때문에 손실을 줄이려고 하는 성향이 있다.

주식 투자로 100만원 수익을 올렸을 때의 기쁨과 투자 실패로 100만원 손실의 고통을 비교할 때, 후자의 고통을 더 크게 느낀다는 의미다. 그래서 사람들은 불확실한 상황에서 손실을 피하려고 한다. 베테랑 세일즈맨은 손실회피성을 근거로 세일즈 활동할 때, 고객에게 그 제품을 구입하면 어떠한 혜택들이 있다고 장황하게 설명하기보다 그것을 구입하지 않으면 얼마만큼의 손해를 본다는 식으로 설득한다.

② 준거의존성(Reference dependency)

사람들이 절대적인 변화보다는 상대적인 변화에 민감하기 때문에 어느 것을 준거점으로 삼느냐에 따라 대상에 대한 평가가 달라진다.

한 젊은 여성이 모처럼 20만원 정도의 가격을 예상하고 가을 옷 한 벌을 사기 위해 백화점을 찾아갔다. 첫 매장에서 발견한 옷의 디자인과 색상이 좋아서 가격표를 봤더니 100만원이었다. 그 금액은 즉시 뇌에 저장된다. 두 번째 가게에서 마음에 드는 옷을 발견했는데, 가격이 30만원이었다. 당초 예산을 초과하는 금액이지만, 첫 매장에서 봤던 100만원짜리 옷에 비하면 훨씬 싸다는 생각으로 구매에 덜 부담을 느끼게 된다.

③ 민감도 체감성(Diminishing sensitivity)

한계효용체감의 법칙에 따라 가치함수의 기울기가 점점 완만해지는 것처럼 이익이나 손실의 액수가 점차적으로 증가할 때 그 변화에 따른 민감도가 감소한다는 의미다.

내수기업이 처음으로 100만 달러 수출을 하게 됐을 때 기업인의 성취감은 대단하지만, 그 다음해부터 매년 100만 달러씩 증가해도 성취감은 처음만큼 크지 않다. 민감도 체감성은 수치에 있어서도 인지적 오류를 일으킨다. 베테랑 협상인들이 합의 직전에 덤으로 작은 양보를 요구하는 것도 민감도 체감성의 산물이다. 상대방은 오랜 시간 동안 큰 양보를 해왔기 때문에 마지막 순간의 작은 양보에 대해서는 그다지 신경쓰지 않는다.

저자는 사람들의 준거의존성을 테스트해보기 위해 협상 강의에서 수강생들에게 다음 두 가지 상황에 대한 퀴즈를 내보았다. 첫 번째 퀴즈는 수강생이 한 가게에서 10만원짜리 선풍기를 사려고 모델 하나를 살펴보고 있는 데, 어떤 사람이 지나가면서 10분 거리의 다른 가게에서 그 모델을 5만원에 세일하고 있다는 말을 한다면, 그곳으로 갈 것이냐는 질문이었다. 두 번째 퀴즈는 수강생이 한 자동차 매장에서 3,000만원짜리 모델을 구매하려 할 때, 어떤 사람으로부터 10분 거리의 다른 매장에서 그 모델을 5만원 더 싸게 판다는 말을 들으면, 그곳으로 이동할 것인지를 묻는 내용이었다.

첫 번째 퀴즈에서 거의 대부분이 다른 가게로 간다고 응답했지만, 두 번째 퀴즈에서는 거의 아무도 다른 매장으로 가지 않겠다고 대답했다. 똑같은 5만원의 가치를 그 기준점에 따라 선택을 달리 하는 것이다.

트버스키와 카너먼의 행동경제학 업적 또한 높게 평가되어 2002년 카너먼은 노벨경제학상을 받았다. 그때 트버스키는 타계한 상태였다. 마케팅, 경영 및 협상분야에 널리 응용되는 행동경제학은 다양한 관점에서 활발하게 진행되어 2017년에도 시카고대 세일러(Richard H. Thaler) 교수가 행동경제학자로서 세 번째 노벨경제학상을 수상했다. 그는 법률인 선스타인(Cass R. Sunstein)과의 공동저서 『넛지(Nudge)』에서 사람들의 선택을 유도하는 부드러운 개입으로 판단과 선택을 변화시킬 수 있다고 주장했다. 예를 들면, 음식의 종류는 똑같아도 그 진열만 달리해도 판매의 증감이 변한다는 것이다.

행동경제학자들의 일관된 주장은 사람들이 완벽하게 판단을 하지 못한 채 의사결정을 내릴 수 있다는 점이다. 그 이유는 두 가지다. 하나는 정보부족이고 다른 하나는 인지적 오류다. 정보가 부족하여 자신의 직관에 의존하게 되고, 그 직관은 인지적 오류로 인하여 판단을 잘못 할 수 있다. 한순간의 판단 실수로 기업의 운명이 좌우되기도 하는 비즈니스를 성공적으로 해나가기 위해서는 자신의 사고시스템과 행동 메커니즘을 한 번씩 점검해볼 필요가 있다.

행동 메커니즘

글로벌 협상인은 자신과 상대방의 유사점과 차이점을 파악하는 것이 중요하다. 이를 위해서는 사람의 행동이 무엇에 의해 결정되는지 그 과정에 대한 기본적인 이해가 필요하다. 행동 결정요인을 알면 자신의 언행에 대한 상대방의 언행을 예측할 수 있기 때문이다. 우리는 4장 이문화에서 문화의 빙산으로 집단의 공통적인 사고에 영향을 미치는 가치관과 신념을 살펴보았다. 여기에서는 개인의 행동 결정 요소가 태도 하나에서 시작하여 규범이 추가되고 다시 지각된 통제가 더해지는 과정을 따라 전문가들의 의견을 소개한다.

행동연구 초창기에 사회심리학자 피쉬바인(Martin Fishbein)은 행동(Behavior)이 태도(Attitude)에 의해 결정된다고 주장했다. 여기에서 태도는 행동 대상에 대한 호·불호 평가다. 즉, 어떤 행동을 하기 전에 그것에 대한 태도가 호의적이면 행동을 실행하는 것이고, 비호의적이면 행동하지 않는다는 의미다. 그 평가 대상에는 자신의 성격, 감정, 경험, 대상의 특성과 비교, 행동 결과에 대한 기대 등이 모두 반영된다.

이에 대해 아이젠(Icek Ajzen)은 개인이 어떤 행동을 할 때 태도의 영향만 받는 것이 아니라 가족, 친구, 동료와 같이 주변의 가까운 사람들로부터 의견을 듣는다고 주장했다.

① 합리적 행위이론(TRA: Theory of Reasoned Action)

피쉬바인(Martin Fishbein)과 아이젠(Icek Ajzen)은 사람들의 이러한 행동 메커니즘을 이론화시켜 합리적 행위이론을 제시했다. 이 이론의 핵심내용은 태도와 주관적인 규범에 의해 정해지는 행동의도가 행동을 결정한다는 것이다. 여기서 태도는 자신의 내적인 선호도를 의미하고, 주관적인 규범은 그 행동을 하거나 하지 말라고 하는 외부의 사회적 압박을 의미한다. 여기에 또 다른 맹점이 지적되었다. 개인이 어떤 행동을 하려 해도 그 행동과정을 통제할 능력이 없다면 실행을 포기하기 때문이다. 행동의 설명과 예측에 오류가 발견된 합리적 행위이론은 수정된다.

② 계획된 행동이론(TPB: The Theory of Planned Behavior)

아이젠은 기존 합리적 행위이론에 행동에 대해 지각된 통제 요인을 추가하여 계획된 행동이론을 제시했다. 이 이론의 핵심은 사람들의 행동이 태도, 주관적인 규범, 지각된 행동 통제, 행동의도에 의해 결정된다는 이론이다. 행동 메커니즘을 도식화한 <그림 1>처럼 행동의 실행에 결정적인 역할을 하는 행동의도는 태도, 주관적 규범 그리고 지각된 행동통제로 결정된다. 행동의도의 독립변수들은 각각의 신념과 평가요소의 가중치에 의해 영향을 받는다.

그림 1   계획된 행동이론

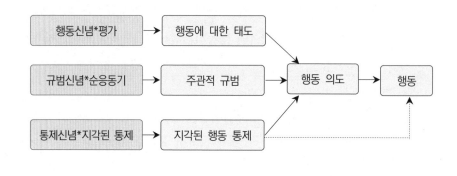

• **행동**

행동은 행동의도에 의해 결정되지만, 경우에 따라서는 그 행동에 대한 통제 요인의 영향을 받을 수 있다. <그림 1>에서 점선으로 표시되어 있는 것이 그 의미다. 즉, 행동의도가 실행을 하려 해도 그 행동에 대한 통제력이 우려된다는 생각이 강하게 들면 행동실행을 가로막을 수 있다.

• **행동의도**

행동을 결정하는 행동의도는 행동에 대한 태도, 주관적 규범 그리고 지각된 행동통제의 종속변수다. 그 관계를 다음과 같은 함수식으로 표현할 수 있다.

$$BI = f[AB*W1 + SN*W2 + PBC*W3]$$

BI는 행동의도(Behavior Intention), AB는 행동에 대한 태도(Attitude toward Behavior), SN은 주관적 규범(Subjective Norm), PBC는 지각된 행동 통제(Perceived Behavior Control)다. 그리고 W1, W2, W3는 각각 행동신념, 규범신념 그리고 통제신념의 가중치다.

행동의도는 세 가지 요인의 합친 값이 크면 클수록 실행 의지가 커지고, 작으면 작을수록 실행 가능성도 작아진다. 세 가지 요인 중에서도 그 가중치는 대상과 상황에 따라 행동의도에서 차지하는 비중이 달라진다.

• 행동에 대한 태도

태도는 행동신념과 평가에 의해 결정된다. 행동신념은 가치관, 감정, 휴리스틱, 편향, 경험 등과 같은 다양한 요소들로 구성되고, 그 신념들은 개별적으로 평가되어 태도에 반영된다. 세일즈맨이 바이어에게 자사 제품의 장점들을 설명하는 행위도 상대방의 행동신념에 초점을 맞춘 것이다. 만약 바이어가 제품에 대해 나쁜 경험을 가지고 있다면, 세일즈맨은 무엇보다도 바이어의 부정적인 신념을 긍정적으로 바꾸어야 한다. 바이어의 우호적인 태도가 강해져야 행동의도에 영향을 미쳐 구매결정을 할 수 있기 때문이다. 태도의 독립변수인 행동신념은 보통 가까운 경험이 많은 영향을 미친다.

• 주관적 규범

주관적인 규범은 규범적인 신념과 그 신념에 대한 순응 정도에 의해 결정된다. 규범적 신념은 행동에 대한 주변의 개인이나 그룹의 지지 정도를 의미한다. 행동에 대한 주변의 지지가 높고 그러한 지지를 따르려는 의지가 크면 클수록 행동의도에 크게 영향을 미치게 된다. 가령, 바이어가 판매회사의 목표가격에 구매하고자 한다면, 세일즈맨의 합의는 회사의 상사로부터 지지를 받게 되기 때문에 행동의도를 긍정적으로 만들어 합의에 기여한다. 그 반대로 만약 바이어가 판매 유보가격보다 낮은 가격을 고집한다면, 세일즈맨의 순응동기가 낮아져서 주관적 동기는 행동의도에 부정적인 평가를 보낸다.

• 지각된 행동 통제

지각된 행동통제는 행동을 얼마나 잘 통제할 수 있는지에 대한 주관적인 평가다. 행동에 대한 태도와 주관적인 규범으로 행동의도가 실행으로 결정되더라도 그 행동과정에 필요한 가용자원이나 방법에 대한 관리나 통제력에 대한 평가가 필요하다. 그러한 요인들에 대해 통제능력의 정도에 따라 행동의도와 때로는 행동실행이 영향을 받게 된다. 즉, 개인이 소유하고 있다고 믿는 자원과 기회가 많을수록 그리고 예상되는 장애가 적을수록 그 행동에 대해 지각된 통제신념은 더욱 커지고, 이는 행동의도에 긍정적인 영향을 미친다.

마무리

사람은 누구나 마음속의 눈에 선글라스를 끼고 있다. 노란색 선글라스를 낀 사람은 온 세상이 노랗게 보이고, 초록색 선글라스를 낀 사람은 온 세상이 초록으로 보인다. 이런 두 사람은 은행나무 잎사귀 색깔조차 정확하게 구분하지 못한다. 노란 선글라스는 봄에 돋아난 초록 잎사귀를 노란색으로 비추고, 초록 선글라스는 가을에 노랗게 물든 잎사귀를 초록색으로 비추기 때문이다. 두 사람은 각자의 눈에 보이는 은행잎 색이 실체라고 생각한다.

협상인은 상대방이 어떤 사람인지 궁금해 한다. 그의 실체를 정확하게 알고 싶기 때문이다. 협상 도중에 상대방의 언행을 예의주시하면서 그의 말이나 행동에 대한 신뢰성을 평가하기도 한다. 그러한 평가가 자신도 모르게 마음 속의 눈이 끼고 있는 선글라스의 색깔에 물이 든다. 즉, 초록 은행잎을 노랑으로 보고, 노란 은행잎을 초록으로 보게 된다. 상대방의 실체를 정확하게 파악하려면 우선 자신이 끼고 있는 마음속의 선글라스부터 벗어야 한다. 그래야 상대방이 어떤 색상의 선글라스로 자신을 바라보고 있는지를 알 수 있다.

대한상사중재원 국제 계약작성 가이드라인

이종건 & 박헌준. (2004). 한국인의 협상전술에 관한 탐색적 연구. 협상연구, 제
    10권 제 1호, 6월호, 37-69.

채정원, 이은미(2015). 계약서 작성 실무. ㈜영화조세통람

황상민(1995). 한국인의 협상 마인드. 한국심리학회지: 사회문제, Vol. 2 No. 1,
    155-175.

Ajzen, I. (1991). The theory of planned behavior. Organizational behavior and
    human decision processes 50 (20), 179-211. · Behavioral beliefs vs.
    Attitudes toward the behavior.

Bazerman, M. H., & Moore, D. A. (2013). Judgement in managerial decision
    making 8th edition. John Wiley & Sons, Inc.

Bazerman, M. H., & Neale, M. A. (1993). Negotiating rationally. New York:
    The Free Press.

Ben-Yoav, O., & Pruitt, D. G. (1984). Accountability to constituents: A
    two-edged sword. Organizational Behavior and Human Performance, 34,
    283-295.

Boyce, T. (1996). Successful contract negotiation. Thorogood Publishing Ltd.

Brett, J. M., Ramirez-Marin., & Galoni. (2019). Negotiation strategy: A
    cross-cultural meta-analytic evaluation of theory and measurement.

Working Paper.

Cheeseman, H. R. (2001). Business law. New Jersey: Prentice Hall.

Deutsch M. (1949). A theory of co–operation and competition. Human Relations, 2(2), 129–152.

Deutsch, M., & Krauss, R. M. (1960). The Effect of Threat upon Interpersonal Bargaining. Journal of Abnormal and Social Psychology, Vol. 61, No. 2, 181–189.

Dinnar, S., & Susskind, L. (2018). The eight big negotiation mistakes that en–trepreneurs make. Negotiation Journal, Vol. 34, Issue 4.

Fishbein, M., & Ajzen, I. (1975). Belief, attitude, intention and behavior: An introduction to theory and research. Reading, MA: Addison–Wesley.

Fisher, R., Ury, W., & Patton, B. (1991). Getting to YES. 2nd edition. Penguin Books.

Hammond, J. S., Keeney, R. L., and Raiffa, H. (1999). A Practical guide to making better decisions. 전기정.김서규 옮김. 스마트 초이스(2007). 북 이십일.

Invernizzi, A. C. (2018). Overconfidence in SMEs. Acid–free Paper.

Kahneman, D. (2011). Thinking, Fast and Slow. New York: Farrar, Straus and Giroux.

Kahneman, D., & Tversky, A. (1979). Prospect Theory: An analysis of decision under risk. Econometrica, Vol. 47, 263–291.

Key, S. (2015.7.24), 9 Ways to Negotiate a Contract Like a Boss. Entrepreneur. https://www.entrepreneur.com/article/248732

Lewis, S. A., & Fry, W. R. (1977). Effect of visual access and orientation on the discovery of integrative bargaining alternatives. Organizational Behavior and Human Performance, 20, 75–92.

Luce, R. D., & Raiffa, H. (1957). Games and decisions: Introduction and crit–ical survey. Wiley.

Malhotra, D., & Bazerman, M. H. (2008). Negotiation genius. A Bantam Book.

Mason, M. F., Wiley, E. A., & Ames, D. R. (2018). From belief to deceit: How expectancies about others' ethics shape deception in negotiations. Journal of Experimental Social Psychology, 76, 239−248.

Nolo. Ten Tips for Making Solid Business Agreements and Contracts. https://www.nolo.com/legal−encyclopedia/make−business−contract−agreement−30313.html

Samuel, D., & Lawrence, S. (2018). The eight big negotiation mistakes that entrepreneurs make. Negotiation Journal, Vol. 34, Issue 4.

Stim, R. Contract Negotiation Basics: Negotiating the business and legal terms of a contract. https://www.nolo.com/legal−encyclopedia/contract−negotiation−basics−33337.html

Swegle, P. A. (2018). Contract draft and negotiation. Business Law Seminar Group.

Thaler, R. H., & Sunstein. C. R. (2008). Nudge. 안진환 옮김, 넛지(2009), 리더스북.

Tversky, A., & Kahneman, D. (1974). Judgement under uncertainty: Heuristics and biases. Science, 185 (4157), 1124−1131.

Tversky, A., & Kahnerman, D. (1981). The Framing of Decisions and the Psychology of Choice. Science, 211(4481), 453−458.

Walton, R. E., & McKersie, R. B. (1965). A behavioral theory of labor negotiations. New York: McGraw−Hill.

강영수

저자는 경남 사천에서 태어나 1986년 KOTRA에 입사했다. 이문화에 관심이 많았던 그는 이슬람
문화권, 유대문화권, 아프리카문화권 그리고 미국으로 다섯 번 파견되어 16년 해외 생활을 하게
되었다. 첫해외근무지 카사블랑카에서 시작한 유대인 연구에 이끌려 이스라엘에서 히브리어 연
수, 두 번 파견근무 그리고 텔아비브대학교에서 Kellogg-Recanati MBA 과정을 이수하고, 1999년
유대인 오천 년사를 발간했다. 시카고무역관장으로 근무한 후, 2016년 2월 본사로 귀임하여 2년
반 동안 감사실장으로 근무했다. 현재 KOTRA 연구위원으로 재직하면서 기업인을 대상으로 한
글로벌 마케팅협상 강의와 한양대학교 경영컨설팅학과 박사과정에서 협상을 연구하고 있다.

글로벌 마케팅

초판발행   2020년 8월 30일

지은이   강영수
펴낸이   안종만·안상준

편 집   전채린
기획/마케팅   이후근
표지디자인   이미연
제 작   우인도·고철민

펴낸곳   (주) **박영사**
              서울특별시 종로구 새문안로3길 36, 1601
              등록 1959. 3. 11. 제300-1959-1호(倫)
전 화   02)733-6771
f a x   02)736-4818
e-mail   pys@pybook.co.kr
homepage   www.pybook.co.kr
ISBN   979-11-303-1100-5   03320

정 가   17,000원